東国真宗研究所 企画

東国にいる親鸞

800年目の浄土真宗文化

今井雅晴
橋本順正 編

まえがき

親鸞は平安時代最末期の承安三年（一一七三）から、鎌倉時代半ばの弘長二年（一二六二）までの九十年という長い年月を生きた人物です。熱心な仏教者であり、思想家でもありました。そしてまた、真宗（浄土真宗）の宗祖としても知られています。

親鸞は貴族の日野氏に生まれ、九歳で出家し、比叡山で熱心に修行しました。ところがその修行に行き詰まりを感じて二十九歳で山を下り、専修念仏を説いていた法然の門に入りました。この間、同じく貴族であった三善氏の恵信尼と結婚をしています。しかし三十五歳の時、後鳥羽上皇によって越後国に流されてしまいました。越後国では、自分の信仰の境地を深め、さらにはどのように人々に念仏を広めるかの工夫も行なったようです。

やがて四十二歳になった親鸞は、妻恵信尼と二人の子どもたちを連れて関東に向かい、常陸国稲田に住んで布教活動に励みました。親鸞は人々の悩みや願いをよく理解しようとしていたからでしょう、多くの門弟を得ました。そして五十二歳の時には主著の『顕浄土真実教行証文類（教行信証）』を著わしました。親鸞の立教開宗です。

親鸞は六十歳の時、京都に戻りました。その後三十年、布教や家族の問題で悩むこともありました。その解決のためでしょう、多くのわかりやすい著書を著わし、今日の人々に生きるともしびを示しています。

親鸞の門弟となった各地の門弟たちは、念仏を基にした浄土真宗文化を展開させていきました。それは関東、それから甲信越の地域、東海、奥羽地方、広く言えば東国と呼ばれる地方が主でした。そこでは今日、親鸞は過去の存在ではなく、今もいるのです。そして門徒に限らず、多くの人々を導いてもいます。親鸞の存在は、今後の日本そして世界の人々の導きともなるでしょう。筆者が世界各地の大学で日本文化史を教え、その中で親鸞の信仰の基となっている信心と報謝を伝えた時、学生たちがそれぞれの信仰を超えて感動の意を示してくれたことが強く印象に残っています。

昨年の令和五年（二〇二三）は、真宗大谷派や浄土真宗本願寺派をはじめとする真宗十派連合（真宗教団連合）で申し合わせた親鸞誕生八百五十年・立教開宗八百年の記念すべき年でした。昨年そして今年と、各派では慶讃の法要がさまざまに行なわれています。

東国真宗研究所は信仰を求める組織ではありませんが、信仰も含め、歴史学・地理学・文学・美術史学・宗教史学その他諸分野から浄土真宗文化を研究している組織です。それぞれの専門家と、「ちょっと興味を持った」という方々の参加も歓迎しています。

東国真宗研究所でも、この記念すべき年に思いを込めた出版しようとの企画を立てました。それが本書です。その本書では第一章から第三章まで三つの章を立て、研究所のメンバーや関心を持ってくださる方々に執筆していただきました。研究所から執筆にあたっての要望は、「読みやすい、わかりやすい文章を書いてください」ということでした。三つの章の名称と、それぞれを立てた理由、さらには今後への期待は次のとおりです。執筆者名は、本書目次の項に記してあります。

第一章　親鸞の伝記と思想

親鸞の伝記はいまだ明確でない部分が多いです。その理由は、確実な史料が少ないことと、歴史的事実と伝承（言い伝え）とを一緒にして親鸞像を作ってしまっていることです。

でも確実な史料が少なければ、周囲の確実な史料を使って親鸞の実像を浮かび上がらせるという方法があります。また歴史的事実と伝承を分けて考えることが必要です。これは、親鸞像を考えるとき、どちらが重要かという問題ではありません。どちらも大切です。それに伝承も、そのように親鸞像を考えた人たちもいた、という観点からとても重要です。

親鸞の思想についても、そのような観点から検討すべきです。

第一章に収録した論考は、そのような観点から執筆されています。執筆者には、今後もこの道をさらに進んでいただきたいと思います。

第二章　浄土真宗の展開と親鸞

親鸞後の各地の浄土真宗の展開は、それぞれの郷土史研究と協力し合う中で究明が進んできました。また宗派ごとの視点ですすめられ、一方では郷土史研究をほとんど無視して進められたこともあります。今後は研究者が自分自身の研究観点を磨きつつ、各地の浄土真宗のあり方、およびその中で親鸞像の展開を検討することが重要でしょう。

第二章に収録した論考では、執筆者の研究視点が磨かれていることが感じられます。この視点からの浄土真宗史と親鸞像の研究成果は貴重です。

第三章　SHINRAN 世界への展開

浄土真宗ではすでに世界各地への展開がなされつつあります。その結果、どのような

SHINRANが生まれているか興味深いところです。加えて、その地の人々に具体的にいかなる影響を与えているのか。その実際を知ることは、今後の私たちの生き方に大きなプラスを与えることでしょう。

第二次大戦終了後、日本は敗戦の中から新しい社会を作るために努力しました。前掲の諸学問分野でも新しい観点や研究方法を取り入れ、大きな成果をあげました。しかしその後、社会は少しずつ、また大きく変わっていくのに、諸学問分野ではそれに対応できない弊害も目立っています。本書刊行に集まったメンバーはそれを乗り越えようと日夜、努力しています。今も東国にいる親鸞――本書にはその成果が出ていると確信しています。

本書の出版は、真宗大谷派様の「真宗大谷派宗祖親鸞聖人御誕生八百五十年・立教開宗八百年慶讃事業学術研究助成」からの助成金で実現できたものです。真宗大谷派様に厚く御礼を申し上げます。ありがとうございました。自照社様にもお世話になりました。

また、本書出版の母体となりました東国真宗研究所の活動については、創立当初から運営に努力している橋本順正事務局長が本書「あとがき」で説明しております。

それでは今後も各方面から広く世界の親鸞と浄土真宗文化という観点で研究を続けていきたいと思います。

二〇二四年一月三十日

東国真宗研究所所長

今井雅晴

東国にいる親鸞

◇目　次◇

第1章 親鸞の伝記と思想

第2章　浄土真宗の展開と親鸞

第3章　SHINRAN　世界への展開

第 1 章

親鸞の伝記と思想

比叡山堂僧としての親鸞の新研究
―日光山大念仏会を手がかりに―

橋本順正

はじめに

親鸞は比叡山常行堂の堂僧《どうそう》であった。このことは妻・恵信尼が残した『恵信尼消息』を、鷲尾教導氏が大正十年（一九二一）に発見したことによって判明しました。仏教はブッダ（覚者）の追体験とも言われるように、親鸞の足跡を辿ることはまた、弥陀の本願に目覚めた親鸞に出遇う営みとなりましょう。そうして慕われることから各時代に親鸞伝は作られ、時流によって様々な親鸞像が語られてきました。

特に第二次世界大戦から昭和三十六年（一九六一）の親鸞七百回忌を節目として、唯物史観のもとで語られた親鸞像は、今も根強くそのイメージを保っていると言わざるをえません。反権力者としての親鸞は「被支配者の希望の星」（今井［2009：14］）として、出身や地位があえて低く語られてきたのです。

これらの影響で、比叡山時代の親鸞の身分も低く見られてきました。「常行堂の不断念佛は、當時の叡山としてはさほどに重視されて居ない。従ふて堂僧もその地位は極めて低かった」（山田［1934：198］）という評価に対し、大きく異を唱えた学説は出ていません。

本稿ではまず、堂僧親鸞の比叡山時代の地位を再考します。数千人と言われる比叡山の僧侶から選ばれし十四名、声明のエキスパートとしての親鸞像を明らかにするものです。次に常行堂の思想を検討し、年中行事として重要な「大念仏会（山の念仏）」の実態、古来より述べられてきた「不断念仏」とは何かを見ていきます。

法然伝『法然上人行状絵図《ぎょうじょうえず》』でも、阿弥陀経はあちらこちらの道場で「例時作法」として毎日必ず読まれ、全ての僧侶において阿弥陀経を読まないということはあり得ない。その起こりを求めれば、比叡山の常行堂が始まりである。その常行堂の念仏は、慈覚大師《じかくだいし》円仁《えんにん》が唐へ渡った時に将来された勤行作法である、と述べられます。

この記述によれば、日本浄土教の起こりは比叡山常行堂であるとも言えます。立教開宗八〇〇年にあたり親鸞が比叡山堂僧を務めていた意義を、再検討していくべきでしょう。常行堂の史料が数多く残る日光山輪王寺の例を参照し、親鸞浄土教の源泉を尋ねます。

一　堂僧の基本情報

十四名の選抜メンバー

比叡山の正式な僧侶は、山内で自由な振る舞いが許されません。私たちが会社の規則や業務を無視して勝手に行動することが許されないのと同じです。比叡山でも故実《こじつ》（先例）によるルールや行事が大切にされました。そしてまた評議決定・会議の場である「衆議《しゅうぎ》」によって、自律的集団である比叡山として組織をされ運営がなされます。

『太平記』（一三七五〜七九年頃の成立）巻第八「山徒京都に寄する事」では比叡山の全衆徒（僧侶）が東塔・大講堂の庭で「僉議《せんぎ》（衆議）」を行ったとあります。また、そこでの決定は「院々谷々」が心を一つにしたものとも表現されています。

つまり比叡山という自律的集団組織は、まずは「院々」と呼ばれる東塔院・西塔院・楞厳院（横川）という三院エリア、並びにその各院に所属する谷やお堂（「谷々」）の評議決定の集合体と言えるでしょう。

青蓮院による記録『門葉記《もんようき》』に記された横川・常行堂の年中行事を、日光山常行堂の史料を用いて詳しく見てみましょう。

常行堂（建立同于三昧院）。
堂僧十四人。
毎日例時。
毎月十五日衆集。
毎年勤事。
御社念佛正（三月一日結番。自十五日至十九日修之）。
荘嚴執事。捧物執事。兩頭有之。
庭立（自七月朔日至十五日）。
大念佛（始自八月十一日至十七日。七箇日夜修之）。
引聲不斷念佛也。
此外種種行法多之。不遑注進。（『大正蔵』図像部十二巻［：3a］）

最後の文は「この他にも種々の行法・行事があるが、すべてを取り上げることはできない」という意味です。法華懺法《ほっけせんぼう》を用いた修正会《しゅしょうえ》などについては、既に拙稿で論じました

（橋本［2023］）。

三院（三塔）の内、横川常行堂では毎月十五日に堂僧全員参加の「衆集」という会議と勤行が行われていました（橋本［2021.3］）。日光山の『常行堂置文』（一二六七年の年記）には「一、上執事・下執事一人といえども、必ず衆集の時に参会すべき事」という規則が見られます（『鹿沼市史』「常行堂置文」［：79］）。

「堂僧十四人」と見えるように常行堂の基本的な構成員は、十四名の僧侶からなります。日光山常行堂ではその十四人が上番・下番グループに分かれて、それぞれ月の上旬・下旬に勤務日が定められます。拙稿で述べてきた通り、これは比叡山でも同じと考えられます。また上・下番グループの責任者・リーダー的存在として、上・下の執事がいます。この呼称は場合によって、上番預・下番預や惣一和尚・惣二和尚などとも呼ばれました。日光山「衆集」の規則は、上執事のグループ七名、下執事のグループ七名とで分かれるために、基本的には上下両執事が一緒の当番にはならないことが前提です。半月は自由であった、とまでは言えませんが、少なくともお堂に籠りっぱなしというわけではないのです。

一方で法華堂は籠山が基本でした。比叡山法華堂の僧侶は禅衆と呼ばれ、十二人で構成されます。日光山と比叡山では呼称が異なりますが「法華堂衆ハ籠山トテ山ヲ不出、当山ハ不然」と記されます（『鹿沼市史』「日光山往古年中行事帳」［：518］）。比叡山の法華堂衆（禅衆）は「籠山」であって、山を出ることはない。比叡山ではそういう決まりだが、日光山では「不然」、そうではないと説明されているのです。常行堂に関して籠山という言葉は、見つけることが出来ません。

従来の親鸞修学時代のイメージは、一人での厳しい苦行の姿ではないでしょうか。しかし当時の常行堂は個人で独占できるものではありません。お堂毎に規則が定められ、堂僧として勤める行事が決まっていました。

堂僧は下級僧侶ではない

では堂僧の地位についてはどう考えるべきでしょうか。はじめ比叡山の横川地区は慈覚大師円仁によって創始されました。しかしその本格的な整備は、第十八代座主・良源《りょうげん》と藤原師輔《もろすけ》の帰依によってなされます。清水擴氏によれば、まずは師輔の法華堂が建立されました。その後、外孫である冷泉天皇の「十種願」によって楞厳三昧院《りょうごんざんまいいん》に十禅師と年分度者（得度をして学生となることが許される人数）三人が置かれ、楞厳三昧院の一つとして常行堂が建立されます（清水［2006］）。

さらに講堂が師輔の子によって建立され、ここで講堂・法華堂・常行堂の三堂構成の横川・楞厳三昧院が完成します。横川の特殊な点は、これら三堂それぞれに従事する僧侶がいながら、それらを包括する形で楞厳三昧院という組織があることです。この整備によって東塔からの独立を果たし、横川＝楞厳三昧院といった代表となる地位を獲得します。

この頃の史料では『山門堂舎』に収められる「雑事伍箇条事」に、横川・楞厳三昧院に住む僧侶はみな慈覚大師円仁の門徒であり、決して他の門徒が住むことはないという記述があります（『群書類従』第二十四輯［：491］）。後述する大念仏会の思想に現れる「円仁信仰」へと向かうような規則です。また長年横川に住み冷泉天皇の御願に奉仕する僧侶の中から、特に仏法に相応しい器量の物を選んで十禅師にするとあります。続けて記される御願であった常行堂・法華堂も選ばれし器量のある者が職を得られたと考えるべきでしょう。

このことは日光山常行堂でも確認ができます。『鹿沼市史』が堂僧を「定数としたこともあって、日光山内における特権的な僧侶として自他ともに認められる存在として確立」したと説明する通り、その地位は非常に高いものでした（『鹿沼市史』解説［：484］）。

先にも引いた『常行堂置文』は日光山常行堂史料において、最古の組織・運営に関する文書です。そこにも「一、見衆その器量を撰ぶべき事」（『鹿沼市史』「常行堂置文」［：80］）とあり、ここでは堂僧を「見衆」と呼びますが、やはり器量の重視です。器量とは才能や力量を意味しますが持って生まれた資質に関して用いることが多いため、その出自をも見られたことでしょう。

日光山では堂僧と講衆（比叡山での堂衆）の争いが起こり「堂講相論」と呼ばれます。その際に堂僧が訴えた文書の中に次のような主張が見られます（『鹿沼市史』「常行堂堂僧等目安案」［：103］）。日光山常行堂の堂僧の位と俸給がきちんと整えられていた期間には、「御家人」身分でないと堂僧になることが出来なかった。腰刀をいつも差して携えることはなかったし、悪事を行うこともなかった。堂衆が「侍者」として堂僧になるようになってから、堂僧と堂衆とで異なる意見が生じた。そのうちに堂衆などから確執が生まれた、という主張です。

日光山堂僧は出身母体が武家層出身であることが判明しており、自らを御家人と同列に置き堂衆（講衆）を下に見る意識があることが明らかです。

比叡山では十二世紀前半からの学生（学侶）身分と堂衆身分による「行学合戦」という

争いが知られています。衣川仁氏は堂衆を顕密の学問を旨とする修学者（学生）に対置された存在として考えています（衣川［2007：86］）。衣川氏の論をまとめると、堂衆とは仏事勤修や修法に伴僧として付き従い、大きな差異として学生は灌頂《かんじょう》を遂げており堂衆にはそれがなかったとします。

灌頂とは師から弟子へ仏法を伝え授けることを象徴する儀礼であり、正しく修学をしている者へと法門が伝えられていくのです。そうすると当然身分の差が明らかとなり、これら比叡山での争いの原因も学生と堂衆の身分的な差が背景にあります。

親鸞は覚如『親鸞伝絵（御伝鈔《ごでんしょう》）』に「楞厳横川の余流を湛へて」と記されることから、横川・楞厳三昧院にある常行堂の堂僧であったと考えられています。先述の円仁・良源、そして源信の流れを汲んだ正統な学生身分の僧侶です。常行堂で行われる行法・行事では導師をも務めます。決して外陣での伴僧という形ではありません。常行堂の内陣で法会を遂行し、そのための修学に励むのが、堂僧の役割でした。

日光山では武家層身分の出身者が堂僧であった様に、出家し仏門へ入ったとしても、俗世における身分がそのまま関係するのが中世寺院社会の常識です。藤原北家日野流という貴族の家に生まれた親鸞が、従来の説のように身分の低い堂衆になってしまっては、それこそ秩序が乱れてしまいます。実際に親鸞の弟・尋有《じんう》は比叡山の学生身分として、阿闍梨《あじゃり》→律師《りっし》→僧都《そうず》というかなりの出世を遂げているのです。

常行三昧：声明のエキスパート

堂僧の職の性格としては、声明のエキスパートと言えるでしょう。出雲路英淳氏は京都・大原に伝わる『魚山声明血脈譜』を用い、尋有が良忍から始まる天台声明の流れに記され、慈円と尋有はともに浄心からの「古流」と呼ばれる系譜であると指摘しました（出雲路［1989］）。

筆者が用いる日光山常行堂史料『常行堂聲明譜《しょうみょうふ》』（天台宗典編纂所『續天台宗全書：法儀2』、以下『聲明譜』）にも「上番ノ預阿闍梨大法師尋有」として、建長七年（一二五五）の大念仏会でその名が見えます。実悟『日野一流系図』にも「中堂執行兼常行堂検校」と記されていることから、比叡山東塔の根本中堂の執行と常行堂の検校を務めていたようです。日光山常行堂で十四名の堂僧に含まれる上番預となっていることから、比叡山でも兄・親鸞と同じく堂僧だった時期があったと考えられます。

また出雲路氏は、慈円や尋有が優れた声明家であったために何らかの影響を親鸞も受けていた、と述べます。注目すべき事として、①和讃などの唱えることを目的とした著述が多い、②四声点（音節の声調を示す符号）が施されている著述がある、③『拾遺古徳伝《しゅういことくでん》』に法然の命日に声明家を呼んで『往生礼讃』を勤めている記述がある。この三点より親鸞が声明に精通していた事を示すと指摘されています（出雲路［1989］）。

しかしこれらは影響ではなく、親鸞自身が堂僧であったことを示唆している可能性が高いです。例えば『聲明譜』には声点による濁点があり、堂僧ならば声点を学んだはずです。山田雅教氏は尋有を声明僧と呼び、『門葉記』に見える役割はどれも声明に通達していなければ果たせないと述べます。そして、天台声明僧としてかなりの地位にまで上ったと評します（山田［2013］）。

五味文彦氏は虎関師錬《こかんしれん》『元亨釈書《げんこうしゃくしょ》』（一三二二年）「音芸志」から、音韻をもって道を立てるという経師・梵唄《ぼんばい》・唱導・念仏の四つの「家」について説明しています（五味［2000：2］）。堂僧は一見「不断念仏」の印象から念仏家に分類されそうですが異なります。

念仏家は、善導の六時礼讃と法事讃の仏事を指しており、『元亨釈書』ではその始まりを法然と示します。六時礼讃が法然門下で勤められていたことは「承元（建永）の法難」

と呼ばれる流罪事件の一因ともなった、住蓮・安楽らによる法会で有名です。

　常行堂では善導の六時礼讃や法事讃が主たる法会はありません。そうすると、堂僧は梵唄・声明家となります。『元亨釈書』では梵唄は声明のことであると示します。五味氏は声明に顕と密の二つの流れがあったとし、金沢文庫本の声明血脈において顕宗の血脈で重要な位置を占めていたのが、大原の良忍でした。

　問題とした「不断念仏」に関しては、この『元亨釈書』「音芸志」にも出てきません。「不断念仏」とは何か、という点については拙稿ですでに「不断念仏」と「常行三昧」という用語の再検討を行っています（橋本［2019］）。それらを簡単に示すと、まず「不断念仏」とは特定の職や行法を指す用語ではありません。堂僧などの特定の職のみが行える難しい行法でもなく、「誰でも」修することが可能な難易度の低い内容と考えます。

　そのため「不断念仏」とは、「ある特定の期間を定めて間断なく念仏を称える行為」の総称と見るべきです。基本的にその念仏には音曲がなく、遍数重視という側面が強いものでした。ただし、比叡山常行堂の大念仏会を「不断念仏」と称する場合があります。『三宝絵』下の「比叡不断念仏」などがその例です。

「常行三昧」については中世日本仏教においては、次の三つに定義しています。

【止観《しかん》の常行三昧】…天台智顗の定めた九十日間を一期とする『摩訶止観』四種三昧の行法。現状、日本中世に行法としては行われた記録がない。
【例時《れいじ》の常行三昧】…「例時作法」として構成され常行堂で日々勤められていた、法照・円仁ゆかりの「短声」の阿弥陀経読誦を中心とした音曲念仏等の行法。
【引声《いんじょう》の常行三昧】…その「例時作法」と性格を同じくして後には融合し再構成される、法照・円仁ゆかりの「引声《いんぜい》」の阿弥陀経読誦を中心とした音曲念仏等の行法。

これが堂僧を梵唄・声明家とする所以です。まず通説であった天台智顗『摩訶止観』四種三昧の行法は当時、修されたと見られる形跡が存在しません。このことは天台学の分野では早くから認識されていました。例えば福田堯穎氏は、言及する五台山の常行三昧は「高祖の摩訶止観に説く四種三昧の中の常行三昧とは全く別途の行法」と述べます（福田［1959：51］）。

山口光円氏は最澄においては『摩訶止観』四種三昧中の一つであったであろうと述べ「恐らくは宗祖（筆者注：最澄）の常行三昧と慈覚の常行三昧とは、その名は同じであっても、その内容は全然別異のものであると思われる」と、控えめな表現ではありますが明らかに円仁以降の行法が違う内容であることを指摘しています（山口［1967：313］）。

また佐藤哲英氏も円仁によって法照の五台山念仏が比叡山に伝えられ、その内容が西方《さいほう》願生《がんしょう》の信仰である以上は「最澄によって伝承された止観念仏、すなわち此土入証《しどにっしょう》を立前とする常行三昧の念仏とは此土入証と彼土願生とその目的を異にするものといわねばならぬ」として、【止観の常行三昧】と常行堂の行法は目的が違うと述べています（佐藤［1979：34］）。

以上のことから親鸞下山の理由として、智顗『摩訶止観』四種三昧の常行三昧に行き詰まった結果などと述べても、まったくの見当違いなことは明らかです。法然に出遇う以前より、親鸞は天台常行堂の阿弥陀信仰によって浄土往生の道を求めていました。

二　大念仏会（引声不断念仏）から見るその実態

前章の『門葉記』で示した横川・常行堂の年中行事から、今回は夏の大念仏会（引声不断念仏）を見ていきます。なお毎日の例時作法と衆集、修正会・修二会などについては既に拙稿で論じています（橋本［2021.3］［2023］）。

本稿でも比叡山の行法が移された日光山常行堂の史料を用います。まず『常行堂御念仏次第』（『鹿沼市史』所収、以下『念仏次第』）は、その原本が室町期成立とされます。比較的古い法会の形を残しつつ、口伝であった作法を手控えとして記録したものと考えられているものです。最古のまとまった次第として、本史料を基に次第を示します。

また、先に述べた日光山『聲明譜』は次第に沿った読誦用の譜面で、巻五の後半に「念仏開白作法」が所収されます。『聲明譜』自体の成立は貞和五年（一三四九）とされますが、当該部分に建長七年（一二五五）の次第が見られその内容を良忍以降～一二二四年以前に確立された法会形式と推測します（橋本［2021］）。また『大原所用覚秀集　引聲念佛開白幷結願作法（以下、『大原引声』）』（魚山叢書　第十五）も補足として使用します。

なお今回は初日の開白作法における「和語声明」に焦点を当てます。これは日本仏教において制作された読誦用の文言であり、天台常行堂の修行に伴う思想がよく表れていると考えるためです（全文は『東国真宗』十七号に掲載）。

念仏会開白の次第と内容

①八月十一日、子の刻（二十三～一時頃）中に集合。子の刻の終わりの法螺貝をもって法会が開始されます。

●番衆について…堂僧十四名において上所・下所（先述の上執事・下執事等）以外の十

二名を、四番三名ずつにグループ分けをする。呼び名は一番衆の一頭・二頭・三頭など。

②一番衆一頭が登礼盤し［礼仏頌］、諸衆もこれに続き次に起居・三礼・安座し［如来唄］。

③次に［啓白］…『聲明譜』第五所収の「念仏開白作法　表白」を一部引用します（原文漢文・書き下し筆者）。便宜として私に改行・句読点を施しました。

③【一】

慎しみ敬て、（中略）白して言さく。

今諸徳大衆、一心清浄の丹誠を抽きて、三業相應の白善を専らして、七日の念佛を修して、九品の妙果を祈り（中略）流轉の海の面に、生死の波密く疊み、輪廻の山の麓に、煩悩の風険しく扇り、恒に三毒の闇に臥して、四悪趣の夢をのみ結び、鎮なえに五濁の泥に塗れて、十善道の衢に忘れたり。（後略）

【現代語】つつしんで（中略）敬い申し上げます。今諸の僧侶大衆、特に一心清浄の真心に秀で、三業がよく相応した清らかな善行を専らにし、七日間の念仏会を修し、九品往生の妙なる仏果を祈ります。（中略）繰り返す輪廻の海の海面では生死の波は厳しく積み重なり、六道輪廻の山の麓には煩悩の風が険しくあおり立てます。つねに三毒の部屋に臥り、四悪趣の悪夢だけを見て、永く五濁の泥に重くまみれて、十善の道を離れ忘れていま す。（後略）

●十善道…三業がなす十悪を犯さないこと。なお良源は『九品往生義』にて、十善を人・天界に生ずる因業と捉えつつ、また極楽往生の因としても認めている。法然も往生を志す者はこの十善を修することを説くとする（柳澤［2018：274］）。天台浄土教の戒は十善戒が問題となっていた。

③【二】

今、西方に浄土有り、安養世界と号く。大乗善根の境、廣大無邊の砌り也。佛、十念来迎の誓深く、土に九品往生の儀備われり。（中略）七寶樹林の梢、然るを、一切衆生をして往生の縁に結ばせしめんがため、六趣群萌をして出離の便りを得せしむがために。

【現代語】まさに今、西方に浄土が有り安養世界と名付けられます。大乗の善根の世界は、広大にして無辺なるものです。仏の十念来迎の誓いは深く、浄土には九品往生の方法が足り整っています。（中略）七宝樹林の梢は、そうして一切衆生に往生の縁を結ばせるためにあって、また六道の群萌に苦から逃れる拠り所を得させるためにあります。

●十念来迎《じゅうねんらいこう》の誓…『観経』下品下生で「十念を具足」と説かれ、熟語「十念来迎」は貞慶『心要鈔』（『大正蔵』七一巻）と伝証空『観経秘決集』（『西山全書』第一巻）のみに見られる。法然は第十八願文を既存の「十念往生の願」から「念仏往生の願」として改名した。

●七宝樹林《しっぽうじゅりん》…『無量寿経』で、極楽にある七宝でできた樹として挙げられ、この七宝による様々な荘厳は浄土三部経全てに共通する理解となっている。

③【三】

法道和尚、遥に安養界の風煙を遷して、五臺の雲の上に傳へ、慈覺大師、遠く清涼山の音曲を學んで、四明の月の下に弘めしたまいより、已来。二七禅侶の薫習定恵旁がたに備われり。（中略）加之、幸いに宿縁厚故の國に生れて、思いを九品浄刹の月に係け、適、利物偏増之時に値て、心を十念来迎の蓮に運ぶ。乞い願わくは弥陀種覺、四接薩埵。伏して望むらくは、九品蓮臺清浄の大衆。四番大衆の丹誠を照見して、一念引接の素願を圓満せしめたまへ。乃至法界平等に利益せん。具さなる旨、縁起に載せられたり。

【現代語】法道和尚は昔々、安養界の風煙を移して、中国・五台山の雲の上に伝えました。慈覚大師円仁はまた、清涼山の音曲を学んで、比叡山（四明）の月の下に弘められてから、それより後、十四禅侶（堂僧）の精進による定学と慧学の薫習はその人々に備わりました。（中略）それだけではなく、幸いなことに宿縁の厚いゆかりある国に生まれ、九品浄刹（浄土）の月に思いをかけます。たまたま衆生に利益を与えたる弥陀の救いがつのっていく時代に会わせて頂き、心を十念来迎の蓮に運びます。願い求めるは阿弥陀如来・四接薩埵（菩薩）よ。伏して望むのは九品浄土の蓮台に清浄なる大衆、その四番に分けた大衆の真心を照らし見て、一念による引接の願を円満させて、すべて無差別平等に利益して下さい。詳細なる旨は「縁起」に記されています。

●法道《ほうどう》和尚…円仁の弟子五大院安然『金剛界大法対受記』によれば、円仁が五台山で学んだ行法は法道和上が浄土で感得したもので、これは常行堂の念仏の行法の起源であり、唐の法照の別名ともされる。親鸞は『唯信鈔文意』に「この和尚をば法道和尚と、慈覚大師はのたまへり」と常行堂の伝えを述べ法照《ほっしょう》の『五会法事讃』を引用する。
●利物偏増之時…基『西方要決』で言及され、法然は法相宗も念仏を勧めるとし「西方要決にいはく。末法万年餘經悉滅彌陀一教利物偏增」と引用する（『浄土宗全書』九巻［：514］）。
●四接薩埵…常行堂阿弥陀五尊像脇侍（観音・勢至・地蔵・龍樹）を示す。
●一念引接の素願…永観『往生拾因』に「たとひ一念といえども引接何ぞ疑ん」と出る。これは「一念義」（信心以外での往生を否定）とは異なる。『無量寿経』下に出てくる「乃至一念」、特に三輩段の臨終に仏を見ることの教説に依るか。

④［縁起］…同じく『聲明譜』第五所収の「應如法修畢往生極楽業事（法の如く修しなし畢ぬるべき往生極楽の事）」の一部を引用します（原文漢文・書き下し筆者）。これも便宜として私に改行・句読点を施しました。『大原引声』や部分的には舜昌『述懐鈔』（『続浄土宗全書』九巻［：109］）所収のものと一致します。

④【一】

右故法印大和尚慈覺大師、存生の願に云く。我、自他を定めて極楽浄土に生せしめんと欲うがために、三七日夜不断に念佛して、必ず往生の因を開く。皆、菩提に於いて永く退轉せじと。（中略）爰に弟子等、多生の厚つき縁を以て、大師の恩顔に遇うことを得。煩悩濁悪之火宅に在り乍がら、幸いに得菩提不退の直路を得たり。故に今、仰いで遺訓を信じて、念仏を勤修し、彼の三七日夜の本願を述べて、此の三世常行の三味と為す。貞観七年より起て、毎年の今月に有縁道心の大衆を勧進して、件の不断念佛を修すること、今に三百九十一箇年。爰に叡山の行法を移して、久安元年より始めて此砌に修すること、今に一百十一箇年。

【現代語】この故法印大和尚・慈覚大師円仁がご存命の時の願に「私は、自他を間違いなく極楽浄土へ生まれさせたいと願うので、二十一日間絶えることなく念仏し、必ず浄土往生の因を開きます。皆すべて、菩提の上にありずっと退転しません」と言われました。ここで弟子などは、何度も生まれかわる間に結ばれた厚い因縁をもって、慈覚大師円仁の慈愛にみちた（主君の様な）顔に遇うことを得ました。煩悩・濁悪の満ちた燃える家（世界）にいながらも、幸いに菩提不退のまっすぐに往生へ向かう道を得たのです。

だから今、敬って遺訓を信じて念仏会に励み、その二十一日夜の念仏会の基となった願いを述べて、この三世常行の三昧とします。貞観七年（八六五）より起こり、毎年今月に有縁の人々・信仰の厚い僧侶たちを勧進して、件の不断念仏を修することは現在で三九一年目です。ここ日光山に比叡山の行法を移したのは、久安元年（一一四五）に始まりこの時・場所で修することは現在で百十一年目です。（後略）

●三七日夜不断念佛…円仁が定めた念仏会は「慈覚大師伝引声念仏阿弥陀経事」によれば、元は東塔の根本常行堂にて二十一日間勤められていた。良源により日数は七日間となり西塔へ、その後に横川へもたらされる。なお『三宝絵』では、東塔・西塔・横川それぞれの常行堂にて七日間、3×7で二十一日間とする解釈がある。

●得菩提不退…知礼『観経疏妙宗鈔』に「今於七日所得菩提不退轉者。義當道種菩提不退也（『大正蔵』三七巻［：230c］）」とある。『観無量寿経』上品中生の教説に対し、知礼は十回向の菩薩として菩薩行を失わない行不退を得るとする。親鸞の現生不退（現《げん》生正定聚《しょうしょうじょうじゅ》）の思想になると、次生で成仏する事が確定するので「弥勒と同じ」等と説かれる。

●三世常行の三昧…『山門堂舎』には西塔・常行堂の別記に「慈覚大師行法。始行三世常住大念仏也（『群書類従』第二十四輯［：481］）」とあり、天台にて如来が過去・現在・未来の三世に常住するという思想と関連すると思われる。

●有縁道心の大衆を勧進《かんじん》…法会であるために、その勧進による結縁者は僧侶だけではなく俗人にも及ぶ。

④【二】

伏して惟みれば、弥陀如来因地の中に在しまして、深く願を發して云く。若十方世界念我衆生・願生我国・令不生者我不取正覺。（中略）仰ぎ願くは弥陀如來慈覺大師、臨命終の時、我前に影現して、我が終らん時をして、心顛倒せずして、決定して極樂の内院に往生せしめたまへ。敬て白す。

【現代語】伏して想いをめぐらせれば、弥陀如来が修行の段階にいらっしゃり、深く誓願を立てられ「もし全ての世界で私を念じる衆生が、私の国土に生まれたいと願い、それをしても生まれさせることが出来ないようなら、私はさとることをしません」と仰りました。（中略）敬い願うのは、弥陀如来と慈覚大師円仁よ、命の終わりに臨んで私の前に姿を現し（影現《ようげん》）、私が命を終えようとする時に、心が乱れ平常の心が失われることなく、定めて極楽の菩薩の住む内院に往生させて下さい。敬い申し上げます。
●願…弥陀（法蔵菩薩）の誓願『無量寿経』第十八願に拠ると見られるがこの文言と同じものは管見の限り他に例がない。
●弥陀如來慈覺大師…弥陀の臨終来迎思想は当然であるが、円仁の影現までも願っていることは特異である。熱烈な円仁信仰が推測されるが、これが横川のみの伝統であったか否かはさらなる検証が必要である。
●極樂の内院…千観『十願発心記』は盛んであった弥勒信仰との関係から、兜率天《とそつてん》往生の業として先の十善戒の持戒を位置付ける。戒を守れなければ兜率天の内院には往生できないとする。しかし外院に往生できてもそこでは退転があり「楽」を与える場ではないので兜率往生は願うべきではないと説き、対して不退転の極楽往生が示されていく（柳澤［2018：274］）。貞慶『弥勒講式』に「一生補処之内院《いっしょうふしょ》」と述べられるが、あくまで弥勒の兜率天の説である。これが弥陀浄土として語られていることは、親鸞が『無量寿経』第二十二願を必至補処《ひっしふしょ》の願・一生補処の願、そして還相回向《げんそうえこう》の願と展開していく点で興味深い。

④【三】（署名・傍線筆者）

建長七年八月十一日　下番ノ預法師源忠

上番ノ預阿闍梨大法師尋有

検校法印大和尚位

念佛ノ検校

座主僧正

⑤次〔神分〕、〔霊分〕

●〔神分〕…『聲明譜』『大原引声』ともに開白作法には存在せず。

⑥〔小祈願〕〔勧請〕、以上が終わると丑の貝（丑の刻、午前二時頃を知らせるための法螺貝）が吹かれます。

●〔小祈願〕…『聲明譜』『大原引声』ともに現存せず。『大原引声』の結願作法には所収される。

●〔勧請〕…『聲明譜』に所収され、源信『二十五三昧式』勧請段と一致する。

⑦［勧請］の「還念本誓」の句が唱え終わると、一頭が礼盤から降りて内陣に移動します。そして［四奉請］より［甲念仏］、静かに歩きながら［乙念仏］。この念仏三回目の「仏」の字が響いている間に引声の［阿弥陀経］を始めます。三回の「匝」の指示があるため、行道しながらの読誦です。

⑧経の読誦が終わり再び［甲・乙念仏］、［七五三］の念仏（開白には無し）、［合殺］の念仏が続きます。

●⑦⑧が大念仏会「比叡不断念仏」の1セットで⑨［廻向］中に次の番へ入れ替わる。先述の通り四番三名ずつのグループが、十二時辰に時を分けて担当するので1セット二時間となる。つまり一日に三回当番が当たるのが「不断」の実態である。●いずれの念仏にも音曲があり博士が付いている。多く称えるという遍数重視の念仏ではない。

⑨［廻向］：『聲明譜』では文句の省略がされていますが、『例時作法』（『大正蔵』七七巻）とほぼ同じ句になります。

●「聖朝安穏」の句で二番一頭、「十方施主」の句で二頭、「命終決定」句で三頭が出る。

以上が大念仏会における開白作法の概要となります。

小結　堂僧親鸞の意義

前半ではまず、堂僧は十四名の選ばれし声明のエキスパートであり、その地位が高いことを明らかにしました。後半の大念仏会の内容から分かるように堂僧の行法は、誰にもできる簡単な行ではありません。読誦する側の堂僧が、聞く側の結縁者に弥陀や浄土を感じさせる技術が必要でした。これらはもちろん堂僧でなければ伝授（師資相承《ししそうじょう》）されない、彼らの職としての技能です。魚山大原声明において引声の作法は円仁相承の五箇の秘曲として数えられる場合もあり、誰もが修せる行法ではないのです（天納［2000：97］）。

恵信尼が娘・覚信尼へ、親鸞が堂僧であったということを伝えた意義は、親鸞が優れた学生身分であり、その「器量」のある家柄であることを示すとも捉えられます。大念仏会で用いられる「和語声明」を理解するためには、阿弥陀経の勉強だけではなく浄土三部経の思想理解が前提となります。

そして円仁から始まり良源『九品往生義』や源信の各種著作、院政期の各注釈書にて問題となる九品の往生論・十善戒の持戒・十念と一念・臨終来迎・兜率天弥勒信仰などの議論を学ばなければなりません。法照の『五会法事讃』もちろんのこと、唐の基『西方要決』や宋の知礼『観経疏妙宗鈔』などの中国論疏の影響もあります。
親鸞は、多くの経論釈から成る『教行信証』を東国で執筆しました。その浄土教の源泉は、比叡山堂僧時代の研鑽にあったと考えるべきです。そして浄土往生の確信を求め、山の下で人気を集めていた法然の浄土教に興味を持っていたと指摘できるでしょう。
問題はこれら浄土往生を目的とした常行堂の行法が、実践としてどのように機能したのかという点です。近年、思想史的なアプローチのみでなく、新たな研究の視座として「行」の観点が注目されています（蓑輪［2012］）。親鸞の到達した宗教的人格形成における学び、修行の内実といった実態解明を、伝記面の研究から続けていきます。

〈主な参考文献〉

羽塚堅子［1921］『引聲考』
山田文昭［1934］『山田文昭遺稿　第一巻（真宗史稿）』
福田尭穎［1963］『天台学概論』
山口光円［1967］『天台浄土教史』
佐藤哲英［1979］『叡山浄土教の研究』

出雲路英淳［1989］「真宗声明考」『印度哲学仏教学』四号
鹿沼市史編さん委員会編［1999］『鹿沼市史』資料編　古代・中世
天納傳中［2000］『天台声明：天納傳中著作集』
清水擴［2006］「良源による延暦寺横川の再興とその実態」『建築史学』四六号
衣川仁［2007］『中世寺院勢力論：悪僧と大衆の時代』
教学研究所［2008］『親鸞聖人行実』
今井雅晴［2009］『親鸞聖人と東国の人々』
蓑輪顕量［2012］「〈仏教学〉再考：教理研究と修行実践」『日本仏教綜合研究』一〇号
柳澤正志［2018］『日本天台浄土教思想の研究』
天台宗典編纂所［2019］『續天台宗全書：法儀2（常行堂聲明譜・法則類聚）』
橋本順正［2021.3］「日光山輪王寺蔵『常行堂聲明譜』による「例時作法」・「衆集」の検討——親鸞伝中の「堂僧」に関する研究として——」『仏教文化研究所紀要』第三七号
橋本順正［2021.5］「比叡山・山門勢力と専修念仏教団——親鸞伝における承元の法難研究——」『東国真宗』十二号
橋本順正［2023］「親鸞伝における「堂僧」の再検討——比叡山常行堂における法華懺法の勤めについて——」『東国真宗』十六号

親鸞と東国――最澄そして円仁との関係を中心に――

山田雄司

一　越後への流罪

承元元年（一二〇七）後鳥羽上皇による専修念仏弾圧、すなわち「承元（建永）の法難」によって、法然の門弟四人が死罪とされ、二月十八日、法然は還俗して藤井元彦とされて土佐国に、親鸞は藤井善信とされて越後国に流罪とされました。

土佐国に流されるはずの法然は、円証（九条兼実）の庇護により、九条家領のある讃岐国に配流地が変更されました。そこでの暮らしは、罪人として牢に閉じ込められているわけではなく、穏やかに暮らして各地をまわって布教もしていました。そして、同年十二月に赦免されると、しばらくは摂津国勝尾寺に滞在し、建暦元年（一二一一）十一月十七日に入洛許可が下りると大谷禅房に入りましたが、翌年正月二十五日八十歳で亡くなりました。

一方親鸞は、妻の恵信尼とともに越後国府に移されましたが、親鸞流罪の一ヶ月前に親鸞の叔父日野宗業が越後権介《えちごのごんのすけ》となっていることから、主家の九条兼実との関係から、配流先が越後国になったとも考えられています。兼実はまた越後国に権益をもっていたようです。そして、恵信尼の父は三善為教ですが、三善家は三代にわたって越後介をつとめるなど、越後国に権益をもっていたことも、親鸞が越後国に流されたことと関わっていると考えられています。

親鸞の越後での生活は、経済的・身分的には補償されていたので、苦しいということはなかったのでしょうが、京都と違って学問がしっかり行える環境ではなかったのではないでしょうか。また、呪術的宗教が民衆にまで広がっている中、専修念仏の教えが理解されたとも思えませんし、相談する相手もいなかったのではないかと思います。

法然と同様、建暦元年十一月十七日に赦免された際、師である法然との再会を願いつつも、子どもが小さかったりしたかったことにより、豪雪地帯の越後から京都へ戻ることができなかったとされています。

そうしたところ、法然の訃報に接しました。『歎異抄』第二章には、「たとひ、法然聖人にすかされまひらせて、念仏して地獄におちたりとも、さらに後悔すべからずさふらふ」、すなわち、「たとえ法然聖人にだまされて、念仏を唱えることによって地獄に墜ちたとしても、決して後悔しません」とあるように、親鸞は法然に対して全幅の信頼を寄せていました。そのため、親鸞が亡くなったことを聞くと茫然自失し、しばらくは何もする気にならず、越後にとどまっていたのではないでしょうか。

二　東国での活動

流罪が赦免されてから三年後の建保二年（一二一四）、親鸞は東国で布教活動を行うため、妻の恵信尼、娘の小黒女房、息子の信蓮房や、性信などの門弟とともに越後を出発しました。親鸞四十二歳のときのことです。

東国での滞在した場所については、稲田草庵（茨城県笠間市）、笠間草庵（茨城県笠間市）、小島《おじまの》草庵（茨城県下妻市）、大高山《だいこうさん》（茨城県常総市）、霞ヶ浦草庵（茨城県石岡市）、大山草庵（茨城県城里町）、三谷《みやの》草庵（栃木県真岡市）、佐貫草庵（栃木県塩谷町）、室八島《むろのやしまの》草庵（栃木県栃木市）、花見岡《はなみがおかの》草庵（栃木県下野市）などさまざまありますが、親鸞が最も長く住んだのは、常陸国笠間郡稲田郷の稲田草庵でした。親鸞の曾孫である覚如の『親鸞伝絵』には次のようにあります。

　聖人越後国より常陸国に越て、笠間郡稲田郷といふ所に、隠居したまふ。幽棲を占《しむ》といへども道俗跡をたづね、蓬戸《ほうこ》を閇といへども貴賤衢《ちまた》に溢る。

　これを訳すと次のようになります。親鸞聖人は越後国から常陸国に遠い道のりを越して来られ、笠間郡稲田郷というところで静かに暮らされました。俗世を離れて物静かなところに居を定めましたが、多くの人が親鸞のもとを訪ね、粗末な戸を閉めていても人々がまわりにたくさん群がってきました。

　親鸞が普通の僧侶でないという噂はすぐに広がったのでしょう。静かに暮らそうと思っていても、親鸞のもとには多数の人たちが押しかけたようです。その場所は、現在稲田西念寺（稲田御坊）のある場所だと考えられています。

　なぜ稲田なのか。覚如の弟子乗専の『最須敬《さいしゅきょう》重絵《じゅうえ》詞《ことば》』第一巻には、「事ノ縁アリテ東国ニコエ、ハジメ常陸国ニシテ専修念仏ヲヌス、メタマフ」と書かれています。ある縁があって東国に赴き、はじめ常陸国で専修念仏を布教されたというのです。この「縁」とは何か。はっきり示した史料はありませんが、住む場所や暮らしていくための費用、さらには教えに対する理解を示している人物との縁と考えるのがよいのではないでしょうか。すると、親鸞を稲田に導いたのは、稲田地域における有力豪族であった宇都宮頼綱ではなかったかと考えられています。

頼綱は下野国中南部から常陸国笠間郡にかけての広い地域を所有しており、稲田禅房西念寺所蔵の系図によると、稲田の領主稲田頼重の兄でもあり父代わりでもあったとされる人物です。摂政関白太政大臣藤原兼家の三男道兼の曾孫宗円が、前九年の役での功により宇都宮別当職に任じられ、宗円の孫朝綱のときから宇都宮氏を名乗りました。朝綱の孫が頼綱で、頼綱は藤原定家と親交を重ね、京都歌壇、鎌倉歌壇に並ぶ宇都宮歌壇を築いたことでも知られています。定家は頼綱に依頼されて『小倉百人一首』を撰じたことでも有名な人物です。

元久二年（一二〇五）八月、宇都宮頼綱は謀反の疑いをかけられたため、潔白である旨の書状を執権北条義時に提出しましたが、それでも疑いが晴れなかったため、潔白の証しとして八月十六日に剃髪して出家し、名を蓮生と改めました。出家した蓮生は、承元二年（一二〇八）十一月八日、勝尾寺の草庵で念仏の教えを説いていた法然を尋ね、それ以降熱心な信者になったとされています。そして法然亡き後は、弟子の証空に師事しました。こういった経緯から、親鸞が東国に赴いた際に宇都宮頼綱が庇護者になったものと思われます。

そして、親鸞は稲田を拠点に精力的に布教活動を行いました。『親鸞伝絵』に、「専修念仏の義をひろめ給うに、おおよそ、疑謗《ぎほう》の輩はすくなく、信頼の族はおおし」と記述されています。これをそのまま信頼することはできないかもしれませんが、布教にあたって異議を唱える人物は少なく、信頼してくれる人が多かったため、比較的順調に信仰を獲得していったようです。

稲田草庵においてその間の成果を『顕浄土真実教行証文類（教行信証）』として、元仁元年（一二二四）に撰述しました。比叡山における二十年にわたる天台宗の修行体験、二十九歳から吉水草庵の法然のもとでの専修念仏、越後での流罪経験、そして東国での四十二歳からの十年間の布教実践をもとにまとめられたのが『教行信証』でした。親鸞の代表的著作である『教行信証』を、東国滞在時に執筆してまとめたことに大きな意義があると私は考えています。

三　なぜ東国に向かったのか

ところで、親鸞は越後において赦免された後、どうして東国に向かおうとしたのでしょうか。普通なら京都に戻って、自分がいなくなった後どうなったのか、法然はどうして亡くなったのかなど、確認したくなるのではないか思います。この疑問については、これまでいくつもの説が出されています。それは、親鸞自身が東国に赴いた理由について記していないので、なぜなのかを推測するしかないからです。今井雅晴『四十二歳の親鸞――越後出発から関東への道――』（真宗文化センター［2009］）では、諸説を整理して次のように記しています。

イ、念仏布教のためという説。

ロ、そのころ越後農民が関東へ移住する動きがあり、その動きに乗って移住しようとしたという説。

ハ、常陸国にある三善家の領地を頼ったという説。

ニ、『教行信証』を執筆にあたって、笠間時朝を頼ったという説。

ホ、親鸞は念仏の聖で、その活動の一環として関東に向かったという説。

へ、信濃国北部から下総国に領地のある豪族井上氏出身の井上善性なる人物が招いたとする説。

ト、親鸞は善光寺聖であったという説。

今井はこれらの説に対する問題点を指摘した上で、親鸞は幕府のある都市鎌倉をめざしたのではないかとの説を提唱しています。そして、計画と実際の活動の経過のなかで、鎌倉への途中にある笠間郡稲田郷に落ち着くことになったのではないかと推測しています。もちろん、親鸞は鎌倉のことを意識していたでしょうが、鎌倉をめざしていたのであれば、最終的に鎌倉に近い場所にとどまったでしょうし、後の親鸞の行動を見ても、鎌倉との積極的な関係をうかがうことはできないと思います。

この問題に関しては、ひとり親鸞だけでなく、多くの僧侶が東国をめざして布教しているので、そうしたところから考えていく必要があるのではないでしょうか。栄西・道元・忍性・日蓮・無学祖元といった僧侶は、明らかに鎌倉幕府や鎌倉という都市を意識して布教をしていますが、親鸞にはそうした意識がないように思います。

親鸞と鎌倉との関係はないわけではありません。北条政子の年忌供養のための一切経供養に用いる一切経の校合《きょうごう》を北条泰時から依頼されたことがありました。覚如の『口伝抄』

（乗専筆記本）には、「北条時頼の祖父武蔵守泰時が幕府の執権として政治を行っていたころ、一切経を書写されました。その校合のために、悟りへの智慧を深く有しており、知識・識見も広く優れている僧侶を招こうと（中略）探した時、ある縁があって親鸞聖人を尋ね出しました〔親鸞聖人が常陸国笠間郡稲田郷で歩き回っておられたころのことでしょうか〕。親鸞聖人はその招きに応じられて、一切経を校合されました」と書かれています（今井雅晴『親鸞聖人の一生』築地本願寺［2023］）。親鸞がいつ鎌倉に来て一切経校合を行ったのかわかりませんが、安貞二年（一二二八）ではないかと考えられています。しかし、これは親鸞自身が鎌倉に赴きたかったわけではないので、やはり鎌倉をめざしていたということではないと思います。

右にあげた説以外にも、常陸国には鹿島神宮のように『一切経』をはじめとする多くの書物を備えた施設が存在していたからという説がありますが、鹿島神宮と稲田は直線距離にして六十キロ離れており、鹿島神宮で史料の閲覧をすることを考慮するのであれば、やはりその周辺に居住したでしょうから、この説も疑問です。そして、『教行信証』執筆にあたって参照した文献は、鹿島神宮ではなく稲田神社で求めたのではないかと推定されています。

東国で布教した際の高弟は、後に「二十四輩《にじゅうよはい》」と呼ばれるようになりました。彼らは、親鸞直弟のうち、後世に特に高弟といわれるようになった人たちのことです。そして彼らは、常陸や下野などで開山しました。それらの寺院は、「二十四輩寺院」と呼ばれています。東国に広がった門徒たちは、帰洛した親鸞を訪ねていったり、親鸞が亡くなった際に大谷廟堂の建築費を負担したりしていることから、熱心な門徒集団が形成されていたようです。こうしたことを考えると、親鸞は東国においてその後信仰が拡大していく基盤をつくったと言えるでしょう。

四　最澄への意識

それでは一体、親鸞が東国を目指した理由は何なのでしょうか。この点について私は、東国で布教した自分と関わりの深い先人、すなわち最澄と円仁にならい、魅力的な関東で布教したかったのではないかと考えています。京都では、さまざまな有力宗派が立ち並び、布教を妨害されることも考えられます。実際、元久二年（一二〇五）十月、興福寺奏上が朝廷に提出されて専修念仏が批判され、最終的には流罪に至ったわけですから、畿内およびその周辺での布教活動は、「旧仏教」側から再び批判される可能性が高いことが想定されます。ですから、批判を受けない場所で、自らがたどり着いた専修念仏の教えを広めたいと考えたのではないでしょうか。

そして、東国に赴くにあたって、親鸞がまず思い起こしたのは最澄のことではないでしょうか。親鸞はもともと比叡山で学んでいるわけですし、日本天台宗の開祖で、東国へも赴いた最澄のことが当然頭に浮かんだことでしょう。親鸞が越後に流されたときに用いた「愚禿《ぐとく》」の呼称は、最澄が入山の際に作成した願文の中の、「愚中極愚、狂中極狂、塵禿有情、底下最澄（愚か者の極みであり、狂っている者の極みであり、徳のないつまらない僧侶であり、最低である最澄）」の部分からとったものであり、最澄の愚かでつまらない最低の人間であるという自覚は、親鸞に受け継がれました。山を下りてそれを実践に移したのが親鸞と言えるでしょう。

『教行信証』顕浄土方便化身土文類（化身土巻）では、唐の善導、南宋の宗暁・戒度、北宋の神智・大智、高麗の諦観など天台僧による書を引用するとともに、最澄撰とされる『末法灯明記《まっぽうとうみょうき》』をかなりの部分引用していることも注目されます。『末法灯明記』は法然の説法でも用いられています。『教行信証』は親鸞が東国に滞在しているときの著作であり、その中で最澄の著作を引用していることは、当然最澄が東国で布教したことを意識してのことだったと思われます。

最澄は神護景雲元年（七六七）近江国滋賀郡に生まれ、宝亀十一年（七八〇）十一月十二日に、近江国分寺で得度を受け沙弥となって最澄を名乗り、延暦四年（七八五）四月六日東大寺戒壇院で具足戒を受けて比丘となりました。そして、同年七月比叡山に入山して修行し、堂舎を整備して写経につとめました。そうしたなか、桓武天皇に天台教学の学習ならびに経典招来のため、唐へ留学僧の派遣を願い出たところ、最澄自身が延暦二十三年（八〇四）七月、還学僧として渡唐することになりました。唐では天台山などに求法し、翌年六月に帰国すると、比叡山の整備を行っていきました。

その後、弘仁五年（八一四）春に宇佐八幡と香春《かわら》神宮寺に参詣して、入唐の無事に感謝して妙法蓮華経などを奉納し、弘仁八年（八一七）円澄、円仁らを伴い、東国に向かいました。二月には会津在住の法相宗の僧徳一による法華一乗の天台義批判に対して、『照権実鏡』を著して反論しています。三月六日には、下野国大慈寺（栃木県栃木市）で、円仁と徳円に金剛宝戒を授け、三種悉地の法を伝授しています。そして、五月十五日には、上野浄土寺で、円澄・広智らに三部三昧耶の灌頂を伝授しています。そして遅くとも翌年五月には京都に戻っていますので、東国滞在は一年ほどでした。

なぜ最澄は東国を訪れたのか、この問題についてもはっきりとした答えがあるわけではありません。次のような説が唱えられています（熊倉浩靖「東国仏教と日本天台宗の成立――最澄東国巡錫の意義と背景を導きとして――」『高崎経済大学論集』四七―四〔2005.3〕）。

イ、最澄は、帰国後に密教を取り入れようとして、空海に教えを請おうとしたが、うまくいかずに、失意と失地挽回のために東国へ向かったという説。

ロ、徳一が天台宗法華批判を展開していたため、東国に生まれつつある天台菩薩教団を支えようと、最澄は東国での法相宗批判を徹底しようとしたという説。

ハ、緑野寺（群馬県藤岡市）・大慈寺の安東・安北両塔の完成に合わせて、最澄の来訪を要請したとする説。

最澄が東国に赴く前に、法相宗の僧徳一が、会津の恵日寺や筑波山を中心に布教活動を行い、民衆から「菩薩」と呼ばれていましたが、東国において仏教が広まりつつあったことは注目されます。

こうした説に対して、現在一般的に考えられているのは、道忠教団との関係により最澄は東国へ赴いたのではないかという説です。武蔵国出身とされる道忠は鑑真から具足戒を受けて律宗を学び、東国へ赴いて教えを広め、『叡山大師伝』では「東国化主」と記される人物です。道忠は延暦十六年（七九七）に最澄が発願した一切経書写に協力したとされ、最澄が東国に下向した際にはすでにこの世にありませんでしたが、その弟子たちは東国に広がっていて、最澄による教化に協力しました。

また、のちに第二世天台座主となる円澄は武蔵国出身で、道忠に従って受戒し、延暦十七年（七九八）叡山にのぼって最澄の門に入り、「澄」の一字を与えられて円澄と名を改めた人物で、弘仁八年最澄とともに東国に下り、上野国と下野国に宝塔を建立して法華経を安置しました。

そして、広智も道忠に師事した人物で、下野国小野寺山大慈寺に住し、円仁出家の師となり、大同三年（八〇八）円仁をともない比叡山に登りました。そして、最澄が東国に赴いて下野国に宝塔を造るときには造営を助け、緑野寺の法華塔院で金剛・胎蔵両部の灌頂を受け、その後は叡山に登って天台教学を究めました。そして、広智菩薩と称されるほどの碩徳で、天台宗が東国に広まったのは広智の存在に負うところが大きいとされています。

弘仁七年（八一六）五月一日、泰範にあてた最澄書状（『伝教大師消息』）に、翌八年春に東遊して頭陀して、次第に南遊し、さらに西遊・北遊し、その後永く比叡山に入って死期を待ちたいと記しています。これは、日本国内を回って、「徳本を殖え」ること、すなわち仏教を広めたいという意志です。

実際最澄は、東方安鎮は上野国緑野郡、南方安鎮は豊前国宇佐郡、西方安鎮は筑紫郡、北方安鎮は下野国都賀郡、中原安鎮は比叡山上山城国の境、国中安鎮は比叡山上近江国の境という六所宝塔院を造立し、そこに法華経各一千部を安置することを計画しました。つまり、上野国は日本の東端、下野国は日本の北端と認識していて、日本の最果てまで天台の教えを広めんがために宝塔を建立して経典を安置し、その最初として東国を選んだということが言え、四方でもとりわけ東国を重要視していたことがわかります。

それは、最澄と関係が非常に深かった道忠一門が東国で積極的に活動していたということが大きく関わっていたのではないでしょうか。彼らがいたからこそ、最澄はまずはじめに東国に赴いたとも言えます。東国は決して草深い田舎ではなく、平安時代初期には天台宗の教えが根を張りつつある地でした。

五　円仁と念仏

さらに、親鸞が東国での布教を考えたとき、大きく影響したのが円仁だったのではないでしょうか。円仁は延暦十三年（七九四）下野国都賀郡で生まれ、生家は壬生《みぶ》氏です。大慈寺の広智に師事し、大同三年（八〇八）十五歳のとき広智に連れられて比叡山に登り、弘仁五年（八一四）得度して最澄に師事しました。弘仁八年（八一七）には最澄に従って上野・下野に赴き、宝塔の建立と法華経の安置に携わり、大乗経典の講説を行いました。そして、最澄から緑野寺で伝法灌頂を授かり、思い出の大慈寺で円頓菩薩大戒を授かりました。

承和二年（八二五）には唐に渡り、五台山に登って文殊菩薩の聖地を巡礼し、長安では密教などのさまざまな儀軌を伝授され、仏典や曼荼羅などを携えて、登州赤山浦から帰国しました。そして、そのことを『入唐求法巡礼行記』として残したことで知られていきます。斉衡元年（八五四）には第三世天台座主となりましたが、五台山の称名念仏を日本に伝え、比叡山西塔に常行三昧を修する常行堂を建立して、天台浄土教の基盤をつくった僧としても重要視されていきました。

親鸞は法然門下となる以前、比叡山常行堂で堂僧をつとめていました。堂僧は常行堂で阿弥陀経読誦を中心とした不断念仏の行法を行う学僧でしたので、親鸞が浄土門に入るきっかけは円仁にあったと言うこともできます。

日光山輪王寺常行堂の念仏について記した『常行堂御念仏次第』では、八月十一日の開白と十七日の結願のときに「縁起」が読まれていますが、比叡山常行堂でも同様だったと思われ、それは『声明譜』第五に記される「応如法修畢往生極楽業事」のことと考えられています（橋本順正「親鸞伝における「堂僧」の再検討――比叡山常行堂「山の念仏・不断念仏」について――」『印度學佛教學研究』七〇―二［2022.3］）。その「縁起」には以下の文言が記されています。

仰願くば、弥陀如来慈覚大師、臨命終の時、我前に影現して、我終ん時、心顛倒せず、決定して、極楽の内院に往生せしめ給へと、敬白、

つまり、臨終の際に、阿弥陀如来とともに慈覚大師円仁が姿を現して極楽に導いてくれることを願っているのです。こうしたことから、親鸞にとって、比叡山で修行していく中で、最澄とともに円仁の存在は非常に大きかったということが言えるのではないでしょうか。

『教行信証』では、称名念仏を中心とする浄土思想を確立した善導の『観経疏』『法事讃』『往生礼讃』『観念法門』『般舟讃』といった著作が重ねて引用されていることも注目されます。これらを日本に将来して、比叡山において阿弥陀仏の名号を称え続ける不断念

仏を始めたのは円仁でした。

そして、円仁が亡くなった二年後の貞観八年（八六六）七月十四日、清和天皇から最澄に「伝教」、円仁に「慈覚」の大師号が宣下されましたが、これは日本で最初の大師号です。それほどこの二人の僧は別格で、この二人が東国布教に密接に関わっていたのですから、親鸞はその跡をついで東国で専修念仏を広めたいという意識をもつように至ったのではないでしょうか。

平安時代はじめころの東国は、朝廷による移住推進計画により、郡司や有力農民による開発が進行して生産力が向上し、人口も増えていました。そうした中、新たなフロンティアを求めて、各宗派が東国への布教に足を踏みだしていましたが、そうしたことを背景に、最澄は円仁らを伴って東国へ赴いて天台を根づかせました。それを受けて親鸞も東国に赴いて自らが到達した専修念仏を広めるという、伝道の流れの中で親鸞のあり方を考えていく必要があるのではないでしょうか。

六　帰　京

その後、親鸞は貞永元年（一二三二）六十歳のころ、家族と別れて一人で京都に帰ることになりました。この理由についても明確でなく、未完成の『教行信証』をまとめあげるためであるとか、法然が書いた手紙などを集めて『西方指南抄』を編むためとか、鎌倉幕府による念仏弾圧から逃れるためであるとか、著作活動に専念するためであるからといった説が提示されています。

このことについて今井は、当時の平均寿命四十二、三歳ということを考えて、六十歳の還暦を迎えた親鸞は、そろそろ関東での仕事も終えたと故郷へ帰りたくなったのではないかと考えています（今井雅晴『親鸞と東国』吉川弘文館［2013］）。

この点については、私も同様に、親鸞は東国で自分のできることは成し遂げることができ、弟子も独り立ちするようになって今後について任せることができたことを確信して、最後には青年時代を過ごした京都に戻って、自分の人生の集大成を行いたいと思ったのではないかと考えています。京都は多くの宗派が林立する最先端の「宗教の聖地」ですから、そこでこれまで自分が築き上げてきた教えを布教することによって、自分が到達した専修念仏の正しさを確信したかったのではないでしょうか。京都の人々からの支持を得ることができなければ、所詮一地方での教えにとどまってしまい、多くの人々を救うことができないと考えたのかもしれません。最澄も円仁も、最終的には京都で著作活動を行い、教えを広めていきました。師であった法然が亡くなった後どのようになっているのかということも気になっていたに違いありません。

実際、親鸞は京都に戻ってから、『教行信証』の加筆訂正や、『唯信抄』の解説をした『唯信抄文意』を執筆して広く門弟たちに与えたり、『浄土和讃』『高僧和讃』といった念仏を易しく説くための和讃執筆に励むなど、積極的に布教に取り組んでいます。その結果、「教団」として展開していく上での礎を築くことができました。

京都ではこのような執筆活動に励み、弘長二年（一二六二）下旬、病に伏して、二十八日に九十歳で亡くなりました。親鸞の生涯は、天台宗における師を大切にして、そこから受け継いだものをさらに発展させ、そしてそれを後世に引き継いだと言えるのではないでしょうか。

親鸞布教拠点としての常陸国稲田

飛田英世

一　稲田の位置

茨城県外の真宗門徒の方に、茨城県について訊ねれば、水戸と同じくらいに稲田の地名があがるでしょう。私はかつての稲田の草庵、現在の西念寺《さいねんじ》の脇を通る機会が少なくないのですが、ときおり、見慣れない観光バスが駐まっているのを目にします。おそらく、他県の方で、親鸞の聖蹟をめぐる方々の乗ってきたバスなのでしょう。そうした光景から、常陸国、あるいは稲田が親鸞ゆかりの地であることを改めて思い知らされるのです。

なぜ、親鸞は関東でも常陸（茨城県）に来たのか、その謎を解く鍵は、やはり稲田にあるとみられます。

まず、親鸞が草庵を結び、拠点としたのは、佐貫《さぬき》（群馬県板倉町）、大高山《だいこうさん》（茨城県常総市）、小島《こじま》（同県下妻市）、坂井（同）、笠間（同県笠間市）、大山（同県城里町）、三谷《みや》（栃木県真岡市）などが伝えられています。つまり、拠点をいくつか変えているようです。このうち、小島・坂井は中世の下妻荘《しもつまのしょう》に属していました。ここは後述する小鶴荘と同じく京都の摂関家である九条家が領主だったのです。

それはさておき、そのなかで最も長期にわたって滞在したのが稲田と思われます。現在の稲田は、茨城県笠間市稲田です。笠間市は県都水戸市の西に隣接し、JR水戸線・国道五〇号線が東西に並走して、栃木県第二の都市・小山市《おやまし》に至ります。また近世は笠間藩の城下町であった笠間市笠間からは西に六キロメートルほど離れています。

中世は常陸国笠間郡（新治東郡《にいはりとうぐん》）稲田郷になります。鎌倉時代の常陸国の荘園《しょうえん》・公領《こうりょう》の面積を記した常陸国弘安大田文《ひたちのくにこうあんおおたぶみ》（「常陸国作田惣勘文案《ひたちのくにさくでんそうかんもんあん》」）には「東郡《とうぐん》　稲田社十七丁小」とあります。親鸞が稲田に居た鎌倉時代、十三世紀の記録です。

「稲田社」については後述しますが、現在、同地に鎮座する稲田神社《いなだじんじゃ》のことで、平安時代の『延喜式神名帳《えんぎしきじんめいちょう》』にも「稲田神社　名神大《みょうじんたい》」とあるように由緒ある神社です。また社領の「十七丁小」、これは東京ドーム約四個分の面積です。稲田郷が全て稲田神社の社領とは断定できませんが、ほぼ郷全体の田畑・居住地の面積に匹敵するでしょう。

二　下野国の法然門下

すでに今井雅晴氏は三つの観点から親鸞が稲田に滞在した理由を説いています。まず、この稲田のすぐ北、そこは下野国《しもつけのくに》（栃木県）になりますが、親鸞と同じく法然を師と仰ぐ宇都宮頼綱《うつのみやよりつな》（一一七二～一二五九）の勢力圏になります。

稲田の位置

頼綱は法名を蓮生《れんしょう》といいます。そして自身が治める下野国でも法然の教えを実践しています。たとえば、法然の高弟である証空《しょうくう》（浄土宗西山派《せいざんは》の祖）が実践した当麻曼荼《たいまんだ》羅《ら》の思想の普及ついて、頼綱は自らも、当麻寺《たいまでら》（奈良県葛城市）の当麻曼荼羅の縮尺本を仏絵師《ぶつえし》に作らせたといいます。そして、それを頼綱は尾羽寺《おおばでら》（栃木県益子町）内に地蔵院を建て、そこに納めたともいわれます。

尾羽寺、地蔵院は宇都宮氏の菩提寺であり、浄土信仰の核でした。現在、尾羽寺は無く、地蔵院（現在は真言宗智山派《ちざんは》）がその法灯《ほうとう》を継いでいます。地蔵院には平安時代末期と鎌倉時代初期の阿弥陀三尊像《あみださんぞんぞう》がそれぞれ伝わるほか、鎌倉時代後期ころには阿弥陀三尊図像板碑《ずぞういたび》も作られるなど、仏教的造形物のなかに、その特徴をみることができます。

さらに、もうひとり下野国には重要な人物がいます。頼綱（蓮生）の弟、宇都宮朝業《ともなり》（一一七四～一二四八）です。下野国塩谷郡を治めていた塩谷氏の名跡を継いだため、塩谷《しおのや》朝業とも呼ばれます。法名は信生《しんしょう》、やはり法然の有力門弟です。『法然上人行状絵図《ほうねんしょうにんぎょうじょうえず》』では、師である法然の遺骸を比叡山衆徒《しゅうと》から守るため、兄の頼綱（蓮生）とともに、馬で護送している場面が描かれています。

また、朝業（信生）は一光三尊阿弥陀如来《いっこうさんぞんあみだにょらい》への信仰拠点、信州《しんしゅう》・善光寺《ぜんこうじ》への信仰も厚く、彼の善光寺参りの有様は自身の日記『宇都宮朝業日記《うつのみやともなりにっき》（信生法師集）』のなかにも述べられています。善光寺信仰自体は朝業に限った信仰ではなく、鎌倉幕府に奉仕する御家《ごけ》人《にん》層は、積極的に善光寺参りをしていたと思われます。このことは、北関東にも善光寺信仰が展開する契機となり、この善光寺信仰を核とした真宗門徒集団、高田門徒《たかだもんと》が形成する下地になったとみられます。稲田在住の方のお話しによると、稲田と高田（栃木県真岡市高田）を結ぶ専用の山道があったそうです。

すなわち、稲田の北、宇都宮氏（および塩谷氏）の勢力圏では阿弥陀信仰、浄土信仰が顕著でした。親鸞としては、そうした兄弟弟子の勢力圏と身近に接することで、活動のバックアップを期待したはずです。この朝業（信生）の次男が後述する笠間時朝《かさまときとも》です。

三　京都につながる小鶴荘《こつるのしょう》

二つめは稲田の東に位置する小鶴荘です。笠間市内を源流とする涸沼川《ひぬまがわ》は、中流域で汽水《きすい》（海水と淡水が混じる）の湖沼として知られる涸沼となります。その源流から涸沼に注ぐ流域に展開したのが小鶴荘です。現在の茨城町小鶴が中心、つまり政所《まんどころ》が置かれたと思われます。

この涸沼川（および支流の涸沼前川）の北岸、地理的には中世の吉田郡に位置した現在の茨城町前田《いばらきまちまえだ》からは、十三世紀の中国・南宋時代の白磁牡丹蓮華唐草文瓶《はくじぼたんれんげからくさもんへい》（東京国立博物館所蔵）が出土しています。日本で多く確認されている中国製磁器のなかでも優品として知られ、涸沼沿岸地域の文化的、経済的豊かさを知る指標となります。その涸沼の東岸からは再び涸沼川となります。そして那珂川最下流部に合流して、太平洋へと結ばれますので、太平洋海運と涸沼川水運を介して、この白磁は小鶴荘周辺にもたらされたのでしょう。

小鶴荘は現在の笠間市の一部（笠間市手越）も荘域に含まれており、稲田の草庵からは数キロメートルしか離れていません。この荘園の記録は、摂関家の藤原忠通《ふじわらのただみち》の娘（崇徳《すとく》天皇《てんのう》の中宮《ちゅうぐう》）、皇嘉門院聖子《こうかもんいんせいし》の治承《じしょう》四年（一一八〇）処分状に「ひたち　こつるきたみなみ」とあるのが初見です。

父の藤原忠通から小鶴荘を譲渡された皇嘉門院は、早くも治承四年中に甥の九条良通《くじょうよしみち》（弟である九条兼実《くじょうかねざね》の子）にこの荘園を譲渡しています。さらに、良通は早世したため、元久《げんきゅう》元年（一二〇四）に、代わって父の兼実が娘の宜秋門院任子《ぎしゅうもんいんにんし》（良通の妹、後鳥羽上皇《ごとばじょうこう》の中宮）に一期分《いちごぶん》として譲渡しています。そして、南北朝時代の康永《こうえい》三年（一三四四）付「足利直義裁許状《あしかがただよしさいきょじょう》」（宮内庁所蔵）を最後に、九条家領としての実体は不明となっていますが、推定ではおよそ二〇〇年間が九条家領小鶴荘の歴史と考えられます。

宜秋門院任子は父兼実に倣い、法然に帰依しました。『玉葉《ぎょくよう》』建久《けんきゅう》二年（一一九一）九月二十九日条には、法然を戒師として受戒した旨が記されています。さらに、『明月記《めいげつき》』建仁《けんにん》元年（一二〇一）十月二十七日条には、去る（十月）十七日、宜秋門院が法然を戒師として出家した、とあります。奇しくも、親鸞が法然の門下となった年です。

このように、稲田に近い小鶴荘の領主は、親鸞と同じ法然門弟でした。さらに九条家の家司《けいし》であったのが、恵信尼《えしんに》の父、三善為則《みよしためのり》です。『玉葉』治承二年（一一七八）一月二十七日条に、「数年前に臨時職として、為則に与えた越後介《えちごのすけ》の官職を解任する」、とあります。『玉葉』は兼実が記した「業務日誌」であり、九条家に家司（事務官）として勤め、かつ一時的ですが、越後介も務めていた為則の姿が記されたのです。つまり、下妻荘と同じく小鶴荘も九条家領でした。

親鸞としては、同じ法然門下であり、さらには妻の実家が仕える九条家からの物心両面での援助を期待したはずです。なぜなら、京都から遠く離れた常陸国においてさえ、荘園制度という当時の政治経済のシステムを使えば、間接的ながら支援を得られる環境にあったからです。そのうえ、小鶴荘の武家勢力、すなわち地頭は宇都宮頼綱と先代（宇都宮宗綱《うつのみやむねつな》）を同じくする宍戸氏でした。親鸞夫妻と小鶴荘は複数の人間関係で結ばれていたのです。

ただし、九条家も兼実の孫である九条道家《くじょうみちいえ》の代になりますと、法然門弟との関係は薄れていきます。道家は、新たな氏寺として嘉禎《かてい》二年（一二三六）から、京都にて東福寺《とうふくじ》の建立を始めます（落成は建長《けんちょう》七年）。ここは天台・真言・禅の三宗兼学の寺院でした。こうした代替わりによって生じた九条家と法然門下の距離感が、親鸞の京都帰還の遠因になったかもしれません。

四　稲田神社と神宮寺《じんぐうじ》

前述したように、稲田郷の郷名にもなったのが「稲田社」、つまり稲田神社です。主祭神はクシナダヒメ（奇稲田姫之命）であり、『日本書紀』『古事記』『出雲国風土記』に登場します。そして、頭が八つもある蛇の怪物、ヤマタノオロチを退治したスサノウ（素戔男尊）の妻といわれます。稲田の地には出雲系の神が祀られていたのです。

その社領は広人でしたから、親鸞が拠点とした稲田の草庵（現在の西念寺）は、その社領内にあったとみなすのが自然でしょう。そして、中世の仏教思想である神仏習合《しんぶつしゅうごう》を反映して、稲田神社にも神宮寺がありました。この神宮寺は、明治の神仏分離《しんぶつぶんり》を契機に廃寺となりましたが、仏像は残されました。

その仏像とは、観音菩薩像（笠間市指定文化財）、毘沙門天像（同）、そして不動明王像です。まず観音菩薩像ですが、こちらは正観音菩薩像《しょうかんのんぼさつぞう》です。像高八〇チセンを測ります。一《いち》

稲田神社旧神宮寺の仏像。左から毘沙門天像（笠間市指定文化財）、観音菩薩像（笠間市指定文化財）、不動明王像

木造《ぼくづくり》、両手で施無畏印《せむいいん》・与願印《よがんいん》を結びます。クシナダヒメの本地仏《ほんちぶつ》（日本の神の本来の姿）です。髪は頭頂部でまとめる垂髪《すいはつ》、腰には裙《くん》・裳《もこし》を着け、上半身から下半身にかけて細長い布である条帛《じょうはく》・天衣《てんえ》が掛けられています。両腕にはブレスレット・アームレットである腕《わん》釧《せん》・臂釧《ひせん》が嵌められています。時期的には平安時代後期、十二世紀ころの作とみられます。

毘沙門天像は像高九七センチを測ります。眉根《まゆね》を寄せ、目尻をつり上げた忿怒《ふんぬ》の形相をみせます。襟甲《えりこう》、肩甲《けんこう》、胸甲《むねこう》など挂甲《けいこう》に用いる防具、そして兜などで身を固めるほか、右手には三叉《さんさ》戟《げき》（穂先無し）を握ります。一方の左手には宝《ほう》塔《とう》を掲げ、兜頭には宝珠《ほうじゅ》が載ります。制作時期は前述の観音菩薩像と同時期と思われます。

不動明王像は、かなり後世のものですが、もとの像は観音菩薩像・毘沙門天像と同時期の制作と思われます。というのは、観音を中尊とし、毘沙門・不動を脇侍とする三尊像は、平安時代中期、十世紀における比叡山横川《よかわ》の横川中堂の三尊像と同じ構成です。この起源は、慈覚大師円仁《じかくだいしえんにん》が唐より帰国途中で嵐に遭った際、観音と毘沙門の霊験《れいけん》により救われたことに求められます。円仁は日本に戻ると、横川に観音菩薩と毘沙門天の二尊を祀りました。さらに、慈恵大師良源《じけいだいしりょうげん》が不動を加えて三尊構成にしたといわれます。

関東地方は天台宗開祖の伝教大師最澄《でんぎょうだいしさいちょう》が直接布教したところです。また最澄の弟子とされる最仙《さいせん》が、天台宗常陸国講師《こうじ》として公的立場から法華経を弘めるなど、平安時代から天台宗は盛んだったといえます。また、最澄の弟子の円仁が下野国出身であったこともあり、茨城県内には円仁開山とされる天台宗寺院がたくさんあります。

こうした状況から、稲田神社神宮寺は天台宗寺院であったことは、ほぼ確実です。親鸞が稲田に来た理由のひとつに、天台宗寺院の稲田神社神宮寺のあることも挙げられるでしょう。今日の視点では法然は浄土宗、親鸞は浄土真宗の僧として捉えますが、当時は本人たちの認識も含め、社会的には天台宗の僧だったのです。そして、親鸞は、天台宗の僧として、この三尊像を参拝したはずです。

そして、気になるのが『御伝鈔《ごでんしょう》（下の二）稲田興法《いなだこうほう》の段』の一節です。「親鸞が越後より常陸に来て、笠間郡稲田郷に隠居し、ひっそりと住もうとした。しかし、僧も俗人もやってきて、さらには戸を閉めても、身分の高い者から庶民まで、あふれんばかりの人びとが教えを聴きにやってきた。仏の教えを弘めたいという親鸞の願いが叶った。親鸞は『昔みた救世観音《くぜかんのん》の夢のお告げのとおりになった』といった」とあります。

この一節によれば、親鸞が稲田に来たこと、たくさんの人々が親鸞のもとに教えを聴こうと集まってきたこと、いずれも、昔見た救世観音の夢のお告げのとおりである、としているのです。親鸞の夢には、ときおり観音菩薩が現れ、親鸞にさまざまなお告げと導きを示しています。河内国磯長《かわちのくにしなが》にある聖徳太子廟では聖徳太子（すなわち観音菩薩の化身）が親鸞の生命はあと十年と告げ、比叡山無動寺大乗院《むどうじだいじょういん》では如意輪観音《にょいりんかんのん》が比叡山を下りるようにと告げ、そして京都の頂法寺《ちょうほうじ》六角堂では救世観音が法然のもとに行くようにと告げています。

親鸞としては行動の節目や転換を、それぞれの場所で祀られている観音のお告げとして理解しています。そうすると、親鸞に稲田に来て、人々に教えを説くよう告げた救世観音菩薩とは、わざわざ磯長、無動寺、六角堂の観音菩薩を持ち出すまでもなく、稲田神社神宮寺の観音菩薩を示す、と理解すべきと考えます。「昔からあった稲田の観音のお告げと導きにより、稲田に至った」というのが親鸞としての解釈なのでしょう。

五　笠間時朝と稲田での歌会

笠間の地に侵出した武家勢力が、こちらも前述した塩谷朝業の次男、笠間時朝《かさまときとも》です。笠間郡における時朝の事績は大きなものがあります。笠間市内の寺院に現存する弥勒如来立像（弥勒菩薩が如来となった姿）、千手観音菩薩立像、薬師如来立像は、それぞれ宝治元年（一二四七）、建長四年（一二五二）、建長五年（一二五三）の作であり、いずれも時朝が願主となっています。

さらに、建長七年（一二五五）十一月九日には、鹿島神宮に唐本一切経《とうぼんいっさいきょう》を奉納し、翌八年（一二五六）にはその法会が催されています。この建長八年に一切経法会が催されたことは、時朝ゆかりの和歌を収めた『前長門守時朝入京《さきのながとのかみときともにゅうきょう》田舎打聞集《いなかうちぎきしゅう》』にも窺えます。

この一切経を巡っては、『教行信証』の執筆との関係でいくつかの説が出ています。まず、親鸞が常陸国に来たことの理由のひとつとして、『教行信証』を執筆するに際して、鹿島神宮に引用文献とすべき一切経があるという説があります。

その反論として、時朝が奉納したのは建長七年であり、すでに親鸞が京都に帰った後だから、この説は成立しない、ともいわれます。

しかし、一切経奉納は決して時朝だけの作善《さぜん》ではなく、時朝以前にも同様に奉納された可能性は高いでしょう。ちなみに、文保《ぶんぽう》二年（一三一八）付「関白前左大臣家《かんぱくさきのさだいじんけ》二条道平《にじょうみちひら》政所下文《まんどころくだしぶみ》」（『鹿島神宮文書』）によると、現在の行方市《なめがたし》や潮来市《いたこし》に位置した鹿島社領小牧郷《こまきごう》、同領加納十二箇郷《かのうじゅうにかごう》は、保延《ほうえん》五年（一一三九）以前において金泥大般若経《こんでいだいはんにゃきょう》書写料《しょしゃりょう》を賄うための社領でした。

この社領に限らず、基本的に鹿島社領とは鹿島神宮で催される祈祷の費用、経典の書写料を賄うための領地なのです。すなわち、時朝の寄進に頼らずとも、鹿島神宮自体で一切経を揃えることは可能だったのです。さらに付け加えれば、鹿島神宮は国家規模の祈祷を実践する場ですから、一切経を常備していないことには、その役割が果たせないはずです。

もちろん、稲田神社神宮寺にも、『教行信証』の参考になる経典は所蔵されていたでしょうが、量的には鹿島神宮には遠く及ばなかったはずです。やはり、稀覯本《きこうぼん》的な経典を閲覧するには鹿島神宮に赴いたわけです。その途次、鹿島郡、行方郡を通過しますから、そこで鹿島・行方の門徒集団が形成されていくのです。

そして、鹿島神宮で一切経法会が催された建長八年（〔康元元年〕一二五六、他説あり）、笠間時朝は稲田神社で大規模な歌会《うたかい》を催しました。そのときの和歌は「稲田姫社十首《いなだひめしゃじゅうしゅ》」として『新和歌集《しんわかしゅう》』（選者は藤原定家《ふじわらさだいえ》の孫、藤原為氏《ためうじ》）に収載されていますが、この歌会には当代一流の歌人が参加しています。その具体的なメンバーをみますと、①笠間（藤原）時朝、②宇都宮（藤原）泰綱《やすつな》、③浄意法師《じょういほうし》（俗名は源有季《みなもとのありすえ》）、④西円法師《さいえんほうし》（宇都宮一族か?）、⑤証定法師、⑥高野（藤原・八田〔小田〕）時家《ときいえ》、⑦笠間（藤原）朝景《ともかげ》、⑧藤原蔭《ふじわらかげ》清《きよ》、⑨葉室《はむろ》（藤原）光俊《みつとし》、⑩源政家の名が見えます。このうち②の泰綱は宇都宮頼綱の子、⑥は宇都宮氏から出て常陸国小田（つくば市小田）に拠点をもった小田氏の一族です。③の浄意法師は藤原氏に代わって朝廷で重きをなしてきた村上源氏出身、⑦の笠間朝景は時朝の子、⑨の葉室光俊は鎌倉幕府将軍宗尊親王《むねたかしんのう》の歌道師範も務めた京都の歌人です。

そして、光俊はクシナダヒメゆかりの神社での歌会に参加したことが、強く印象に残ったためか、自身の歌論集《かろんしゅう》に『簸河上《ひのかわかみ》』というタイトルを付けています。これはスサノウが出雲国（島根県）の簸川《ひのかわ》（斐伊川《いひがわ》）の辺にいた際、箸が流れてくるのを見つけ、上流に向かったところ、クシナダヒメに出会ったことに因んだと考えられます。

そもそも時朝を含む宇都宮一族は武家であるとともに、和歌の家でもあります。宇都宮頼綱は歌聖《かせい》とも称された藤原定家とも親しく、娘を定家の子である為家《ためいえ》に嫁がせています。そして二人の間に生まれた為氏が『新和歌集』の選者になっているのです。

少なくとも関東において和歌に関しては、宇都宮一族の右に出る武家はいなかったはずです。そのため宇都宮一族が形成した和歌の世界を宇都宮歌壇と呼ぶこともあります。時朝としては、稲田神社での歌会は、「和歌の一族」として本腰を入れた一大イベントとして取り組みました。それが稲田の草庵のすぐ近くで催された事実は社会的にも大きいです。もちろん、この時期、親鸞は稲田の草庵にはいませんでした。そこには親鸞面授の弟子、教養《きょうよう》が守っていたようです。教養はもと稲田頼重と称する武士であり、宇都宮氏一族の出身（頼綱の弟）とされます。

この点はさておき、そもそも稲田の草庵のあった稲田とは、著名な歌人を招待しての歌会が催されても違和感のない、文化の薫り高い地域だったことは確かなのです。

そして、常陸・下野の宇都宮一族だけでなく、浄意法師や葉室光俊など京都の歌人も無理なく来訪できる地域だったのです。親鸞にしても、本来は京都人ですから、彼ら歌人たちとは同じような境遇にあったのです。こうした京都人が迷わず来訪できることは、稲田は他所《よそ》から来た者にも優しい交通至便の地だったことになります。

この点について、今井氏は『和名類聚抄《わみょうるいじゅうしょう》』（平安時代につくられた百科事典）に載る巨《おお》神駅家《かみのうまや》の存在を指摘します。具体的には、稲田の北、笠間市大郷戸から、西の桜川市平沢付近に、古代の巨神駅と呼ばれる駅家（官営の「道の駅」）が置かれていたようです。もちろん、鎌倉時代には駅家は存在しませんが、京都から歌人を招くことができる交通体系が存在したこと、その起源を古代の駅家の設置に求めることはできるでしょう。

おわりに

本稿では親鸞が関東に赴いた際、その長期にわたる滞在、そして『教行信証』執筆の地を、なぜ常陸国笠間郡稲田郷にしたのか、について述べてきました。すでに今井雅晴氏が説いているように、三つの大きな理由がありました。

北の下野国は、同じ法然の同門である宇都宮氏の拠点です。南には妻の実家である三善氏が仕えていた九条家の荘園・小鶴荘があり、涸沼・涸沼川・那珂川を経て太平洋へとつながっていました（そして、京都にもつながっていました）。また、稲田郷の北に隣接して巨神駅という駅家が古代には置かれたほど交通至便の地でした。

この三つの理由に、若干の私見を加えました。そこでは、稲田神社神宮寺の平安期の仏像について述べました。この神宮寺は現存しませんが、残された仏像三体は観音菩薩・毘沙門天・不動明王の三尊構成をとり、これは比叡山横川中堂の三尊と同じであることを明らかにしました。親鸞自身、若き日は横川で堂僧として勤めていたわけですから、この三尊への信心はかなり篤いといえます。

さらに、笠間時朝が稲田神社で催した歌会について私見を述べました。この歌会は関東の和歌の大家である宇都宮一族だけでなく、はるばる京都からも当代一流の歌人が参加するほどの一大イベントでした。稲田の草庵も、事実上は稲田神社の境内にあったはずですから、この歌会に何らかのかたちで関わっていたかもしれません。いずれにしても、これだけのイベントが催されるところですから、稲田が重要な地域だったことは間違いないのです。そして、あの難解な『教行信証』が執筆できた、あるいは執筆しようという気にさせたのは、稲田という場所が、そうした意識を惹起させるだけの高い文化水準があったからです。

親鸞は優れた宗教家であると今日、多くの人々の共通認識になっています。そうした人物形成は稲田を中心に、働き盛りの壮年期、その二十年間を常陸国の、それも稲田で鍛錬してきた結果にほかなりません。十五世紀以降、浄土真宗の本拠地が関西に移ったため、親鸞は西日本の僧と思われがちですが、その、人物、および思想の形成の根源には、稲田の、さらには常陸国、そして関東のさまざまな要因があります。それらの要因をこの八〇〇年の節目を契機に改めて考えていきたいと思います。

〈参考文献〉

小林一彦［1988］「宇都宮歌壇の再考察――笠間時朝・浄意法師を中心に――」『国語と国文学』七七〇号
中川博夫［1990］「『新和歌集』成立時期補考――「稲田姫社十首歌」「鶴岳社十首歌」をめぐって――」『徳島大学教養部紀要（人文・社会科学）』第二五巻
『笠間市史　上巻』［1993］
『笠間市の文化財』［2001年代］
後藤道雄［2002］『茨城彫刻史研究』
小林一彦［2002］「宇都宮歌壇――京文化への回路　塩谷朝業と実朝――」『国文学　解釈と鑑賞』第六七巻一一号
久信田喜一［2009］「『和名抄』にみえる常陸国新治郡の郷について（五）――巨神郷　その二」『常総の歴史』第三九号

今井雅晴［2010］「新しい親鸞像のために」茨城県立歴史館　特別展『親鸞——茨城滞在20年の軌跡——』図録
今井雅晴［2011］『親鸞聖人稲田草庵』

東国の親鸞と神祇信仰

今井雅晴

はじめに

第二次大戦が終わって、もう八十年近くになります。早いものです。その、いわゆる戦後、親鸞の伝記について有名であったことの一つに、「神祇不拝《じんぎふはい》」があります。これは「親鸞は阿弥陀仏だけを崇拝し、神祇（神＝空中の神々、祇＝地面の中の神々。つまり日本在来のすべての神々）を拝まなかった」という意味です。

この神祇不拝は、第二次大戦中、天皇の名の下に戦争が推し進められたことと、天皇の先祖が天照大神《あまてらすおおみかみ》を始めとする伝統的な神々、すなわち神祇と深い関係にあったと強調されたことと深い関係があります。浄土真宗教団も戦争協力があったではないか、今後はそのようなことがないようにしよう。第二次大戦中のような天皇制とは一歩隔てた態度を取ろう。阿弥陀仏の救いへの信心と報謝に生きた親鸞も神祇を拝まなかったはずだ、ということで「親鸞の神祇不拝」が強調されたのです。現在でもそのように思っている方々もいるようです。

では実際、親鸞が活躍した関東では神祇とどのような関係を持ったか、持たなかったか。ほんとうに神祇不拝であったか。本稿ではそのことを確認していきます。

本稿は親鸞の活動や思想を最初から「神祇不拝」という建前で把握するのではなく、神祇との関係が実際にはいかなる内容であったかを確認しようとするものです。

一　親鸞の関東行き

建保二年（一二一四）、四十二歳の親鸞は、貴族出身の妻の恵信尼三十三歳と娘の小黒の女房七歳くらい、息子の信蓮房四歳を連れて、それまで住んでいた越後国府付近から関東の常陸国笠間郡稲田郷に向かいました。『親鸞伝絵』に、

聖人、越後国より常陸国に越て、笠間郡稲田郷《かさまのこおりいなだのごう》といふ所に隠居したまふ。

「親鸞聖人は、越後国（新潟県）から国々・山々を越えて常陸国に行き、笠間郡稲田郷という所に隠れ住まわれました」とあります。

従来、親鸞は越後から聖になって関東へ行き、またそこでも聖として念仏を説いて回っていたとされていました。聖とは二種類ありました。一つは、教団に属さず、一ヶ所に止まって貧しく念仏などを称える下級の僧侶のことでした。もう一つは、同様に貧しく、孤独で各地を歩き回って念仏を勧める下級の僧侶のことでした（五来重『高野聖』角川新書［1965］）。親鸞は後者であったというのです。

また従来、親鸞は関東へ一人で来たと思われていました。しかしそれは誤りです。妻子とともに四人で来たのです。それは恵信尼書状第五通に明らかです。もっとも、この恵信尼書状は大正十年（一九二一）に鷲尾教導氏が西本願寺の宝庫から発見したものですので、複数で来たことが明確になったのはこの時からです。

越後国府から常陸国稲田郷まで約三百五十キロ。かなりの山道。貴族出身の妻と、幼児二人を連れて。幼児のうち一人は数え四歳ですから、現在の満年齢なら二歳か三歳です。泊まるところはどうしたのか？　稲田への街道沿いには太子堂（聖徳太子堂）があり、一家はそこに泊まったという説をなす人もいましたが、筆者の調査では親鸞のころまでの街道沿いには太子堂など一つもありませんでした。朝晩の食事はどうするのか？

つまり親鸞一家が聖などで越後から稲田に来られるはずがないのです。そして稲田、すなわち他人の領地に勝手に住み付けるはずはないのです。これは現在でも鎌倉時代でも同じです。むしろ鎌倉時代の方が警戒は厳しい社会ですから、なおさらのことです。ではどうしたのか？　ここに注目されるのが稲田の領主である宇都宮頼綱という大豪族です。

二　宇都宮頼綱と稲田郷

宇都宮頼綱とは、下野国（栃木県）南部から中部にかけての豪族です（拙著『親鸞聖人稲田草庵』「歴史を知り、親鸞を知る」❹、自照社出版［2011］）。

藤原朝綱――藤原業綱――宇都宮頼綱
　　　　　　　　　　　├塩谷朝業――笠間時朝
　　　　　　　　　　　└稲田頼重
└寒川尼

祖父の藤原朝綱は、源頼朝が治承四年（一一八〇）に挙兵した時に味方して大いに働き、「坂東一の弓取《ゆみとり》」と賞賛されました。働いたのは朝綱の姉（妹）の寒川尼が頼朝の乳母だったからです。そして朝綱は下野国の名神大社《みょうじんたいしゃ》・一宮である宇都宮二荒山《ふたあらやま》神社の支配圏を手に入れていました。「名神大社」とは、平安時代の前半に朝廷が全国の神社を掌握し直そうとして、有名神社を名神大社・大社・小社という三段階に格付けしたことに始まります。もっとも規模が大きく、神領（荘園）もたくさんあり、兵力も大きい神社を名神大社と呼びました。以下、大社、小社でした。

名神大社は各国で二社程度です。しかし下野国では二荒山神社だけでした。ただし下野国に二荒山神社は二社あり、一社は宇都宮（現在の宇都宮市）にあり、もう一社は日光にありました。もとは日光に成立したようですが、頼綱のころは宇都宮にもあり、そちらの宇都宮の方は「宇都宮神社」と呼ばれるようになっていました。

藤原朝綱はこの宇都宮神社を支配する領家の立場にいました。その孫の頼綱の代になり、宇都宮氏を名乗るようになったのです。そして鎌倉幕府の執権北条時政の娘と結婚し、幕府の有力者にもなっていました。

三　親鸞と宇都宮頼綱

宇都宮頼綱は、元久元年（一二〇五）、下野国南部に接した常陸国笠間郡に大軍をもって侵攻していました。九年後に親鸞一家が住むようになる稲田郷は、この笠間郡の中にあります。笠間郡は農業生産物の豊かな土地で、前年までの十年間、隠居後の祖父朝綱が常陸国との国境に住み、侵攻の機会をうかがっていました。その祖父が亡くなった翌年の元久元年、二十八歳の頼綱は笠間郡に侵入したのです。

ところが、おりしも鎌倉では執権北条時政と息子義時・娘政子との親子の争いが始まり、勝った義時・政子は時政を伊豆国北条に追放しました。さらに義時は頼綱が時政に味方しているとして、滅ぼしにかかりました（拙著『親鸞をめぐる人々』「宇都宮頼綱」自照社出版［2012］）。

しかし義時は頼綱が出家引退することで手を打ちました。おかげで宇都宮氏は笠間郡侵攻を再開し、これを手中にすることができました。頼綱は行方不明の形をとりつつ、宇都宮氏の惣領《そうりょう》としての権利は維持していました。

この行方不明の間、頼綱は法然に入門して実信房蓮生《じっしんぼうれんしょう》という法名を与えられました。法然は、後鳥羽上皇によって承元元年（一二〇七）に四国に流されましたが、早くもその年の十二月、京都に近い摂津国豊島郡（現在の大阪府箕面市）の勝尾寺に移ることができています。以後、建暦元年（一二一一）に京都に戻り、さらにその翌年、八十歳で亡くなりました。

法然の没後は、頼綱は法然の高弟である善慧房証空《ぜんねぼうしょうくう》（浄土宗西山派の派祖）に親しく教えを受け、それは証空が亡くなるまで四十年あまり続きました。頼綱と北条氏との関係は、以前にも増して親しくなっており、のちに義時が亡くなった後では後継者泰時がもっとも信頼した一人でした。

親鸞は関東を志すにあたり、頼綱に連絡して相談し、その保護を頼んだのでしょうか。その結果が頼綱の新領地である稲田に住むことができたということでしょう。

四　稲田神社

ところで親鸞一家が住んだのは大神社である稲田神社の境内でした。稲田神社の祭神は奇稲田姫命《くしなだひめのみこと》という女性の神で、神社領は十七町余りであったと『弘安大田文』に記されています（笠間市史編さん委員会『笠間市史　上巻』笠間市［1993］）。

十七町余りとは、それだけの面積の田があったということで、坪数に直せば五万一千坪、メートル法なら千七百アールです。

稲田神社は稲田郷の中にあります。ただし頼綱はすでに下野国に広大な領地を持っていますし、直接稲田の支配・経営に乗り出さず弟の頼重（稲田を名字とする）に譲った、と稲田草庵の跡を受けているとする西念寺は伝えています。

親鸞が積極的に奇稲田姫命を崇拝したのではないでしょうが、かといって神祇不拝の態度で奇稲田姫命に対していたなら、稲田に住むことは無理でしょう。親鸞が四十二歳から六十歳まで稲田草庵に住むにあたり、地元の人たちの心の拠り所でもある奇稲田姫命に敬意を払いつつ生活していたのは明らかです。

ところで稲田の南方にある吾国山《わがくにさん》という高い山を右回りに越えていくと、山伏弁円で知られた板敷山があります（『親鸞伝絵』）。さらに南に進むと右側（西側）に筑波山がありま す。親鸞は筑波山の神とも親しかったと地元では伝えられています。

五　筑波山神社とその祭神

筑波山は海抜七八六メートルで、それほど高い山ではありません。しかし広々とした関東平野に立つその優雅な姿の山は、古くから親しまれてきました。西の方にある富士山と並び、「東の筑波、西の富士」と言い習わされてきたのです。

この筑波山は東西二つの峰から成っています。東の峰である女体山には女性の神が祀られ、西の峰である男体山には男性の神が祀られていました。

筑波山の男性の神は、もとは筑波男大神、女性の神は筑波女大神と呼ばれていました。しかし奈良時代から平安時代、京都の朝廷の力が東国に浸透するに従い、各地の独自の神話も大和朝廷神話に包摂されていきました。筑波山の神話も例外ではありません。その結果、筑波男大神は伊弉諾尊《いざなぎのみこと》に、筑波女大神は伊奘冉尊《いざなみのみこと》とされるようになったのです。（筑波町史編纂専門委員会『筑波町史』つくば市［1989］）。

また、奈良時代末期の延暦元年（七八二）、奈良の法相宗の徳一という僧が筑波山に来て、山の中腹に中禅寺を建てています。徳一は天台宗の最澄と人間の悟りを得る能力について激しい論争を繰り広げたことで知られています（三一権実《さんいちごんじつ》論争）。

中禅寺成立後、山岳信仰や本地垂迹説の広まりと相まって、筑波山全体が修験道の修行の場となりました。平安時代後半には修験者が多く集まり、筑波山修験道が発展し、筑波山は神と仏の両方が祀られる聖地となりました。

親鸞が関東に来たころには、宇都宮頼綱に近い親族の小田泰知が筑波山を支配するようになっていました。

藤原宗綱─┬─藤原朝綱──藤原業綱──宇都宮頼綱
　　　　　└─八田知家──小田知重──小田泰知

六　親鸞と筑波神の和歌のやりとり

つくば市大曽根・常福寺（真宗大谷派）等の伝えによると、親鸞が筑波山に登ろうと山の南の麓の橋川（逆川）に架かる橋まで来ると、年配の白髪の女性が立っていたといいます。その女性は親鸞に次の和歌で問いかけてきました。

筑波山　のぼりてみれば　ひげ僧の
　頭の髪は　そりもやらいで

「筑波山に登ってみると髭面で髪の毛も剃っていない僧がいます」、これはおかしい、と非僧非俗の親鸞を皮肉ったのです。これに対し親鸞は、

空んずる　心のかみは　そりもせで
　かしらのかみを　そるぞかなしき

「捨てなければならない心の欲は捨てずに、髪だけを剃れというのも悲しいことです」、と答えました。続いて何度かの和歌のやりとりがあり、いつまでも若さを保つためにはどうしたらいいだろうという女性の希望に対し、親鸞は、

老いの波　まかせてゆくや　あまをぶね

かへるわかさは　十八の願

「年をとったら大の小舟に乗ってナンマイダと念仏を称え、阿弥陀仏にお任せすればよいのです。これが若さを取り戻す方法であり、極楽への道でもあるのです」と答えました。これを聞いた女性はとても感動したといいます。この年配の女性は、実は筑波権現でした。このような言い伝えです。

つまりこの言い伝えは、筑波山の神を信仰する人々の間に入った親鸞が、念仏の教えを広めることを彼らに承認してもらったということを意味しています。それを親鸞と筑波権現との対話にして、若さを保つためにはどうしたらよいかというユーモアが感じられる話にしてしまっているところに、比較的楽に布教に入れたのであろうことを思わせます。そういえばこのころ筑波山一帯の領主であった筑波為氏は、宇都宮頼綱や稲田頼重に近い親戚でした（拙著『親鸞の伝承と史実――関東に伝わる聖人像――』法蔵館［2014］）。

では次に親鸞が下野国高田（栃木県真岡市）に布教に入った時のことを見ていきます。それは真岡市の三宮神社《さんのみやじんじゃ》にまつわる事柄です。

七　下野国大内荘高田の明星天子と虚空蔵菩薩

三宮神社は栃木県真岡市高田にあります。この神社は、明けの明星を祭神とする星の信仰に基づいた神社です。高田には真宗高田派の専修寺があります。ただ、史料上で「専修寺」という名称が確認されるのは寛正六年（一四六五）のことです（二宮町史編さん委員会『二宮町史　通史編Ⅰ　古代中世』二宮町［2008］）。

『大谷遺跡録』巻三「高田専修寺記」に、嘉禄元年（一二二五）一月八日、親鸞は下野国に入ったとして次のようにあります。

当国大内庄柳島と云所に行玉ふが、日既に暮ぬ。里遠くして人家なく、彷徨たまふ所に、幸い大なる石あり。聖人野中の石上に坐し、念仏しておはします。漸更行ままに、明星将に出んとする時、一人の天童忽然として出来れり。聖人見給ふに、手に尺余の柳枝と白砂の包物を持たり。

「下野国柳島という所に行った時、あたりはすっかり暮れていました。夜遅くなってしまっていました。村は遠く、人の住む家はありませんでした。しばらく歩き回り、大きな石があったのでその上に座って念仏を称えていました。夜はどんどん更けていき、明けの明星が東の空に輝き始めようとするころ、突然、天から降ったかのような一人の少年が現われました。親鸞聖人がご覧になると、長さ一尺余の柳の小枝と白い砂を入れたような包を持っていました」。

『大谷遺跡録』では続けて、その少年は次のように歌ったとあります。歌の中の「白鷺の池」とは『般若経』が説かれたインド・マカダ国の王舎城中にある竹林園」という説があります。「般舟《はんじゅ》」とは「現在の諸仏・菩薩に会える」という意味です。

白鷺の池のみぎわには
一夜の柳枝青し
般舟の岩磐の南には
仏生国の種生ぬ

「仏教の霊地である白鷺の池の岸辺には、
柳が一夜で青々と育ちました。
諸仏に会える大きな岩の南側は、昔、釈迦が教えを説かれた尊い聖地です。
ブッダが生まれたインドから来た菩提樹の木の種が芽を出します。」

歌い終わった後、少年はそのまま立ち去ろうとしますので、親鸞は呼び止めて「あなたはどなたですか」と尋ねました。すると少年は、「私は明星である。本地（元の姿）は虚《こ》空蔵《くうぞう》菩薩だ。あなたが座っている大きな石の南側は、昔、釈迦が教えを説かれた尊い聖地である。寺を立てるのに適した所である。あなたにそのことを教えるためにやってきた。この柳と菩提樹を植えて、早く寺を建てて教えを広めよ」と答えました。そして親鸞に、手に持っていた柳の小枝と菩提樹の種を渡してどこへともなく去って行きました。

付近は沼地だったので、親鸞はこのような沼地に種を蒔いても大丈夫だろうかと危ぶみながら、座っていた大きな石の南にもらった菩提樹の種を蒔き、柳の小枝を挿しました。そして再び念仏を称えていました。

気がつくとあたりは高台となり、柳の枝は大きく育ち、菩提樹の種も無事に芽を出し、これも大きく育っていました。地元の豪族たちもこの話を聞き、大きく育った柳と菩提樹を見て驚き、親鸞のために建てた寺が専修寺であるとされていると『大谷遺跡録』は伝えています。また専修寺でも同じ話が伝えられています。そこでは、単に「明星」というだけでなく、「明星天子《みょうじょうてんし》」として伝えられてきました。

実際のところ、北関東では、虚空蔵菩薩は空中の安定をはかることができる菩薩とされていました。そしてその北関東、すなわち東の太平洋岸から西へ常陸国・下野国・上野国は、落雷やそのおりの大風雨、それに伴う雹の被害が多い地域です。そこで北関東では虚空蔵菩薩にこれらの被害を防いでくれるようにお願いをする信仰が広がっていました。柳島でもそのような信仰が強かったと推定されます。つまりは神祇信仰と仏教信仰が一体化していたのです。

虚空蔵菩薩は、朝には明けの明星が神格化したものとして、親しみやすい少年の姿の明星天子として現われるということでしょう。まさにその中で親鸞は柳島での寺院建立と念仏布教を進めたということです。

親鸞は、神祇信仰の世界の明星の好意により、大きな石の上で菩薩に会えたのだし、もらった柳や菩提樹は青々と成長しているし、柳島は白鷺の池のような霊地ということが確認されました。親鸞はこの地で寺院建立に努めました。それが専修寺であったといいます。またこれ以来、柳島は高田と呼ばれるようになったそうです。

この話は、恐らく次のようなことを意味するでしょう。親鸞は柳島で明けの明星・虚空蔵菩薩を信仰する人たちと出会い、彼らと折り合いをつけて念仏布教を了承してもらったということです。

かといって柳島改め高田の人々が明星信仰を捨ててしまったかというと、そうではなかったのです。

八　専修寺と三宮神社

現在、専修寺の南、それほどの戸数でもない家々が途切れるあたりに三宮神社と呼ばれている神社があります。高田に住む人々を守っている産土の神社です。そしてこの神社の祭神の姿は神像ではなく、なんと虚空蔵菩薩なのです。とてもきれいに塗られた虚空蔵菩薩で、恐らくは江戸時代の制作です。このことは『大渓遺跡録』第四「高田専修寺記」の項にも「明星天子廟」として書かれています（拙著『五十三歳の親鸞——下野の国への布教——』関東の親鸞シリーズ⑦、真宗文化センター［2012］）。高田では明星信仰そして虚空蔵信仰が連綿として続いているのです。しかも専修寺に接するように神社が建てられているのです。

このような環境の中で、すでに親鸞の時代に真仏や顕智らの門弟が育っています。

九　常陸国鹿島郡の鹿島神社

常陸国東南部の鹿島神社は武甕槌神《たけみかづちのかみ》を祭神とし、古代から関東地方で圧倒的な勢威を誇ってきました。それは朝廷で王家（皇族）や貴族たちの中で、強い権力を握り続けている藤原氏の先祖藤原鎌足が、もと中臣鎌足としてこの鹿島地方から出たことによります。鎌足は、奈良地方で中大兄皇子が天智天皇になって活躍するのを大いに助けたとして、亡くなる直前に藤原という姓を与えられました。以後、その子孫も藤原と名乗ったのですが、まもなく「藤原」は鎌足の息子不比等の子孫だけ、あとの一族は中臣あるいは大中臣《おおなかとみ》を名乗ることとなっています。

武甕槌神は、『古事記』や『日本書紀』に掲載されている日本神話において、天孫降臨や神武天皇の東征にからんで活躍したとされ、国土平定の武神として知られています。また特に常陸国や関東地方では海上交通の安全を守ってくれる神としても知られていました（拙著『親鸞と東国門徒』吉川弘文館［1999］）。

鎌倉時代・室町時代を通じて、親鸞が鹿島神宮に参詣したことを示す史料は見当たりません。江戸時代に入ってからの、『大谷遺跡録』巻三「鹿島大明神」の項に、常陸国鹿島郡鹿島大明神は、祭れる神一座武甕槌命也。嘉禄二年十月中旬、高祖〔時に五十四歳〕鹿島の神社に参り給ふに、神感納受さまざまなり。是東国鎮護の霊神にて、又和光の方便を仰たまふ故なるべしと伝記に見えたり。

「常陸国鹿島郡の鹿島神宮は、祭っている神は一座で、名は武甕槌命です。嘉禄二年（一二二六）十月中旬、親鸞聖人〔その時は五十四歳でした〕鹿島神宮に参詣されましたら、鹿島の神は聖人の祈りをいろいろと受け取り、納めてくれました。この鹿島の神は東国の乱れを鎮め人々を護る、ご利益の著しい神で、加えて本来に救いの姿を示さずに、仮の姿で人々に接しようとされているからでしょうと、鹿島の神のことを伝えている書物に書かれています」。

『大谷遺跡録』は先啓によって明和八年（一七七一）に出版されたものです。これ以前に親鸞が何年、何歳の時に鹿島神宮に参拝したかを伝えた史料はありません。さらに、『二十四輩順拝図絵』後巻三「鹿島大神宮」の項にも、

嘉禄二年十月中旬、高祖親鸞聖人法藹五十四歳の御時、当国稲田の御坊より当社へ参詣ましましけるに、

「嘉禄二年十月中旬、浄土真宗の開祖である親鸞聖人が五十四歳の時、常陸国苗田の草庵

から鹿島神宮に参詣されましたおり」、とありますから、親鸞が亡くなってから数百年経っているという限定付きですが、親鸞が鹿島神宮に初めて参詣したのは親鸞五十四歳の時と見ておくべきでしょう。

また親鸞が『教行信証』を書いたのは五十二歳の時であることは確実です。そして現代までしきりに言われてきた、親鸞は『教行信証』を書くための参考文献を鹿島神宮に求めたという説は誤りであったと言わなければなりません。鹿島神宮自身が、親鸞は『教行信証』執筆後初めて鹿島にやってきたと述べているからです。

ただしこのことは、親鸞が五十二歳以前に鹿島地方を布教のために巡ったことはなかったということを意味するものではありません。『大谷遺跡録』巻三「光明山無量寿寺記」では親鸞が四十八歳の時に鹿島に来たと伝えています。

また親鸞が鹿島の神々を否定した形跡はまったくありませんし、さらに鹿島神宮の神主の一族である順信は親鸞の門に入り、多くの門弟を育て、いわゆる鹿島門徒の指導者となっています。のちに親鸞門弟二十四輩の第三とされています。

おわりに

神祇不拝に関して第一に注目すべきことは、親鸞一家が住んでいたのは常陸国笠間郡稲田神社の境内であったことです。そして稲田神社は名もない神社ではなく、朝廷の『延喜式』で規定する最上位の名神大社という大神社でした。「神祇不拝」なら、そのような神社の境内に住み続けているわけがないでしょう。

第二に、親鸞門弟二十四輩とされた有力門弟のうち、第二の真仏の本拠高田には三宮神社があり、その祭神である明星天子と親鸞との結びつきが今日まで語られ続けていること。

第三に、親鸞門弟二十四輩第三の順信は鹿島神宮の神主の一族で、その鹿島神宮の勢力圏で鹿島門徒と呼ばれる大門徒集団を作っています。そして親鸞が『教行信証』を執筆するとき、仏教経典・参考文献等を鹿島神宮に求めたとされてきました（その事実は再確認する必要があるにしても）。

親鸞は神祇に対し、「不拝」という拒否を示す強い態度をとったのではなかったのです。ただ、確かに親鸞の曾孫の覚如は神祇に対して微妙に態度を変化させています。このことはまた別の問題です（拙稿「覚如二十六歳の『親鸞伝絵（御伝鈔）』執筆の意図（下）――大部平太郎の熊野参詣と『一遍聖絵』――」『東国真宗』第十五号［2022］）。

ちなみに、親鸞門弟二十四輩の性信は、下総国横曽根《よこそね》（茨城県）に住んで横曽根門徒の指導者として知られていました。この横曽根門徒は、特に二代目の証智尼（性信の娘とされる）になると、真言宗との結びつきが強かったことを付言しておきます（前掲拙著『親鸞と東国門徒』）。

『教行信証』と東国

高山秀嗣

はじめに

『顕浄土真実教行証文類』（『教行信証』）は、浄土真宗の宗祖である親鸞（一一七三～一二六二〔一二六三〕）の主著であり、元仁一年（一二二四）に東国で執筆された著作です。浄土真宗における根本聖典であり、親鸞の教えや思想の精髄がこめられているとされます。浅井成海氏も、「『教行信証』は、日本を代表する「仏教書」の一つであります…親鸞聖人の信心の書でもあり、仏教の集大成の理論書ともいえましょう」と述べています（浅井「『教行信証』のこころ」『顕浄土真実教行証文類・下』本願寺出版社、二〇一一年。以下、浅井［2011］）。

親鸞の東国伝道は、現在、真宗教団をあげて取りくまれている関東地方を中心とした都市開教（首都圏開教）や世界各地での海外開教にも匹敵するような歴史的事業であるといえます。『教行信証』が東国を場として成立し、親鸞自身によって生涯にわたって洗練されていったことは、学際的・多角的に考察する価値がある興味深い事実です。

今井雅晴氏の「これからの親鸞伝と浄土真宗の研究においては、史料の綿密な検討によって揺るぎない史実の確定に努力しつつ、現代の社会的課題の観点から研究視点を確認していく必要がある。すべての学問は現在と今後の社会の充実と発展のためにある。親鸞と浄土真宗の研究も然りである」とする指摘も重要です（今井「関東における浄土真宗研究の現状と課題・展望」『浄土真宗総合研究』一一号、二〇一七年。以下、今井［2017］）。

一　『教行信証』と東国

親鸞の執筆から八〇〇年の歴史的な伝統を有する『教行信証』という書物を軸にしながら、東国との関係や成立時期について考えていきます。その上で、親鸞によって本書が書かれた理由や執筆意図がどこにあったのか、『教行信証』が現代に何をもたらすのかについて、真宗史における伝道（布教）を視野に入れながら検討していきます。今井氏は、「関東は親鸞が本格的に、そして十八年という長期間にわたって伝道して成果をあげ、さらには『教行信証』を執筆した重要な地域である。関東に根ざした研究を行ない、関東から発信していく意欲を持つことが親鸞伝と浄土真宗研究にとって重要である」と、親鸞にとって東国（関東）がもった意味について強調しています（今井［2017］）。

東国はまた、『教行信証』を育み鍛える場でもありました。親鸞が執筆した『教行信証』の内容が洗練されたことも、東国の当時の環境に由来していると考えられます。浅井氏も、親鸞らの法然「門弟諸師の性格や生活環境あるいは伝道した地域の風土の相違が、教義の形成に大きな影響を与えたのではないかと思います」と述べています（浅井成海「法然教義の継承と展開」『法然の原風景――その歴史と思想を考える』四恩社［1993］）。

『教行信証』を東国および伝道の観点からたどりなおすこの作業は、東国の地で八〇〇年前に親鸞によってなされた「立教開宗」の意義についてあらためて考え、浄土真宗の価値を現代社会に生かし直そうとする試みでもあります。現代社会における親鸞および浄土真宗の意義を明らかにすることにもつながる作業となるにちがいありません。さらには、『教行信証』を執筆した親鸞の意図に基づきながら、二一世紀に生きる私たちが直面する現代の諸課題にたいする新たな回答も提示することが可能となってくると思われます。『教行信証』と東国の関係は、これまで想定されてきた以上に深いものがあり、その視点を導入した『教行信証』研究がこれからますます重要になってくると考えられます。

二 『教行信証』の成立

『教行信証』成立の時期について、先行研究に基づいてまとめておきます。現在の最新の研究成果からさかのぼりながら、『教行信証』成立の研究についての流れを紹介します。

一、元仁元年（一二二四）、親鸞は、『顕浄土真実教行証文類（教行信証）』を執筆しました。親鸞の主著となった書物で、親鸞が関東に入ってちょうど十年目、五十二歳の時の成立です（今井雅晴『親鸞聖人の一生』築地本願寺、二〇二三年。以下、今井［2023］。参考今井「東国の親鸞」『別冊太陽 親鸞と浄土真宗のこころ』平凡社［2023］）。

二、「元仁元年（一二二四）の五十二歳の時、『顕浄土真実教行証文類（教行信証）』を執筆されました。それは恐らく、稲田草庵においてであったと推定されます」（今井雅晴、他『ご縁を慶び、お念仏とともに』本願寺出版社［2022］。参考 今井雅晴『七十五歳の親鸞

――『教行信証』の書写を尊蓮に許す――』自照社［2022］。以下、今井［2022］）。

三、「本書は一般に元仁元年（一二二四）親鸞五二歳のときにあらわされたともいわれるが、親鸞は帰洛後も晩年に至るまで推敲《すいこう》を重ねていたと考えられている」（『浄土真宗辞典』本願寺出版社［2013］）。

四、「関東では稲田の草庵を中心に各地に伝道なさいました。『教行信証』もこの頃より起筆されたようです…五十二歳頃から起筆され、七十五歳頃に一応完成したけれど、なお手を加えられ、八十五、六歳頃まで心血をそそいであらわされたとみることができましょう」（浅井［2011］。参考 高木豊『親鸞』平凡社［1980］）。

五、「『教行信証』の撰述年については、化身土巻に見える元仁元年（一二二四）という年号との関連が言われている…『教行信証』は、宗祖の生涯をかけた著作とも言うべき書物であった。しかしこの年（元仁元年）、確かに宗祖は引用した部分を執筆したことがわかるのであって、その意味で関東時代の宗祖の行実を知る貴重な資料となっている」（『増補改訂 本願寺史・一』本願寺出版社［2010］）。

六、『教行信証』「成立については、化身土文類本の元仁元年一二二四の年記に関して起筆説や脱稿説などがあるが、東国在住の時期に一応まとめられたとみられ、帰洛後も加筆補訂されたと考えられる」(『真宗新辞典』法蔵館［1983］)。

七、「現存坂東真蹟本によると、『教行信証』は、その化巻(本)に出す元仁元年…前後頃より六十歳過なる関東時代に、極めて原始的なものが一応できて…親鸞七十五歳頃までに、大体現存のものに近いものができたことが推測される」(『親鸞思想入門』龍谷大学真宗学研究室［1973］)。

八、「やはり元仁元年…に一応成稿せられたと見る説に従いたい」(大原性実『教行信証概説』平楽寺書店［1959］)。

九、「化土巻に仏入滅已後の年数を計算して我が元仁元年甲申に至るとある故に化土巻著作の年時は元仁元年であつたと定むべきである、而してその化土巻は教行証文類の最後の巻であるから文類全部六巻は元仁元年に完成せられたと認むるが最も的確なる説と信ずる」(『真宗大辞典・一』永田文昌堂［1936］)。

一〇、『教行信証』「述作の年が宗門組織の出来上つた時と見る外はない…本典製作の年時は元仁元年であつて、専修念仏を勅禁せられた年である。本典の基礎が完成したのを宗門の組織の完成したことと定めた」(高楠順次郎『親鸞聖人』東京仏教学会［1933］。参考柏原祐義『三帖和讃講義』平楽寺書店［1917］)。

主要な先行研究をふりかえってみると、つぎのことがいえると思います。

第一点としては、『教行信証』は東国を場として成立した書物です。親鸞が東国での体験に基づいた本書の原型を重視しながら、生涯にわたる加筆改訂を行なったとみることができます。東国の生活や環境、そして実地の伝道活動は『教行信証』の成立に直接的な影響を与え、東国は親鸞にとって不可欠かつ必須の経験であったことが先行研究を通して明らかになってきます。「東国（関東）真宗学」成立の端緒が、立教開教の時点において開かれているといえます。

第二点として、『教行信証』が親鸞在世中は、限られた門弟にしか書写が許されていなかったことからみても（参考、今井［2022］）、もともと親鸞には、本書を必ずしも公にする意図はなかったかもしれません。のちの時代に公開されていくことによって、本書は親鸞思想および真宗教義にアプローチする上で最も重要な書物となっていったのです。

三『教行信証』の構成

『教行信証』は、正式名称を『顕浄土真実教行証文類』といいます。三つの「序」をもち、全部で六巻から構成されています。「序」、「教巻」、「行巻」、「別序」、「信巻」、「証巻」、「真仏土巻」、「化身土巻」、「後序」から成っています（この項は、「解題」『聖典意訳教行信証』親鸞聖人七百回大遠忌事務所［1961］。以下、「解題」・梯実円「『教行信証』と「三帖和讃」――親鸞の主要著作――」『別冊太陽　親鸞――親鸞聖人七百五十回大遠忌記念――』平凡社［2009］。以下、梯［2009］・浅井［2011］を参照しました）。『教行信証』は、真実の巻である「教」「行」「信」「証」「真仏土」の五巻と、方便の巻である「化身土巻」の一巻との六巻から成り立っています」とされます（浅井［2011］）。主として引用と自釈によって構成された書物です。

浅井氏は、「『教行信証』はとても難解な書である。膨大な経論釈を引いて、ところどころに宗祖の私釈がある。それぞれの文章は非常に格調高いものであると同時に信心の書でもあるので、聖人の深い慶びが語られている。今、本願のみ教えに遇いえた、深い深い浄土への歩みが語られている」とみていきます（浅井「「教文類」解説」『『教行信証』の研究・一』浄土真宗本願寺派宗務所［2012］。以下、浅井［2012］）。また、「引用された経釈に、読み変えがなされていること、独自の引用がなされていることなどから、引用の経・論・釈であるが、そのまま宗祖の著作とみることができる」と述べています（浅井［2012］）。

冒頭の「序」には、『教行信証』を執筆する「著作の理由が述べ」られています（「解題」)。本文には、「ここに愚禿釈の親鸞、慶ばしいかな、西蕃《せいばん》・月支《げっし》の聖典、東夏《とうか》・日域《じちいき》の師釈に、遇《あ》ひがたくしていま遇ふことを得たり、聞きがたくしてすでに聞くことを得たり」とあります。これは、「ここに愚禿釈の親鸞は、よろこばしいことに、インド・西域の聖典、中国・日本の祖師方の解釈に遇いがたいのに今遇うことができ、聞きがたいのにすでに聞くことができた」という意味です（『浄土真宗聖典 顕浄土真実教行証文類――現代語版――』。以下、『現代語版』)。親鸞は、インド・中国・日本の三つの国にわたる七高僧との出遇いによって、浄土真宗の教えに導かれた慶びと報恩の思いを冒頭に述べています。

「教巻」は、「それ真実の教を顕さば、『大無量寿経』これなり」と示されるように『大無量寿経』についての巻です。「『大無量寿経』を浄土真宗とあらわ」しています（浅井[二〇一二])。冒頭には、「つつしんで浄土真宗を案ずるに、二種の回向あり。一つには往《おう》相《そう》、二つには還相《げんそう》なり、往相の回向について真実の教行信証あり」とあるように、「本願力回向と呼ばれる阿弥陀仏の救済活動を浄土真宗と名づけた」浄土真宗の教義全体の枠組みが示されています（梯 [2009])。ここでの「回向」とは、「如来の作願《さがん》をたづぬれば　苦悩の有情をすてずして　回向を首《しゅ》としたまひて　大悲心をば成就せり」と『正像末和讃』に示されるように（参考　浅井成海『聖典セミナー「三帖和讃Ⅲ　正像末和讃」』本願寺出版社［2004］）、阿弥陀仏からたまわる回向を指しています。

「行巻」は、「大行とはすなわち無《む》碍《げ》光《こう》如来の名を称するなり」と称名について説かれています。「この行は大悲の願より出でたり」とし、行は阿弥陀仏の回向に基づくものであるとしています。名号について解釈する「六字釈」もあり、末尾に『正信偈』が置かれ、七祖からの継承と展開を述べていきます。

「信巻」には「別序」があります。「われわれの転迷開悟《てんめいかいご》について最も大切なのは信心である。こういう意味から信を別開して顕わされ、特に序文を置かれるのである」とみられています（「解題」）。標挙には「至心信楽《ししんしんぎょう》の願　正定聚《しょうじょうじゅ》の機」とあり、第一八願について示されます。信心が往生の正因であるとされます。さらに、聞即信であるとし、現生《げんしょう》十種の益の結びには信心の行者が正定聚に住すると述べられ、信心が往生の因となることを明らかにしています（参考　浅井成海『浄土教入門』本願寺出版社［1989］）。

「証巻」の標挙は、「必至滅度《ひっしめつど》の願　難思議《なんじぎ》往生」です。往生即成仏の教えは「正定聚に住するがゆえに、必ず滅度に至る」ものだとします。浄土教におけるさとりの問題についての説明と往生者の還相回向について記述され、成仏とはすなわち利他のはたらきをすることであると語られます。

「真仏土巻」は、第一二願と第一三願、真仏真土についての解説です。真仏真土が根源となり、教行信証となってあらわれたのだとします。選択本願が正因となって、真仏土を成就したと述べていきます。私たちもそのはたらきの中にあるとみていくのです。

「化身土巻」は、第一九願と第二〇願が中心です。『観無量寿経』などの「三経」の隠顕《おんけん》についても述べてあります。「後序」があり、親鸞が『教行信証』執筆に取り組んだ親鸞自身の心境やその理由や背景が明らかにされています。

本書全体の構成から親鸞の意図をたどっていくならば、「信巻」の重視はたしかです。本書の名称から考えるならば、後述するように親鸞も仏教の伝統である「教行証」にそって思想を構成していることがうかがえます。ただし、思想において「信」が明確に中心的要素として入っているところが、親鸞の独自性の発揮である己証にもつながってくると考えることができるでしょう（参考　今井［2022］）。

四『教行信証』の性格

『教行信証』は、独特の性格をもつ書物であるといえます。「後序」に「真宗の詮《せん》を鈔《しょう》し、浄土の要を摭《ひろ》ふ」と執筆の理由について述べられています。親鸞は、意識的に「浄土真実の教えをあらわす文を抜き出し、往生浄土のかなめとなる文を集めたのである」（『現代語版』）。親鸞が、本書に引用した文献についてていねいに選んでいたことがうかがえる文章です。浄土教の伝統を継承する思いに立ち、「このご縁によっていよいよ仏恩の深きことを想い、この『教行信証』を製作したことを述べ」ています（浅井［2011］）。

本書の性格を考えるにさいして、いくつかのポイントがあげられます。

第一に、本書は「文類」の形態をとります。今井氏は、文類というのは「文章を作成する場合の形式の一つで…経典その他の古典などから文章を引用し、それらを使って自分の考えを述べるものです。自分の言葉（「地の文」といいます）はとても少なくなります」と述べています（今井雅晴『親鸞立教開宗八百年の意義』東国真宗研究所［2021］。以下、今井［2021］）。

第二に、本書における主たる引用が「浄土三部経」や七高僧の文献を中心にしつつ、親鸞の過去の学びや経験をふまえた著作となっている点があります。一例として、親鸞が若い時の勉学ノートである『観無量寿経註』および『阿弥陀経註』があります。両註は東国時代も持ち歩かれており、『教行信証』執筆においても参照にしていたと考えられています。

「これ（両註）は当時の（親鸞）聖人の経典研鑽の跡を示すものとして…当時の聖人の研鑽生活を如実に偲ばしめる…この両経『註』の存在の意義は重要である…聖人が『教行信証』その他のいわゆる文類を作っていることとの関係は、ここに注意されねばならない」（宮崎円遵『親鸞遺芳』同朋舎出版［1984］）とする見方があります。さらに、「法然門弟時代の学習ノートといわれる『観経・弥陀経集註』が現存していますが、それを見ると親鸞聖人がいかに熱心に学ばれたかが知られます」ともされています（浅井［2011］）。

第三に、「題号」にかんしてです。「本来は『教行証』が総題目であり、内容において教行信証と順次あきらかにされていきます」（浅井［2011］）と受けとめられています。仏教本来の「教行証」の三法の教えから、親鸞の独自性を有する「教行信証」の四法の教えへと、歴史的環境もふくめながら展開してきたことがわかります（参考「解題」・浅井［2011］・今井［2021］）。

『教行信証』の性格をまとめてみると、本書は親鸞にとって重要な文献を集めたものであり、辞書的な要素もふくれています。思想書であるとともに、整理された研究ノートとしての一面をもちあわせています。その性格によるものでしょうか、『教行信証』は一見難解な書物ではありません。ただ同時に、大変深みのある書物でもあります。

深みがあるということは、さまざまな時代に生きる人たちの悩みや要望にきちんと応えることができる書物だということでもあります。どこにいる誰にでも、つまり十方衆生にあまねく通用する性格をもっているともいえます。『教行信証』は、「親鸞自らの信心の書だけではなく、すべての苦悩の人びとに通ずる書である」と位置づけられています（浅井成海「『教行信証』の概要」『親鸞聖人と『教行信証』の世界』法蔵館［2006］）。

親鸞自身の学びや東国での体験に基づき、浄土真宗の教えの要《よう》（かなめ）のまとめ直しが本書を通じて行われているのです。法然から継承した教えを展開させるために、多くの書物を参照にしたうえで、浄土真宗の救いについて明らかにすることが、東国の親鸞に課せられた使命であったともいえます。

『教行信証』執筆までの約一〇年にわたる東国での生活は、親鸞に多大な蓄積を与えたでしょう。経験値の上昇とともに、京都での若き時代の学びを具体的な実践や生活の中でくりかえし見つめ直し、書物にまとめるための準備をしだいに整えていったのです。

七祖、すなわち先達である七高僧への敬意も一貫してみられます。さまざまな要素を加味し、新たに構築された教えは、三国にわたる七高僧からの伝統を継承し展開させたメイドインジャパンの仏教と評価することができます（参考 石田充之『浄土教教理史』平楽寺書店［1962］。以下、石田［1962］）。日本仏教の中に存在していた大きな可能性に気づき、その鉱脈をほりあてたのが親鸞なのです。親鸞の思想が十分に発揮されているのが、『教行信証』であるといえます。

五 『教行信証』の背景

ここでは、『教行信証』の成立および執筆の背景について考えていきます。『教行信証』執筆の背景には、親鸞の東国体験がありました。東国での伝道活動や在地生活が、本書の内容に深みを与えています。

浅井氏は、「日野家の系図によると七人のお子さんがおられ、人間の愛情や家庭生活を営む上での苦しみ喜び悲しみなど、親鸞聖人のみ教えの形成や『教行信証』の成立にも深い関わりがあったとみることができます」と述べています（浅井［2011］）。今井氏も、「親鸞は家族とよい家庭生活を築き、それに接した関東の人々が親鸞に近づき、その生活が信心と報謝にあることを知ってその教えを受け入れた」とみていきます（今井［2017］）。

『教行信証』の背景を考えるにさいして、先行研究で示された見解に付加することができる視点が主として三つあります。

第一に、親鸞が京都の状況を常に意識し、京都の情報を適切に得ていたことです。法然の「没後、その門下は分立し、色々の異義を生じた…当時関東にいた親鸞はそうした情勢について恐らく知るところがあつた…親鸞は関東にいても、源空門下の情勢を伝聞することはあり得た…京都の法友は関東在住の親鸞に色々の情報を送つたであろう」とする見方があります（宮崎円遵「親鸞の時代批判と真宗の成立」『日本仏教学会年報』一七号［1952］）。

親鸞が生活した当時の東国と京都の間の交流についても考えてみる必要があるでしょう。

第二に、親鸞が「救いの実践的な道を、その宗教として説き示してくれた」とする立場に立つならば（『親鸞思想入門』）、末法《まっぽう》思想のとらえ方とそれを乗りこえていく視点があります。親鸞は『教行信証』において、「浄土真宗は在世・正法《しょうぼう》、像末《ぞうまつ》・法滅、濁悪《じょくあく》の群萌《ぐんもう》、斉《ひと》しく悲引《ひいん》したまふをや」といっています。これは、「浄土真実の教えは、釈尊在世の時代にも正法や像法や末法や法滅の時代にも変りなく、煩悩に汚れた人々を同じように慈悲をもって導いてくださるのである」という意味です（『現代語版』）。つまり、末法思想をこえていく教えを混迷の時代の中で説得的に示そうとしていったのです。

浅井氏が、「元仁元年にいたるまで二千百八十三年におよぶから、当年は、末法に入ってよりすでに六百八十三歳であると、いよいよ末法時代にある現実の凝視を説くのである。自己と自己をとりまく時代悪の厳しい凝視に立てば、三世を貫ぬき、法滅にいたってもなお滅びざる本願の教法こそ絶対不二の教えであることが知られるのである」（浅井成海『法然とその門弟の教義研究――法然の基本教義の継承と展開――』永田文昌堂［2004］）と述べています。『教行信証』における「親鸞の教判論」として、末法思想のとらえ方とそれを乗りこえていく視点もおさえておく必要があります。

東国の門弟を武士中心とみるならば、「武士の日常にある殺人への罪悪感から堕地獄への恐れなどに、あらためて注目せねばなるまい」とする指摘もあります（今井［2017］）。今後の課題ですが、『教行信証』で強調されるアジャセの救い（逆謗摂取《ぎゃくほうせっしゅ》釈）なども、『教行信証』の背景となる親鸞の意図を探っていくための手がかりになると考えられます。

第三に、東国における諸信仰の受容について考えておく必要があるでしょう（参考　今井［2017］）。在地信仰とのせめぎあいも親鸞の課題となります。親鸞の生き方や姿勢を指して「在家仏教」と称されますが、大地に根ざした生活によって親鸞は、他の仏教者と異なる立ち位置に立っていくこととなりました。東国で顕著かつ広範囲にみられた太子信仰が、親鸞にも影響を与えたとみることもできます（参考　榊原史子『聖徳太子信仰とは何か』

勉誠出版［2021］。『聖徳太子――「和のこころ」の真実――』産経新聞大阪本社［2022］）。

親鸞の教えを受容する東国の人たちの中には太子信仰があり、在家の立場で仏教を実践する親鸞のあり方は親しみぶかいものとしてうつっていたことでしょう。親鸞を、聖人（せいじん）とされた聖徳太子と重ねてイメージすることもあったと考えられます。僧侶の妻帯や在家的ありかたへの抵抗の少なさも東国の特徴の一つであり、まさに土徳《どとく》でもあったといえます。また、当時の東国における親鸞と法然門弟らとの交流状況についても、今後明らかにされるべき課題であると思われます。

親鸞は布教伝道の成功の確信のうえに立ち、「その道の理論を確立しようとしたのです。それが親鸞の立教開宗です…鎌倉時代の人々が何を切実な問題として望んでいるか、それをよく知って応えた」（今井［2021］）のです。自らの成功体験に基づいて、『教行信証』が執筆されていったのです。

東国の有した土壌や環境が、親鸞の教えや実践をのびのびとはばたかせていき、親鸞思想の可能性を大きく開いていくことになります。

六　『教行信証』の対象

『教行信証』は、「念仏の救いの大衆的生活化」を最終の目的とした書物です（石田［1962］）。また、「親鸞の後半生の深い宗教経験と、たゆむことのない聞思に導かれた強靭な思索とがこの書に凝集している」と位置づけられています（梯［2009］）。そのため本質的には、幅広い階層が対象としてイメージされた書物であるといえます。

『教行信証』が執筆された当初の対象としては、東国の門弟が想定されていたと考えられます。本書の執筆時期からも、そのことは指摘できるでしょう。東国からもち帰られた本書は、京都で時間をかけて熟成されていきます。親鸞の念頭にはつねに東国の門弟たち、あるいは東国で直面したさまざまな課題があったと考えられます。もちろん最終的には、幅広い対象がイメージされ、本書のすそ野は広がっていくこととなるのです。

東国の門弟は、武士が中心であったため識字率は高かったと推測されます。浄土真宗の教えにたいするいっそうの理解を深めるための聖教が求められる中で、『教行信証』ができあがっていくのです。ただし『教行信証』は、必ずしも公開を前提としてはいなかったのではないかと思います。むしろ結果としてみれば、親鸞自身が学んだ教えをていねいに記録することを目的とした浄土真宗のアーカイブともいうべき書物となっていきます。真実の教えとは何か、今を生きる私たちにとってどのような意味があるのか、という問いが本書にはつらぬかれています。のちに述べるように、次世代への教えの相続も『教行信証』自体に託された願いであったといえます。

親鸞には伝道のための書物として、一連の「和語聖教《わごしょうぎょう》」があります。本稿では、「和讃」のみにふれておきます。「和讃」に示される漢文の聖教を「やわらげほめ」ながら、教えを説いていこうとする姿勢は、釈尊以来の仏教史における対機《たいき》説法のあり方を受けついだものであると考えられます。「和讃の構想や述作はそれ（『教行信証』完成）につづく仕事であったわけである。恐らく『教行信証』製作の間に思い浮ぶところは、次に和讃の形において表現されまとめられたのであろう…『三帖和讃』は「和文の教行信証」として尊重されているように、『三帖和讃』は『教行信証』と密接な関係があることが指摘されている」とされます（宮崎［1984］）。

『教行信証』は汎用性が高い書物であり、有する深さのゆえに普遍的な広がりをもつことも可能です。当時、いったん戻った京都から東国へ教えを広めようとすることは、地域的・文化的な差異にくわえて、言語の問題も出てきたと考えられます。現代の視点から考えるならば、本書は地域・文化・言語をこえた開教や伝道活動の切り札となる可能性もあります。

親鸞が七五歳のときに尊蓮に、「『教行信証』の書写を許したということは、彼自身、社会の動向を強く感じていて、それに対して前向きに働きかけたいという意識があったとみるべき…『教行信証』を社会の人々に心の拠り所として示そうということでもあった」（今井［2022］）とされています。

親鸞は、同時代の人たちも確かに本書の対象としようとしていたと考えられます。ただ同時に、来るべき将来に向けて、本書の執筆によって末法をこえていく思想を明らかにしようとしたのです。これが、親鸞の『教行信証』執筆、すなわち立教開宗の意義なのです。

七『教行信証』の将来——継承・展開・相続——

『教行信証』の末尾に、つぎのような『安楽集』からの引用が出てきます。

「前《さき》に生れんものは後を導き、後《のち》に生れん人は前を訪へ、連続無窮《むぐう》にして、願はくは休止せざらしめんと欲す。無辺の生死海を尽くさんがためのゆゑなり」。この文章の意味は、

「前に生まれるものは後のものを導き、後に生まれるものは前のもののあとを尋ね、果てしなくつらなって途切れることのないようにしたい…数限りない迷いの人々が残らず救われるためである」というものです（参考『現代語版』）。

親鸞が『教行信証』を執筆した意図は、やはり報恩の思いにあったとみることができるでしょう。面授の弟子として法然に学び、その教えを継承し、自らの東国生活での経験をふまえて展開していったのが『教行信証』です。『教行信証』は、親鸞の東国生活が背景となって成立したかけがえのない成果であったといえます。本書全体の構成の中に親鸞の意図したもの、さらには『教行信証』の将来像がうきぼりにされています。

浄土真宗は、『教行信証』に書かれているように、現在をこえて未来にも広がる教えです。その価値を的確に伝えていくためには、伝道を行うための理論の構築が必要です。真宗学や歴史学を基礎とした学際的な学問アプローチは、閉塞した時代への打開策をうちだすこととなります。親鸞は在世当時、不可能と考えられてきたことを可能にしてきた仏教者です。親鸞の姿勢に謙虚に学び、時代状況を適切に把握することで、現代人の進むべき道が示されていくと思います（参考 今井［2021］）。『教行信証』は、聖教であるとともに、私たちの進むべき道を示してくれる羅針盤となるテキストです。

「『教行信証』は鎌倉時代であったからこそ、成立したのであろう」（今井［2022］）とする見方に立てば、現代という時代においては、八〇〇年前に成立した『教行信証』の内容をどのように適切に伝えていくかが問われています。

浄土真宗本願寺派の「慶讃法要スローガン」である「ご縁を慶び、お念仏とともに」を承けつつ、念仏を基盤に据えた「あらゆる人びとに向けた「真宗の教え」の発信」が社会的にも教団的にも要請されています。宗教（Religion）の意味には、結びつきや社会性ということがあるとされます。ややもすると人びとが孤立の方向に進んでしまいそうな時代の流れにたいして、絆を再構築するためのヒントにみちた宗教的書物の代表が『教行信証』であるといえます（参考　浅井［2011］）。

浄土真宗の立教開宗の現代的意義を問い直すことこそが、立教開宗を迎えた現在の私たちにできることでしょう。目前にせまる困難な諸課題にたいする応答が、親鸞にとっては『教行信証』でした。親鸞にとって『教行信証』執筆は、浄土真宗の教えを明らかにするうえで不可欠かつ緊急の事業であったということもいえます。この緊急性は、時代状況の変遷にともないながら、親鸞の理解によれば末法思想のもとにある二一世紀の今も受け継がれています。新仏教と称される当時の新しい教えの代表格であったのが、親鸞の浄土真宗であると評価されてきました。現代にも、時代をこえて親鸞の教えがうけとめられる土壌は確実に存在していると思います。

親鸞思想は、広範囲に応答しうる思想です。近年、ＳＤＧｓで検討されているような世界が直面している諸課題にたいしても、表面的でなく本質的に応答していくためには親鸞思想が必要になってきます。歴史の評価や風雪にたえてきた伝統ある親鸞思想が、今こそ『教行信証』を通してクローズアップされなければならないと思います。親鸞によって八〇〇年前に開かれた新たな地平を伝統として継承し、その教えを展開し発展させ、現時点で適切な再確認を行ったうえで相続していく。その作業が適切に行われていくならば、浄土真宗の教えは多方面への広がりと可能性をおおいにもっているといえます。

おわりに

『教行信証』の検討をつうじてうかび上がってくることは、東国からの影響が大きいということです。親鸞は東国を場として思想を深化させ、立教開宗をなしとげていきます。主著『教行信証』もまた、東国において完成の域に達していったのです。

浄土真宗の新たな息吹は、東国を場として伸びやかに開かれ、新たな希望を包摂した書物として本書の内容に結びついていきます。東国の自由度の高さや布教対象である人たちの柔軟さが親鸞に本書の執筆を決意させ、本書を源流として歴史上の無数の人たちが現在進行形で浄土真宗の教えに出会っていくこととなります。

本稿の段階では見通しを示すことにとどまった部分もありますが、本研究の方向性と可能性について、最後にふれておきたいと思います。今井氏はつぎのように述べています。「親鸞立教開宗八百年が来るのを機会に、あらためて親鸞に学び、前に進む力を得たい」（今井［2021］）。

親鸞の歴史的意義や魅力については、すでに多くの人たちによって語られてきました。一方で、主著である『教行信証』は、やや等閑視されてきた感もあります。今回の慶讃法要は、「親鸞聖人御誕生八百五十年・立教開宗八百年」を記念したものです。つまり、親鸞と『教行信証』が主人公となります。『教行信証』を広く社会に開放して、人類全体の財産にしていくこと。これが、今回の慶讃法要、そして来るべき親鸞研究および真宗学研究において優先的に取り組まれるべき課題であろうと思われます。

現在、日常的な勤行として浄土真宗寺院や各家庭で実践されている『正信偈』・『和讃』や親鸞自身が書いた『三帖和讃』をはじめとした「和語聖教」群や蓮如（一四一五～一四九九）の手になる『御文章（御文）』も、『教行信証』を基盤として派生した聖教です。一般論あるいは経営学的な観点からいえば、求めている人たちのもとに届いてこそ経済活動が成立するのです。伝道は双方向的な営為であるといえます。経済活動は、伝道する仏教者にとっても歴史を通じて不可欠の要素となり続けてきました（参考　今井［2021］）。現代社会をリードし、対外的にアピールできる聖教が浄土真宗においてすでに存在していることはありがたいことです。『教行信証』がさししめしているのは、「人類の救い」です。

時代は加速度的にきびしさを増しつつあります。その環境下で行われる今回の慶讃法要をある意味でチャンス、機縁ととらえ、そのご縁を慶ぶならば、新たな真宗学の再出発は『教行信証』に基づくものでなければなりません。『教行信証』が成立した東国において、現代風に表現すれば「関東真宗学」が立ち上がってくる必然性と必要性があります。今井氏の歴史学的視点に立脚した一連の研究は、その意味で重要です（参考　今井［2017］・今井［2021］・今井［2023］）。

さらにふみこんでいえば、最新の研究成果の上に真宗学を加味した『教行信証』それ自体へのアプローチが学際的、そして多角的に行われていくべきであろうと考えます。これが浄土真宗の伝統の継承と展開、さらには親鸞が願った次代以降への相続ということにつながっていくことになります。

二一世紀を迎え、グローバル化といわれてすでに久しいのですが、近年、世界全体の状況による停滞もありました。新たな再出発にさいして、浄土真宗および真宗学であれば、やはり『教行信証』を基盤とした発信がなされていく必要性があります。

鈴木大拙が英訳を試み、一九七三年に刊行された"The Kyogyo-shin-sho"(『教行信証』)や浄土真宗本願寺派の"The Collected Works of SHINRAN"(一九九七年)などの世界に視野を広げた注目すべき成果がすでに出されています。これらの成果をふまえながら、都市開教や海外開教において直面する課題に応答する真宗学、さらには現在の諸課題の解決にも有効となる、世界に発信できる真宗学の構築が今、時代や社会から求められています。

※親鸞の著作の引用は『浄土真宗聖典――註釈版 第二版――』(本願寺出版社)によりました。
なお本稿は、拙稿「『教行信証』と東国・試論」(『東国真宗』一六号、二〇二三年)を、最新の研究成果などをふまえて改稿したものです。

親鸞における「浄土真宗」

前田壽雄

一　浄土真宗とは何か

浄土真宗とは何か。この問いには二通りの答えを示すことができます。たとえば、『浄土真宗辞典』（本願寺出版社）には、「浄土真宗」を以下の通り説明しています。

「真宗ともいう。1往生浄土を説く真実の教え。真実の教である『大経』に説かれた阿弥陀仏の選択本願を指し、具体的には弘願他力の念仏成仏の教えをいう。その教えの大綱は『教行信証』に示された往相・還相の二種回向と、その往相の因果である教・行・信・証の四法である。「教巻」標挙には「大無量寿経　真実の教　浄土真宗」（註一三四）とある。さらに「教巻」には「つつしんで浄土真宗を案ずるに、二種の回向あり。一つには往相、二つには還相なり。往相の回向について真実の教行信証あり」（註一三五）とある。2親鸞を宗祖とする宗派の宗名。俗に一向宗、無礙光宗などとも呼ばれ、江戸時代には宗名をめぐって浄土宗との間に論争もあった（宗名事件）。現在では本願寺派、大谷派、高田派、仏光寺派、興正派、木辺派、出雲路派、誠照寺派、三門徒派、山元派がそれぞれ展開している。これらの十派は、立教開宗の年を親鸞が『教行信証』を著したとされる元仁元年（一二二四）とし、また真宗教団連合を結成している。」

つまり、浄土真宗とは一つには、親鸞が開顕した往生浄土を説く真実の教えであるということです。親鸞が顕した浄土真宗とは、宗派や教団を意味するものではありません。その教えは、主著である『顕浄土真実教行証文類』（『教行信証』）に組織体系化されています。

そして、もう一つの浄土真宗とは、親鸞を宗祖とする宗派や教団の宗名のことです。つまり、親鸞の教えである浄土真宗を奉じる教団ということです。これらの宗派は、『教行信証』を著したとみられる元仁元年（一二二四）、親鸞五十二歳のときを立教開宗の年と定めています。

これより前者については、『教行信証』をはじめ、親鸞の和語・漢語聖教の著作から浄土真宗・真宗の用例を示して、浄土真宗とは何かを考えます。また後者については、浄土真宗の各宗派が立教開宗の年と定めている「元仁元年」の記述の意味について考えます。なお、『浄土真宗辞典』に記載されている「註」とは、『浄土真宗聖典（註釈版）』（本願寺出版社、以下『註釈版聖典』）を示しています。また本論には、出典を述べるにあたって、『註釈版聖典』と『真宗聖典』（法蔵館）を併記しています。

二　二種の回向と真実の教行信証

親鸞の主著である『教行信証』「教巻」の初めには、

つつしんで浄土真宗を案ずるに、二種の回向あり。一つには往相《おうそう》、二つには還相《げんそう》なり。往相の回向について真実の教行信証あり。

（『註釈版聖典』一三五頁、『真宗聖典』二六七頁）

という文があります。この文は、先に取り上げた『浄土真宗辞典』にも引用されていました。その意味を詳述しますと、浄土真宗に敬意を表しつつ「浄土真宗をうかがいますと、二種の回向があります。回向とは、阿弥陀仏が本願力によって、功徳を衆生にふり向けることをいいます。このことから、他力回向・本願力回向といわれています。その二種の回向とは、往相と還相です。往相とは、衆生が浄土に往生していくすがたのことで、この往相回向には、真実の教・行・信・証があります」ということです。

真実の教とは、『大無量寿経』に説かれた教えのことです。親鸞は、「大無量寿経　真実の教　浄土真宗」（『註釈版聖典』一三四頁、『真宗聖典』二六七頁）と、『教行信証』「教巻」の冒頭に標挙として掲げていますように、『大無量寿経』に説かれた教えを、「真実の教」とし、これを「浄土真宗」と定めています。

なぜ、『大無量寿経』を浄土真宗であると示しているのでしょうか。『大無量寿経』には、阿弥陀仏によって一切衆生を平等に救うと誓われた本願と、阿弥陀仏のはたらきのすべてをこめた名号が説かれているからです。

したがって浄土真宗の根源とは、阿弥陀仏の本願と名号ということになりますから、親鸞は、『消息』に「選択本願は浄土真宗なり」（『註釈版聖典』七三七頁、『真宗聖典』六二九頁）と述べています。この『消息』では、さらにつづけて「浄土真宗は大乗のなかの至極なり」と、浄土真宗こそ大乗の中の究極の教えであることを主張しています。なぜならば、阿弥陀仏の本願とは、五逆罪《ごぎゃくざい》や謗法罪《ほうぼうざい》の悪人こそ救いのめあてとする、十方衆生に向けられた誓いだからです。

また、『大無量寿経』を一言にまとめますと、「南無阿弥陀仏」という念仏になります。衆生は「南無阿弥陀仏」という言葉（名号）を称えることで、いつでもどこでも阿弥陀仏に出遇っているということができます。真実の行とは、衆生が「南無阿弥陀仏」と称えて、阿弥陀仏に助けてくださいと、お願いする行為ではありません。「南無阿弥陀仏」とお願いするのは、衆生ではなく、阿弥陀仏の方だからです。阿弥陀仏は、十方衆生を「ただ念仏して、浄土へ生まれよ」と願っています。この阿弥陀仏の願いに、「ただ念仏して、浄土へ生まれさせていただきます」と、南無阿弥陀仏を称えるのが親鸞の念仏です。阿弥陀仏は、「あなたを必ず浄土に生まれさせ、仏に成らせる」と、「南無阿弥陀仏」となって、いつでもどこでもだれにでもはたらきつづけているのです。このことを親鸞は、「念仏成仏これ真宗」（『教行信証』「行巻」『註釈版聖典』一八七頁、『真宗聖典』三〇五頁）といわれています。

さて、阿弥陀仏の「あなたを必ず浄土に生まれさせ、仏に成らせる」という心を信じることを信心といいます。これは私が信じたから、信じられるようになったから、あるいは理解したから、納得したから救われるというものではありません。あなたを必ず救い取ると決意した阿弥陀仏の本願を信じることが、真実の信心なのです。つまり、浄土に往生させる根拠とは、阿弥陀仏から賜る「信心」であることが顕されています。これを『教行信証』「信巻」には、「信心といふは、すなはち本願力回向の信心なり。」（『註釈版聖典』二五一頁、『真宗聖典』三五二頁）と規定しています。

そして信心が定まることによって、往生成仏という結果も定まります。親鸞の教えは、臨終にならなければ救いが成立しないというものではありません。死んでから救われるという教えでもありません。

真実信心の行人は、摂取不捨《せっしゅふしゃ》のゆゑに正定聚《しょうじょうじゅ》の位に住す。このゆゑに臨終まつことなし、来迎たのむことなし。信心の定まるとき往生また定まるなり。来迎の儀則をまたず。

（『註釈版聖典』七三五頁、『真宗聖典』六二八頁）

この文は、「真実の信心を得た人は、阿弥陀仏が救い取って決して捨てることはないので正定聚の位に定まっています。正定聚とは、必ずさとりを開いて仏に成ることが正しく定まった仲間のことです。だから、臨終のときまで待つ必要もないし、来迎をたよりにする必要もありません。信心が定まるそのときに往生もまた定まるのです。来迎のための儀式をあてにする必要もありません」という意味です。

つまり浄土真宗とは、信心を獲得したとき、この世である現生《げんしょう》で正定聚が成立するという教えということです。正定聚を現生で語ることのできる根拠は、「摂取不捨」にあります。そして、往相回向の念仏（真実行・大行）と信心（真実信・大信）によって得られる結果が、必ず滅度であるさとりに至るという真実の証です。

さらに、浄土に往生したものは、仏に成って終わりではありません。苦しみ悩む衆生を救いつづけることとなります。阿弥陀仏の救いにあずかって、だれもが仏になるように、よろこびを与えていくこととなります。これが還相です。還相とは、さとりを得たものが大悲を起こして浄土から、苦しみ悩む衆生を救うためにこの世に還って来るすがたをいいます。

親鸞は、この還相を自身の未来のすがたとして捉えているのみならず、具体的にはすでに亡くなられ、往生された法然や善導などの高僧方に、そのはたらきを感じ取られていました。私にとっても、亡くなられて仏と成られた方が、いま私を浄土真宗へと導いてくださっているということです。このように浄土真宗とは何かを明らかにすることは、浄土真宗の仏道を自身の問題として受け止めていくことであり、これこそ親鸞の趣旨にかなった理解となるのです。

これまで述べてきましたように、阿弥陀仏の本願である浄土真宗が念仏と信心となって、この私が浄土に往生していく。そして、浄土に往生したものは一切衆生を導くはたらきとして活動していく。これが親鸞の顕した浄土真宗です。

三　浄土真宗の開宗

親鸞は、九歳で出家して比叡山にのぼり、その後二十年間、ひたすら「生死《しょうじ》出づべき道」（『恵信尼消息』『註釈版聖典』八一一頁）を求めたといわれています。「生死出づべき道」とは、生死の迷いから出て、さとりに至ることのできる道のことをいいます。けれども、比叡山ではその答えを得ることができず、二十九歳のとき、山を下りて法然にめぐりあうことによって、ようやくこの問題を解決されました。

親鸞は、自らの身の上に起こったことについて直接語ることはきわめて少ないのですが、法然との出遇いについては、『教行信証』「後序」に明確に記されています。

しかるに愚禿釈の鸞、建仁辛酉の暦、雑行を棄てて本願に帰す。

（『註釈版聖典』四七二頁、『真宗聖典』五〇七頁）

この「建仁辛酉の暦」とは建仁元年（一二〇一）、親鸞が二十九歳のときを指しています。ここでは法然と出遇ったとは直接に書かずに、その出遇いの内容を確かめるかのように、「雑行を棄てて本願に帰す」と書かれています。自分のはからいによるあらゆる行を棄てて、広大な阿弥陀仏の本願に帰依されたのです。法然との出遇いが「本願に帰す」、すなわち浄土真宗に帰依するという新たな生き方を、親鸞に与えたことがわかります。

また、親鸞は、法然との出遇いのよろこびを、『歎異抄』第二条に、

親鸞におきては、ただ念仏して、弥陀にたすけられまゐらすべしと、よきひとの仰せをかぶりて、信ずるほかに別の子細なきなり。

（『註釈版聖典』八三二頁、『真宗聖典』六六六頁）

と述べています。親鸞は、法然その人にだけ出遇ったわけではありません。「ただ念仏して、弥陀にたすけられまゐらすべし」という「よきひと」法然の「仰せ」を通して、阿弥陀仏の本願である浄土真宗に出遇ったのです。

この「よきひと」法然のことを『高僧和讃』において、

智慧光のちからより　本師源空あらはれて
浄土真宗をひらきつつ　選択本願のべたまふ

（『註釈版聖典』五九五頁、『真宗聖典』二四五頁）

と讃えています。この和讃は、「阿弥陀仏の智慧の光のはたらきによって、法然がこの世に現れて浄土真宗を開き、往生浄土の行として念仏を選び取られた阿弥陀仏の本願を説いてくださいました」という意味ですが、浄土真宗を開宗したのは、まさに法然であると述べています。

親鸞は、法然によって「真宗の教証、片州《へんしゅう》に興す。選択本願、悪世に弘む」(『教行信証』「行巻」正信念仏偈『註釈版聖典』二〇七頁、『真宗聖典』二〇四頁)、「真宗の教証、片州に興す。選択本願、濁世に施す」(『浄土文類聚鈔』、『註釈版聖典』四八九頁、『真宗聖典』二〇五頁)とも述べています。また、「善導・源信すすむとも　本師源空ひろめずは　片州濁世のともがらは　いかでか真宗をさとらまし」(『高僧和讃』源空讃『註釈版聖典』五九六頁、『真宗聖典』二四六頁)と、法然を讃えています。親鸞は、片州である日本に阿弥陀仏の本願を弘め、浄土真宗を興したのは、ほかならない法然であったと捉えているのです。

四　浄土真宗開宗の根源

ところが親鸞が浄土真宗を開いたと認識しているのは、法然だけではありません。親鸞が尊敬したインド・中国・日本の七高僧(龍樹・天親・曇鸞・道綽・善導・源信・法然)に

までおよんでいます。『浄土文類聚鈔』には、

論家・宗師、浄土真宗を開きて、濁世、邪偽を導かんとなり。

（『註釈版聖典』四九六頁、『真宗聖典』五二六頁）

と、「論書を造り、経典の深い意味を明らかにされた菩薩や浄土教の祖師は、浄土真宗を説き開いて、濁り汚れた末世、よこしまな心やうそいつわりだらけの衆生を導こうとされました」と述べています。

また同じく『浄土文類聚鈔』には、

ここに片州の愚禿、印度・西蕃の論説に帰し、華漢・日域の師釈を仰いで、真宗の教行証を敬信す。

（『註釈版聖典』四七七頁、『真宗聖典』五一一頁）

と、「片州の愚禿」、すなわち親鸞は自身を日本という辺境の地にいる愚禿であるとして、インドの菩薩（龍樹・天親）の論書に帰依し、中国浄土教の祖師（曇鸞・道綽・善導）・日本浄土教の祖師（源信・法然）の解釈を仰いで、真宗の教行証を敬い信じるのであると述べています。

これと同様の内容の文は、『教行信証』「総序」にもあります。

ここに愚禿釈の親鸞、慶ばしいかな、西蕃・月支の聖典、東夏・日域の師釈に、遇ひ

がたくしていま遇ふことを得たり、聞きがたくしてすでに聞くことを得たり。真宗の教行証を敬信して、ことに如来の恩徳の深きことを知んぬ。ここをもつて聞くところを慶び、獲るところを嘆ずるなりと。

（『註釈版聖典』一三二頁、『真宗聖典』二六六頁）

親鸞は、インド・西域の聖典をはじめ、中国・日本の浄土教の祖師方やその文献を通して、「遇ひがたくしていま遇ふことを得たり、聞きがたくしてすでに聞くことを得たり」と、浄土真宗に遇い、その教えを聞き得た慶びについて述べることによって、真宗の教行証を敬い信じ、特に如来の恩徳の深いことを知ることができたと、『教行信証』撰述の動機を示しているのです。

このように親鸞は、インドの菩薩をはじめ、中国や日本の浄土教の祖師によって、浄土真宗が開かれたものであると考え、これらの菩薩や祖師によって明らかにされた「真宗の教行証」を敬信すると慶んでいるのです。そして、その根源をさかのぼると、深い如来の恩徳が明かされている『大無量寿経』説示の阿弥陀仏の本願になるのです。

五　浄土真宗の「こころ」「正意」「ならひ」

親鸞の浄土真宗の用例には、「浄土真宗」という語の後に「こころ」「正意」「ならひ」という語を接続させて、一つの言葉として成り立たせていることがあります。『消息』には、

それ浄土真宗のこころは、往生の根機《こんき》に他力あり、自力あり。このことすでに天竺の論家、浄土の祖師の仰せられたることなり。

（『註釈版聖典』七四六頁、『真宗聖典』六三〇頁）

この「浄土真宗のこころ（意）」は、浄土真宗の教えと置き換えても意味が通ることでありましょう。つまり、「浄土真宗の教えでは、往生を願うものについて他力のものと自力のものとがいます」という意味です。しかも、「このことはすでにインドの菩薩をはじめ、中国や日本の浄土教の祖師が仰せになっていることです」と説いています。親鸞が他力と自力を明らかにしたと理解している「天竺の論家、浄土の祖師の仰せ」は、前述した浄土真宗を開宗したインド・中国・日本の七高僧のことです。

また、『唯信鈔文意』には「浄土真宗の正意」という言葉がみられます。

真実信心をうれば実報土《じっぽうど》に生るとをしへたまへるを、浄土真宗の正意とすとしるべしとなり。
（『註釈版聖典』七〇七頁、『真宗聖典』六一九頁）

この文は、「阿弥陀仏より衆生に与えられた真実の信心を得れば必ず真実の浄土に生れると教えてくださっていることを、浄土真宗の本意であると知らなければならないということです」と述べたものです。

この「正意」という語を用いて、親鸞は「『大無量寿経』の宗致、他力真宗の正意なり」（『教行信証』「行巻」『註釈版聖典』二〇二頁、『真宗聖典』三一八頁）、「真仮《しんけ》を知らざるによりて、如来広大の恩徳を迷失す。これによりて、いま真仏・真土を顕す。これすなはち真宗の正意なり」（『教行信証』「真仏土巻」『註釈版聖典』三七三頁、『真宗聖典』四三五〜四三六頁）とも語っています。

さらに『一念多念文意』には、

浄土真宗のならひには、念仏往生と申すなり、まつたく一念往生・多念往生と申すことなし。これにてしらせたまふべし。
（『註釈版聖典』六九四頁、『真宗聖典』六一一頁）

と、「浄土の真実の教えのならわしでは、念仏往生というのです。決して一念往生（一度だけ念仏すれば往生する）ということでも、多念往生（多く念仏を称えて往生する）ということでもありません。そのことを知っていただきたいです」と、念仏往生こそ「浄土真宗のならひ」であると明らかにしています。

このような「浄土真宗のこころ」「浄土真宗の正意」「浄土真宗のならひ」を語る根柢には、どのような人間存在の見方があるのでしょうか。『正像末和讃』に、

浄土真宗に帰すれども　真実の心はありがたし
虚仮不実のわが身にて　清浄の心もさらになし

（『註釈版聖典』六一七頁、『真宗聖典』二五九頁）

という和讃があります。「浄土真宗に帰依しているけれども、この私がまことの心をもつことはありません。うそいつわりばかりのわが身であり、清らかな心はさらにありませんん」という意味です。ここには、真実の心、清浄の心をまったく持ち合わせていない愚者であるわが身の自覚が示されているのです。

六　聖道に対する浄土真宗

『教行信証』「化身土巻」で、浄土真宗について述べるのは聖道門との対比においてで

す。

親鸞は、釈尊が生涯にわたって説いた仏教の中で、この世界で聖者となってさとりを得る教えを聖道門といい、難行道といっています。これに対し、阿弥陀仏の本願力によって、浄土に往生してさとりを開く教えを浄土門といい、易行道といっています。

この教判は、浄土真宗を開宗した祖師方を受け継いだものですが、さらに親鸞は、浄土門の中に横出《おうしゅつ》（方便）と横超《おうちょう》（真実）とがあるとして、横出とは浄土門の中の自力の教えであり、横超とは阿弥陀仏の本願を憶念して自力の心を離れることであるとしています。

そして横超他力を、

これすなはち専のなかの専、頓《とん》のなかの頓、真のなかの真、乗のなかの一乗なり。これすなはち真宗なり。すでに真実行のなかに顕しをはんぬ。

（『註釈版聖典』三九五頁、『真宗聖典』四五二頁）

と、「専修の中の専修であり、頓教《とんぎょう》の中の頓教であり、真実の中の真実であり、一乗の中の一乗です。これが真宗です。このことはすでに真実行を説いた『行巻』の中で明らかにしました」と規定しています。

また「化身土巻」では、聖道門と対比して、浄土真宗とは正法・像法・末法の三時、さらには法滅に至るまで、どのような時代の衆生であっても平等に救うことを明らかにしています。浄土真宗が真実の教であることを、聖道門の諸教との対比を通してとらえているのです。

まことに知んぬ、聖道の諸教は、在世・正法のためにして、まったく像末・法滅の時機にあらず。すでに時を失し機に乖《そむ》けるなり。浄土真宗は、在世・正法、像末・法滅、濁悪の群萌、斉しく悲引したまふをや。

（『註釈版聖典』四一三頁、『真宗聖典』四六八頁）

ここでいう「在世」とは釈尊の在世時代のことで、「正法、像末」とは正法・像法・末法の三時をいい、釈尊入滅後、時代が変遷するにつれて次第に、仏教が衰微していくありさまを示した歴史観です。「正法」とは教と行と証の三つがすべてそなわっている時代をいい、「像法」とは教と行はあるけれども証がない時代をいい、「末法」とは教のみあって行と証がない時代をいいます。さらに末法が過ぎて教もなくなることを「法滅」といいます。

したがって、この文は、「まことに知ることができました。聖道門のさまざまな教えは、釈尊の在世時代と正法の時代のためのものであって、像法や末法・法滅の時代とその人びとのためのものではありません。すでに聖道門の教えは時代にあわず、人びとの資質にも背くものです。これに対し、浄土真宗は、釈尊在世の時代・正法・像法・末法・法滅の時代にも変りなく、汚れと悪に満ちた衆生を、大いなる慈悲をもって平等に導いてくださるのです」という意味です。

親鸞は、聖道門の教えとは、像末法滅の時代とその人びとには通用しないことを明らかにして、浄土真宗こそ釈尊在世の時代から法滅に至るまですべての時代と人びとに通じることをもって、その真実性を示しているのです。

さらに「後序」には、

ひそかにおもんみれば、聖道の諸教は行証久しく廃れ、浄土の真宗は証道いま盛んなり。

（『註釈版聖典』四七一頁、『真宗聖典』五〇六頁）

と、「ひそかによくよく思いをめぐらしてみますと、聖道門のさまざまな教えは、その修行も証を得ることも長い間廃れてしまっていて、浄土真宗は証を開く道としていま盛んであります」と述べています。

この文につづいて、聖道門のさまざまな寺の僧侶たちは教えに暗く、何が真実であるかも知らずにいることや、朝廷に仕えている学者も正しい教えを見極めることができないために、興福寺の学僧が専修念仏の停止を求めて、朝廷に『興福寺奏状』（元久二年（一二〇五））として訴えたことが綴られています。さらに天皇も臣下も、法に背き道理に外れて、怒りと怨みの心によって、真宗を興した法然をはじめ、親鸞自身も含めた門下数人について、罪の内容を問うこともなく、不当にも死罪や流罪に処した「承元の法難」（承元元年（一二〇七））を強く批判しているのです。

七　「元仁元年」が示す意味

親鸞は、正法・像法・末法の三時に説かれた教えを考え定めるにあたって、釈尊の入滅の年代に注目しています。これは「聖道・浄土の真仮を顕開して、邪偽異執の外教を教誡す」（『註釈版聖典』四一五頁、『真宗聖典』四六九頁）と、聖道門と浄土門の真実と方便とを明らかにして、誤ったよこしまな仏教以外の考えを戒めるためであるといわれています。

そのうえで、

> 三時の教を案ずれば、如来般涅槃の時代を勘ふるに、周の第五の主穆王五十三年壬申に当れり。その壬申よりわが元仁元年　元仁とは後堀川院、諱茂仁の聖代なり　甲申に至るまで、二千一百七十三歳なり。また『賢劫経《げんごうきょう》』・『仁王経《にんのうぎょう》』・『涅槃《ねはん》』等の説によ

るに、すでにもつて末法に入りて六百七十三歳なり。

（『註釈版聖典』四一七頁、『真宗聖典』四七一頁）

と述べています。

この文は、「正法・像法・末法の三時に説かれた教えについて考えると、釈尊の入滅した年代は、周の第五代穆王の五十三年にあたります。その年からわが国の元仁元年に至るいままで二千百七十三年が経っています。また『賢劫経』や『仁王経』、『涅槃経』などの説によりますと、すでに末法の時代に入ってから六百七十三年が経っています」という意味です。ここに「元仁元年」の年号をみることができます。

なお『註釈版聖典』では、底本（『浄土真宗聖典（原典版）』）にある「五十一年」「二千一百八十三歳」「六百八十三歳」をそれぞれ「五十三年」「二千一百七十三歳」「六百七十三歳」に改めています。このことは『教行信証』の最初の解釈書である存覚の『六要鈔《ろくようしょう》』（『真宗聖教全書』二・四一〇頁）に誤記であると指摘されていることを承けたものです。

さて、釈尊の入滅年代と同じ年にあたるとした「周の第五の主穆王五十三年壬申」とは、この文につづいて引用している『末法灯明記』にも述べられています。『末法灯明記』とは、日本の天台宗の開祖である最澄の製作とみなされているもので、親鸞は「化身土巻」に長く引用しています。その引文には、釈尊が入滅した年代について、多くの説があるけれども二つの説（法上・費長）をあげて説明しています。そのうち法上などの説として、『周書異記《しゅうしょいき》』によって、

仏、第五の主、穆王満《ぼくおうまん》五十三年壬申に当りて入滅したまふと。もしこの説によらば、その壬申よりわが延暦二十年辛巳に至るまで、一千七百五十歳なり。

（『註釈版聖典』四二〇頁、『真宗聖典』四七三頁）

と述べています。この文は、「釈尊は周の第五代穆王満の五十三年に入滅されたといわれています。この説にしたがえば、その年からわが国の延暦二十年（八〇一）に至るいままで千七百五十年が経っています」という意味です。釈尊入滅の年代から数えて、わが国にあてはめると、「いま」は末法であることを規定しようとしているのです。

この『末法灯明記』が示している釈尊入滅の年代から数えて、わが国にあてはめたときの「いま」という年の表し方を用いて、親鸞は、釈尊入滅の年代である「壬申よりわが元仁元年」としているのです。「元仁元年」は、すでに末法の時代に入ってから六百七十三年にあたる仏滅後二千百七十三年になります。「元仁元年」は、『教行信証』を執筆している「いま」その時を表しています。これまでの「化身土巻」の構成を踏まえると、「元仁

元年」とは、聖道門との対比の中で、末法における仏道を問題とすることによって、浄土真宗を明らかにすることで、その基準の年として記述したものであると考えることができます。これを立教開宗の年と定めたのでありましょう。

しかし、親鸞にとっては「元仁元年」という年号を記述したのには、その年が忘れることのできない年であったからにほかならないと考えられます。『教行信証』に年号を記述するのは、先述した法然との出遇い、それにその門下での出来事、そして「承元の法難」を書きとどめた「後序」のみですから、これと同じように「元仁元年」も特別な意味があることは間違いのないことです。

次に「元仁」を註釈して、「元仁とは後堀川院、諱茂仁の聖代なり」と示していることについて考えます。「後堀川院」とは、後堀川天皇が崩御した天福二年（一二三四）以降の追号ですから、親鸞六十二歳以降に執筆したこととなります。したがって、この箇所は、『教行信証』を晩年に至るまで推敲を重ねていく際に、「元仁元年」を思い出さずにはおられなかった基準の年であったこととなります。

つまり「元仁元年」とは、どうしても『教行信証』を著しておかなければならないと思い立った出来事が背景にあり、それが聖道門に対して、末法における「浄土真宗」の仏道の意義を明確に顕すことであって、その基準の年として釈尊入滅から数えて二千百七十三年が経った「いま」を表しているのです。

なお元仁元年は、法然の十三回忌にあたる年であり、親鸞の末娘である覚信尼が生まれた年です。また、この年は比叡山延暦寺の衆徒が専修念仏の停止を訴えて「延暦寺大衆解」を奏上しています。法然の十三回忌を機縁として、延暦寺では専修念仏の広まりを一層警戒したのでありましょう。

その三年後には、さらに法然の墓所が破却されたほか、法然の門弟であった隆寛・幸西・空阿が流罪となり、また法然の主著である『選択本願念仏集』の版木が焼き払われました。これら専修念仏を弾圧した事件を「嘉禄の法難」と呼んでいます。

この「嘉禄の法難」について聞き及んだ東国の親鸞は、かつて自身が流罪となった「承元の法難」を回想しながら、末法における「浄土真宗」の仏道の意義を明確に示すために、「元仁元年」を基準の年として、『教行信証』に記述したのであろうと考えます。

親鸞聖人御誕生八百五十年・立教開宗八百年を迎えた「いま」、あらためて末法における「浄土真宗」の仏道の意義を確かめてまいりましょう。

〈主な参考文献〉

浅井成海［2004］『法然とその門弟の教義研究――法然の基本教義の継承と展開――』
梯實圓［2001］『教行信証の宗教構造――真宗教義学体系――』
梯實圓［2015］『浄土から届く真実の教え――『教行証文類』のこころ――』
武田龍精［2009］『親鸞と蓮如――真実信心獲得の論理――』
星野元豊［1983］『講解教行信証　化身土の巻（本）』
村上速水［1987］『親鸞教義とその背景』
前田壽雄［2018］『「ただ念仏」の教え――法然聖人から親鸞聖人へ――』

覚信尼伝私考

御手洗隆明

はじめに

親鸞夫妻の末娘

「尼覚信」こと覚信尼は、親鸞と恵信尼の末娘「おう（王）」として、元仁元年（一二二四）に関東で誕生したと考えられています。まだ浄土真宗という宗派も、また教団もなかった時代のことで、親鸞は常陸国笠間郡（茨城県笠間市）を拠点として布教活動を続けていたようです。この関東時代の親鸞にとって、大きな出来事を二つあげるとすれば、『教行信証』（坂東本）を書いたということ、そして覚信尼が誕生したことではないでしょうか。『教行信証』は親鸞の主著であり、浄土真宗にとって教えの源となる根本聖教です。そして、教えが伝わるには受け継ぐ「人」と「場」が必要です。覚信尼はその「人」と「場」のために力を尽くした女性でした。

関東で生まれ、物心ついてからずっと、特に晩年の父・親鸞の姿を見てきた覚信尼は、京都では最初公家社会のなかで生活し、のちに越後にいる母・恵信尼と連絡を取り合いながら家族の生活を支えました。父を看取った後は、京都で親鸞一族と関東門弟とをつなぐ役割を果たしながら、門弟たちと協働で父の墓所・大谷廟堂（のちの本願寺）を建立するなど、事実上、親鸞一族の当主でもありました。

かつて東本願寺には「伝覚信尼公筆教行信証延書」（日下無倫『阪東真本教行信証』丁子屋書店［1923］）が伝わっていましたが、実際、覚信尼が父から著述などを授かることはなく、専修念仏の教えを受けるといった「真弟《しんてい》」ではなかったようです。近代以降の東本願寺では昭和八年（一九三三）の六五〇回忌法要、昭和五十九年（一九八四）の七〇〇回忌法要と、二度の「御忌《ぎょき》」が勤められており、「大谷派婦人聯盟」結成（一九三三年）など女性の役割が注目されるきっかけにもなりました。しかし、それらは覚信尼を本願寺（現在の東西本願寺）創立に貢献した「本願寺の母」として評価したものでした。しかも江戸時代から昭和戦前期まで、覚信尼は歴史的に人違いされていたという事情もあり、実像が明らかにされるには至っていませんでした。

覚信尼が生まれた元仁元年は、浄土真宗「立教開宗」の年とされています。すると覚信尼は浄土真宗と同年齢ということになります。本稿では、初期真宗の時代において覚信尼がどのような存在であったのか、誕生の地である関東に覚信尼の〈しるし〉はないのか、探っていきたいと考えます。

一　覚信尼を知る手がかり

覚信尼の史料

覚信尼を知るための文献史料として、第一に、母・恵信尼が覚信尼に書き送った『恵信尼消息』（恵信尼書状類、西本願寺蔵）があります。百年前の、最初の立教開宗法要をひかえた大正十年（一九二一）に西本願寺で発見されたものです。覚信尼が生きた鎌倉時代は、九条兼実《くじょうかねざね》『玉葉《ぎょくよう》』など公家の日記が一級史料とされていますが、そこには親鸞同様に覚信尼についての記事も見つかっていないようです。しかし、『恵信尼消息』は鎌倉時代の女流日記として、浄土真宗の枠を越えて高く評価されています。親鸞の存命中から約十二年間にわたって書かれたもので、越後と京都に別れて暮らす親鸞一族の近況などを知ることができます。

第二に、大谷廟堂《びょうどう》建立・本願寺創立についての記録を集約した『大谷廟堂創立時代文書』があります。ここには廟堂敷地の権利・相続に関する文書、また青蓮院・妙香院など公権力による文書、そして本願寺「留守識」譲状などが収載されており、なによりも覚信尼の自筆文書や写本など、覚信尼自身が記した、またその名前が見える文書類があることから、一族の当主としての覚信尼の行動や考え方を知ることができます。

第三に、覚信尼の孫・覚如の伝記である『慕帰絵詞《ぼきえことば》』・『最須敬重絵詞《さいしゅきょうじゅうえことば》』、また『日野一流系図』など本願寺の系図があります。覚如伝に覚信尼の名前は見えませんが、一族の動向などを知ることができます。

これらは覚信尼の「同時代史料」といえるものですが、このような本願寺創立期に関する文書とその集約、また伝記の制作には、覚如と長男・存覚らが深く関わっていました。『大谷廟堂創立時代文書』収載の「本願寺留守識相伝系図」は、覚信尼の経歴を記した最古の史料です。

第四に、大谷派恵空の『叢林集』（一六九八年）、本願寺派玄智の『大谷本願寺通紀』（一

七八五年）、高田派良空の『親鸞聖人正統伝』（一七一五年）など近世親鸞伝にも覚信尼について大谷派門徒神田寿海の『大谷嫡流実記』（一八四五年）など近世親鸞伝にも覚信尼についての記事があります。また、親鸞の遺言として有名な「御臨末の御書」を載せた『華園文庫』（一八四七年）など伝承史料や『二十四輩順拝図会』（一八〇三年・一八〇九年）など旧跡参拝記にも覚信尼の姿を散見します。近世親鸞伝の多くは、真宗関係の伝承・伝説が多く案出された江戸時代のものですが、広く知られているものもあり、見逃すことはできません。

関東の覚信尼

覚信尼の姿を伝える絵像としては、新潟県福因寺の「覚信尼公像」が知られていますが、誕生の地とされている関東では、覚信尼の次男・唯善を開基とする千葉県常敬寺の「木造覚信尼坐像」が知られています。常敬寺は合掌する「親鸞上人坐像」も伝わり、この木造は大谷廟堂最初の親鸞坐像（御影）の様式を模したか、あるいはそのものではないかと考えられています。覚信尼坐像は、同寺所蔵の「木造唯善坐像」と同じく江戸時代作とされていますが、父と同じ合掌するスタイルを投影したものと考えられます。

覚信尼の誕生地は、親鸞が住んだ常陸国笠間郡稲田（茨城県笠間市）と一般に考えられていますが、茨城県に覚信尼の由緒を伝える寺院は知られていないようですが、「親鸞聖人草鞋《わらじ》脱ぎの聖跡」として知られている笠間光照寺には、恵信尼に宛てた覚信尼書状が伝わっています。また、結城称名寺の寺伝（『二十四輩順拝図会』後巻二）には、出家した玉日が法名「恵心尼」を称し、「御息女覚信尼公」へ書状を送ったという記述があります。

移動する絵像

このように覚信尼については、恵信尼との関係で伝承が残されています。ところで、恵信尼について、最近興味深い発見がありました。現在、龍谷大学図書館蔵「恵信尼絵像」がもっとも有名ですが、もともとは恵信尼こと「玉日君御臨末の御影」（『関東聖蹟巡拝記』）の所蔵で知られていた、茨城県の那珂《なか》阿弥陀寺に伝来した絵像であることが判明しました（京都国立博物館「親鸞展」図録［2023］）。この絵像は、水戸善重寺が所蔵する「恵信尼絵像」（一九八一年発見）と同じ構図をもち、画面右上に「恵信禅尼」と墨書銘があり、共に桃山時代から江戸時代初期の間に制作されたものとされています。

共に関東に伝来していた二つの恵信尼絵像がどこで制作されたのかは今後の研究を待た

なければなりませんが、江戸時代後期の旧跡参拝記には、阿弥陀寺も善重寺も所蔵品のなかに恵信尼絵像を確認できません。ではいつ頃、どのようにして伝来してきたのでしょうか。そして、尼頭巾《あまずきん》を被った恵信尼のイメージはいつ頃からはじまったのでしょうか。同時代史料に依ることを基本としながら、各地が伝える浄土真宗の歴史のなかに手がかりを求めようという積み重ねのなかに、新たな発見があるものと思われます。

東西本願寺の覚信尼伝

史料としては以上ですが、東西本願寺が勤めた覚信尼の御忌法要を紀念して刊行された覚信尼伝も参考になります。六五〇回忌の梅原真隆『覚信尼公と大谷廟堂』（一九三一年）、安井廣度『覚信尼公と大谷本廟』（一九三二年）、藤原猶雪『覚信尼公行実の研究』（同）、日下無倫『覚信尼公』（一九三三年）、七〇〇回忌の北西弘『覚信尼の生涯』（一九八四年）などがあり、また最近では、大谷廟堂創立七五〇年を記念した上場顕雄『親鸞聖人の娘　覚信尼と真宗本廟』（二〇二二年）があります。

これらは本願寺教団のはじまりである大谷廟堂草創期の功労者として覚信尼を顕彰したものでしたが、親鸞の家族関係を考証しようとした日下無倫の著書は、発行後五ヶ月で回収・絶版となりました。昭和時代であっても歴史研究が難しかったことがうかがえますが、親鸞についての歴史研究はさらに加速し、同時に覚信尼についての研究も進むことになりました。

いやおんな（弥女）

現在では、出家前の覚信尼の名（俗称）は「おう」・「王御前」と認められていますが、実は江戸時代から昭和期途中まで、覚信尼の俗称は「いやおんな（弥女）」とされていたのです。この見方は江戸時代に始まるとされ、東西本願寺や高田派の史書も「弥女　聖人第七之御息女…禅尼名覚信」（恵空『叢林集』第八）のように人違いに気づかないまま書いていました。「いやおんな」は親鸞に仕えていたいわゆる「下女」（使用人）だったのですが、この人違いのため、困窮した親鸞が娘を人身売買したという誤解まで生みました。しかし、覚信尼を「いやおんな」と同一人物とする見方は通説となったまま近代にまで受け継がれ、『恵信尼消息』発見後も変わることはなく、梅原や日下ら歴史学者も特に疑っていませんでした。

この通説に疑問を投げかけたのは、当時京都大学大学院生の赤松俊秀でした。日下の著書が問題となった昭和八年（一九三三）、赤松は論文を発表し、親鸞七十一歳の自筆消息二通など同時代史料を検討した結果、覚信尼と「いやおんな」は別人であり、覚信尼の俗称は『恵信尼消息』第二通にも見える「おうごぜん（王御前）」であることを明らかにしたのです。これが広く認められたことで、覚信尼への人違いもようやく消えたのです。

今御前の母

赤松はさらに、親鸞九十歳の自筆消息二通に見える「いまごぜんのはは（今御前の母）」も覚信尼を同一人物と考えましたが、これは定説になっていません（本願寺出版社『浄土真宗辞典』）。しかし、「いまごぜんのはは」を覚信尼とする見解は完全に否定されたわけではなく（上場［2022］）、他にも親鸞のもう一人の妻、親鸞の侍女、また親鸞の長男・善鸞の妻など、諸説があります。

このように覚信尼の俗称が問題となるのは、親鸞とその一族のこと、そしてまだ浄土真宗も教団もなかった初期真宗の時代を解明する糸口として、覚信尼の存在が重要だからです。これまでの研究や議論の積み重ねのなかにも、覚信尼を知る手がかりが散りばめられています。

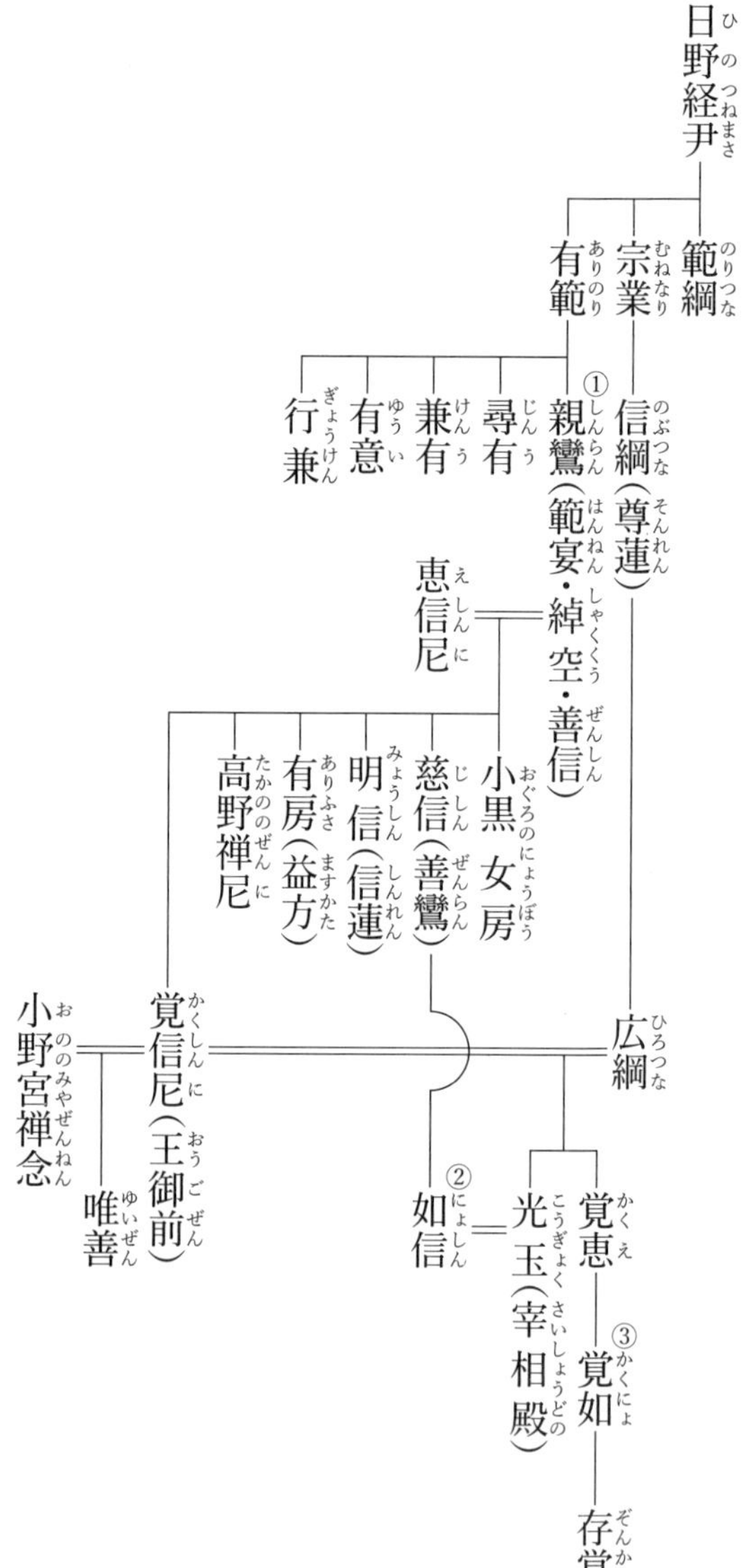

※丸数字は本願寺歴代を示す

二「おう」（王御前）の時代

覚信尼とはどんな女性であったのかを考える場合、特に『恵信尼消息』と、覚信尼自筆を収載する『大谷廟堂創立時代文書』は、前者は覚信尼の出家以前を、後者は出家以後を読み取る史料として重要です。このような史料に依りながら、まず覚信尼の生涯をたどっておきたいと考えます。

覚信尼の生年

この時代、生没年や実名がわかる女性は少ないのですが、覚信尼が元仁元年（一二二四）に誕生したことは母・恵信尼の書状によって知ることができます。弘長三年（一二六三）二月、八十歳の恵信尼は「あなたがまだ幼い八歳だった年の四月十四日に（親鸞が）風邪をひかれて大変なことになったことなどを書きました」（『恵信尼消息』第四通）と書状に書いています。これは寛喜三年（一二三一）、五十九歳の親鸞が大病のなかで自力の執心に気づいたという「寛喜《かんぎ》の内省《ないせい》」を記したもので、その時に覚信尼は八歳であったと恵信尼は回想しているのです。そこから逆算することで、覚信尼は元仁元年の誕生と分かるのです。その年、親鸞は五十二歳、恵信尼は四十三歳であり、その当時は関東で活動していたとされていることから、覚信尼は関東の、おそらくは父の草庵があった常陸国稲田での誕生したとされることが多いのです。

西 暦	和 暦	覚信尼齢	事　　　項
1173	承安３		親鸞誕生。
1182	寿永元		恵信尼誕生。
1224	元仁元	1	覚信尼誕生（幼名「おう」）、母は恵信尼。
1231	寛喜３	8	親鸞、病床で『大無量寿経』を読むが反省し中止（寛喜の内省）。
1232	貞永元	9	親鸞60歳。
1235	嘉禎元	12	親鸞63歳、これ以前に帰洛か。このころ覚信尼、公家・久我通光に仕える。この年　甥・如信誕生、父は善鸞。
1239	延応元	16	このころ　覚信尼、夫・日野広綱との間に長男・覚恵誕生か。のちに長女・光玉誕生。
1245	寛元３	22	このころ　夫・日野広綱没。
1248	宝治２	25	１月　久我通光没。
1256	建長８	33	７月・９月　恵信尼、覚信尼に下人譲状（恵信尼消息１・同２）を送る。
1258	正嘉２	35	７月　のちの夫・小野宮禅念、大谷の北地を購入。
1262	弘長２	39	11月　親鸞没。覚信尼と門弟ら、荼毘、収骨を執り行う。12月　覚信尼、越後の恵信尼に書状を送り、父の死を知らせる。
1263	弘長３	40	２月　恵信尼、覚信尼へ書状を書き送る（恵信尼消息４）。
1266	文永３	43	この年　覚信尼、再婚した小野宮禅念との間に次男・唯善誕生。

西暦	和暦	覚信尼齢	事　　項
1267	文永4	44	9月　恵信尼、覚信尼に孫たちの近況を知らせるよう促す（恵信尼消息9）。
1268	文永5	45	3月　恵信尼、覚信尼へ最後の書状を送り、まもなく没（87歳）（恵信尼消息10）。
1270	文永7	47	覚信尼の孫・覚如誕生。
1272	文永9	49	8月　覚恵妻で覚如母の中原氏没。冬　覚信尼と親鸞門弟、親鸞墓を改葬し、禅念の土地に廟堂を建立。
1274	文永11	51	4月　覚信尼、禅念より廟堂地を譲り受ける。翌年、禅念没。
1277	建治3	54	9月・11月　覚信尼、大谷廟堂の土地を親鸞墓所に寄進し、関東門弟へ披露書状を送る。11月　覚信尼、如信にびわ女を預ける。
1280	弘安3	57	10月　覚信尼、三度目の寄進状を書き、関東門弟に披露する。11月　関東門弟の信海・顕智・光信、廟堂での法要勤修の費用を覚信尼に預けると伝える。
1283	弘安6	60	11月　覚信尼、死期をさとり、留守を覚恵に譲る置文（遺言状）を唯善に代筆させ、関東門弟に披露する。まもなく没すという（60歳）。

立教開宗の年

元仁元年（一二二四）を「立教開宗」の年とすることは、浄土真宗各派が共有する歴史観です。親鸞は主著『教行信証』化身土巻に「我が元仁元年甲申」と記していますが、これは元仁元年が師・法然（源空）の十三回忌にあたり、また八月に延暦寺の要請に応じた朝廷が専修念仏停止を宣下するなど、末法を実感させる事件があったことで、この「元仁元年」を末法の時代となってからの年数を計算する基準としたものと考えられます。

親鸞がこの年をもって浄土真宗の立教開宗を宣言したわけでも、『教行信証』を完成させたわけでもありませんが、江戸時代にベストセラーとなった『親鸞聖人正統伝』が『教行信証』の完成を元仁元年としたことが東西本願寺にも影響を与え、明治九年（一八七六）に真宗各派が定めた『宗規綱領』で、五十二歳の親鸞が完成させた『教行信証』を立教開宗の本書としたことで、元仁元年が立教開宗の年となったのです。

父母と兄姉

父が親鸞であることは、五十四歳の覚信尼が関東門弟に宛てて「故親鸞上人は私覚信の父でありますので」（「大谷屋地寄進状」）と書いていることからも確実です。また母が恵信尼であることを自身で書いたものはありませんが、八十三歳の恵信尼が「特にあなたは末っ子なのですから、とても愛《いと》おしく思っています」（『恵信尼消息』第八通）と母としての愛情をにじませながら書き送っていることからも、母娘の関係であることは疑われていません。

後世、戦国時代につくられた本願寺の家系図である「日野一流系図」も、覚信尼が親鸞と恵信尼を父母とし、三人の兄（慈信（善鸞）・明信（信蓮）・有房（益方））と二人の姉（小黒女房・高野禅尼）がいたことを記しています。これは覚如が恵信尼を「男女六人の君達の御母儀」（『口伝鈔』十二）としていることとも一致します。

夫と子

覚信尼は二度の結婚と死別を経験しています。一度目の夫は、同じ日野流藤原氏である日野信綱《のぶつな》（親鸞の門弟尊蓮、生没未詳）の子であり又従兄妹に当たる広綱《ひろつな》（生没未詳）で、「専証」・「宗恵」こと覚恵《かくえ》（?～一三〇七）と、「宰相」こと光玉（生没未詳）の二子が生まれています。広綱との死別は覚恵七歳の時でした（『最須敬重絵詞』）。二度目の夫は、大谷廟堂の敷地を所有していた小野宮禅念《おののみやぜんねん》（?～一二七五）で、「一名丸」こと唯善（一二六六～一二六七）が生まれますが、覚信尼五十二歳の時に死別しています。
覚恵は祖父親鸞の近くにいたと伝わりますが、日野光国（一二〇六～一二七〇）に導かれ青蓮院で修行したのち、覚信尼より大谷廟堂の「留守」を譲られます。覚恵の子が覚如（一二七〇～一三五一）です。この覚如が『本願寺留守職相伝系図』などの制作を通して、祖母・覚信尼を大谷廟堂こと本願寺の初代留守識に、父・覚恵を第二代留守識に、自らを第三代留守識に位置づけ、やがて本願寺第三代を称することになるのです。

出家前は「おう」

覚信尼こと「おう」は、親鸞の帰洛に同行したとされています。帰洛の年次は、本願寺の史書（顕誓『反古裏』）が記した親鸞六十歳の貞永元年（一二三二）が知られていますが、六十三歳頃とも考えられています。京都での「おう」は公家・久我通光《こがみちてる》に「女房」として仕え、兵衛督局《ひょうえのかみのつぼね》と号しました。その後（一説に十三歳の頃）、日野広綱の「妾《しょう》」（側室）となりますが、死別したのちは、子供たちを連れて父のもとへ戻ったと考えられています。

母の書状

「おう」三十三歳の建長八年（一二五六）七月、越後に戻っていた恵信尼より書状形式の譲状が届きます。土地の領主でもあった母からの「下人」（使用人）とその家族に関する業務連絡でしたが、これが『恵信尼消息』の第一通です。この二ヶ月前となる五月二十九日に、「おう」の兄・善鸞が「義絶」されているのですが、何も触れていません。

『恵信尼消息』の第三通から第六通が、「おう」三十九歳の弘長二年（一二六二）十二月、父の死について母に書き送った書状への返信であり、「善信の御房」こと親鸞について恵信尼が回想したものとして有名です。そこには「幼く、御身の八にておわしまし候いし年」（第四通、覚信尼八歳）、また「千部読まんと候いし事は、信蓮房の四の年」（第五通、信蓮房明信四歳）のように書かれ、子供たちの成長とともに恵信尼が記憶を刻んでいたことが分かります。

恵信尼からの書状はその死の間際まで続き、互いの家族の近況や領地経営のことなどを知らせあっています。母の書状が、自身の年齢や体調のことから始まるのは今とあまり変わらないのですが、それに続けて領地の「下人」家族の近況が書かれています。当時は「下人」とその家族も資産であり、その管理は領主としての役割でした。京都での親鸞家族の生活は、関東門弟の「御こころざし」が主だったようですが、「下人」譲渡のように、越後の恵信尼からの援助もあったと考えられます。

母の怒り

恵信尼は穏やかな文面のなかにも、母としての厳しさを見せる一面もありました。『恵信尼消息』の最後となった第十通では、八十七歳の恵信尼がもう死が遠くないことを告げながら、覚信尼の子供である三人の孫の身を案じています。「おう」には覚恵と光玉が、さらにこの書状の前々年（一二六六年）に生まれた唯善がいました。恵信尼はこれ以前から三人の「きんだち（公達。貴族の子弟子女）」のことを案じ、孫たちの近況を知らせるよう、娘に催促していました。特に「さいしょう（宰相）」こと光玉がいまだに独身であることが気がかりであったようで、「宰相殿がいまだに姫君（未婚）であることはどうしたことでしょうか」と書き送っています。

公家社会の言葉でやりとりしているので文面は穏やかですが、死を待つばかりとなった母から娘への強い叱責が感じられます。光玉の年齢ははっきりしませんが、二十代後半であったようです。覚恵は出家し、青蓮院で修行していたようですが、独身のまま三十歳前後になっていました。四十五歳の「おう」は急いで子供たちの「婚活」に動いたのかもしれません。覚恵はほどなく「中原氏」と結婚し、翌々年（一二七〇年）に長男・覚如が誕生しています。また伝承の域を出ないのですが、光玉は従兄弟に当たる如信（本願寺第二代）と結婚したと伝わります（『大谷嫡流実記』）。

如信との交流が史料上確認できるのは、五十四歳（一二七七年）の時のことです（「びわ女預状」）。この書状で「おう」は「大谷殿」、また「尼御前」と呼ばれていることから、すでに出家して「尼覚信」と名のっていたようです。

三「尼覚信」（覚信尼）の時代

廟堂建立

母と死別した四年後の文永九年（一二七二）、四十九歳の「おう」は関東門弟と協力して親鸞の墓所をあらため、夫・禅念が所有する大谷北地に親鸞の遺骨を改葬し「廟堂（大谷廟堂）」を建立します。廟堂は親鸞を追悼するだけの場所ではなく、共に念仏する「人」が集まる「場」でもありました。その後、親鸞の御影《ごえい》（木造）が安置され、廟堂は「影堂（御影堂）」と称されるようになり、これが後の本願寺教団につながる礎《いしずえ》となるのです。

この年、覚恵の妻で覚如（三歳）の母である中原氏が亡くなります（『最須敬重絵詞』巻二）。その翌々年（一二七四）、禅念は廟堂の敷地を「かくしんの御房」に譲り、その翌年死去しました。すると「おう」はこの頃までに出家し、「尼覚信」を名のっていたと考えられます。禅念が幼少とはいえ実子である唯善にではなく、妻に土地を譲ったのは、出家し「廟堂」を護る妻への敬意だったのかもしれません。

覚信尼の約束

覚信尼は、禅念三回忌の建治三年（一二七七）から前後三回にわたり、廟堂の敷地を関東門弟宛に寄進したことを披露するための「寄進状」をつくりました。そのうち、十一月七日の日付をもつ覚信尼自筆の「大谷屋地寄進状」が高田派専修寺に所蔵されています。その内容は、この土地を親鸞の御墓所として永久に寄進するものであり、宛名は有力寺社など公権力ではなく、関東門弟たる「ゐ中の御でしたち」でした。寄進状は本文と副状に分かれており、覚信尼は本文の最後に次のように記します。

私（覚信尼）が一期・一生涯を経たのちに、この廟堂の土地を相続する後々の人は、本券（寄進状）を所持し、たとえ私の子孫であったとしても、「田舎の御同行」のお心にかなわず、心にまかせてその土地を売ったり、また秩序を乱したりする者がいたら、即刻、奉行に訴えて罪科に処せられるべきです。また、親鸞上人のお弟子たちのお心にかなう者に、この御墓所をお預けして、敬いながらお仕え下さるようお願いを申し上げます。末代までも、御墓所をまことに保持していくために、この寄進状を記しました。（意訳）

大谷廟堂の土地を父親鸞の「はかどころ」（廟堂）に寄進し、その所有権と維持管理は関東門弟が担い、その「留守」を預かる役割は門弟たちの「御こころにかなう者」にと明記しています。これは、廟堂建立以来、関東門弟の「留守」を預かっていた覚信尼が、関東門弟と交わした約束でした。その上で覚信尼は副状で、廟堂の土地を寄進するかわりに、「留守」という廟堂を護持する役割は自身が担い、死後は自身の子孫が受け継ぐことを認めるよう記しています。

特に、弘安三年（一二八〇）の第三回寄進状に添えられた文永十一年（一二七四）「禅念譲状」の案文には、「裏に判を押して参らせ候」という「裏を封ず（裏花押）」の作法が見受けられます。これは、覚信尼の関東門弟に対する深い敬意と信頼をあらわしたものと考えられています。この年、高田顕智ら関東門弟が大谷廟堂の「念仏衆」に対して、親鸞の偲ぶ「毎月二十七日御念仏」がつつがなく勤まるように、そのための費用を今後は覚信尼に預けると書き送っています。京都の親鸞一族と関東門弟との関係はけっして良好なものではありませんでしたが、覚信尼だけは違ったようです。関東で生まれ、晩年の親鸞の世話を続けることで門弟たちと接する機会も多かった覚信尼は、「いなかの人々」にとってもっとも信頼された存在だったのでしょう。

覚信尼自筆の寄進状の原文は「しんらん上人の御でしたちの御心にかないて候はんもの」となっています。この約束を、覚信尼は覚恵や唯善に何度も確認させていました。

覚信尼の死

弘安六年（一二八三）十一月、六十歳の覚信尼は咽の病気で死期をさとり、廟堂の留守を覚恵に譲ることを関東門弟に告げる書状を唯善に代筆させています。「いなかの人々」に宛てたその書状は「覚信尼最後状」と呼ばれ、お墓（廟堂）の留守を預かることで「いなかの人々」より「御こころざし」をいただいていたが、自分には家族に残す田畑などの財産もないので、ただ一向に「いなかの人々」に頼むばかりであると書かれています。覚信尼は、父・親鸞が最後の書状で示した姿勢そのままに、関東門弟に後々のことを委ねているのです。

間もなく覚信尼は死去したとされていますが、正確な没年は分かっていません。また葬送や墓所についても当時の記録には残されていませんが、一説に円山安養寺で葬されたと伝わっています（『大谷本願寺通紀』巻五）。

結びにかえて

関東を故郷とし、関東門弟と京都をつなぐ役割を果たしていた覚信尼を失った親鸞一族は、大谷廟堂をめぐる覚恵・覚如父子と唯善、さらに関東門弟との対立など、様々な軋轢を生じさせながら廟堂の寺院化（本願寺）に進んでいきます。特に覚如は廟堂を「本願寺」とする過程で、「留守」を預かる役割を「留守職《るすしき》」（のち「別当職」）とし、その認可は青蓮院など公権力より受けるものとしました。覚信尼が関東門弟と交わした「しんらん上人の御でしたちの御心にかないて候はんもの」が「留守」を預かるという約束は消え、関東門弟を必要としない「本願寺」に向かうのです。覚信尼が関東門弟と交わした約束の意味を、覚信尼生誕八〇〇年を迎えた今、思い起こしておきたいと考えます。

＊本稿は拙稿「「覚信尼行実」私考」（真宗大谷派教学研究所『教化研究』一六四号、真宗大谷派宗務所、二〇一九年）を大幅に改訂したものである。なお、先学諸氏への敬意として本稿では敬称を略している。

〈主な参考文献〉

浄土真宗本願寺派総合研究所編［2019］『浄土真宗聖典全書 六 補遺篇』
真宗史料刊行会編［2020］『大系真宗史料 文書記録編一 初期教団』
真宗大谷派教学研究所編［2008］『親鸞聖人行実』
本願寺史料研究所編［2010］『増補改訂本願寺史 第一巻』
今井雅晴［2012］『現代語訳恵信尼からの手紙』
今井雅晴［2021］『七十四歳の親鸞――覚信尼とその周囲の人びと――』
藤井哲雄［2020］『本願寺の草創――覚信尼と覚如上人――』
金龍静［2023］「本願寺留守識少考」『親鸞・初期真宗門流の研究』

第 2 章

浄土真宗の展開と親鸞

語られた親鸞の妻帯

小山聡子

はじめに

のちに浄土真宗開祖とされた親鸞は、下級貴族日野有範《ありのり》の息子としてこの世に生を享け、九歳の時に出家し、比叡山で天台僧として二九歳まで過ごしました。比叡山では、常行三昧堂で不断念仏をする堂僧をしていました。建仁元年（一二〇一）、阿弥陀仏の本願にこそ帰依したいと考えるようになり、比叡山から下りました。親鸞は、六角堂に参籠し夢告を得たのち、法然の元へ行き着き、教えを受けるようになります。親鸞は夢告を契機に妻帯しました。妻の名は、恵信尼です。

しかし、仏教には不婬戒《ふいんかい》があります。それによって僧侶は、女犯を禁じられていました。破戒について親鸞は、主著『教行信証』「化身土巻」で、最澄の『末法灯明記』を引用して、末法の時代には仏の教えのみが残っているのであり、正しい修行も悟りもないとした上で、すでに守るべき戒律はないのだから、戒律を破ることも守ることもあるはずがない、としています。さらに、もし比丘に布施をしようとする檀越は、末世に法が尽きようとするときには、たとえ妻子を持つような名ばかりの僧衆であっても、舎利仏や目蓮らに対するように礼拝し尊敬すべきである、としています。このように親鸞は、『教行信証』で、末法の世において妻帯し子をもうける僧を合理化しています（草野顕之『親鸞伝の史実と伝承』法藏館［2022：50–51］）。

末法に入る年に関しては宗派によって諸説があったものの、永承七年（一〇五二）に末法に入るとする天台宗の説が広く受け入れられました。親鸞は、末法の世が強く意識された時代に生き、末法の世に生を享けた人間が救われるには阿弥陀仏にすがるしかない、と考えました。

親鸞が妻帯した直接的な契機は、六角堂で本尊の救世観音菩薩からお告げを受けたためだと考えられます。夢告を受けた親鸞は、妻帯に踏み切りました。その後、親鸞の子孫、門弟も、親鸞と同様に妻帯しています。前述したように、本来、仏教では女犯は禁じられていました。親鸞による妻帯は、夢告のみで十分に正当化できたのでしょうか。また、親鸞の子孫や門弟は夢告を受けていないにもかかわらず、妻帯しています。子孫や門弟は、どのようにして自身の妻帯を正当化したのでしょうか。本稿では、これらの点について、中世の親鸞の伝記をもとに検討していきたいと思います。

一 親鸞が受けた夢告

比叡山から下りた親鸞は、のちに妻恵信尼が末娘覚信尼に宛てた書簡『恵信尼文書』第三通によると、京の六角堂に百日間参籠し、後世を祈りました。すると、九五日目の暁、夢中に、聖徳太子の文を持った何ものかの示現があったのです。参籠した場合、通常示現するのは本尊なので、本尊救世観音菩薩の示現があったのでしょう。示現ののち、親鸞は法然の元に行き着き、その教えを受けることになります。

夢中の聖徳太子の文については、「行者宿報《ぎょうじゃしゅくほう》の偈」だとする説が有力です。親鸞の弟子真仏の「親鸞夢記云」（高田専修寺所蔵）では、親鸞が夢告で「行者宿報の偈」を与えられた、とされています。「親鸞夢記云」は、真仏の『経釈文聞書』中にあったのですが、現在は取り出して軸装されています。おそらく、真仏は、親鸞が生前に書いた『親鸞夢記』を書写したのでしょう。平松令三氏は、『親鸞夢記』は親鸞が八三、四歳以降に書いたものだろうと指摘しています（平松令三「親鸞の生涯」真宗教団連合編『親鸞』［2009］）。

「親鸞夢記云」では、救世観音菩薩が示現し、次のように親鸞に呼びかけた、とされています。

行者宿報にてたとひ女犯すとも
われ玉女の身となりて犯せられむ
一生の間よく荘厳して
臨終に引導して極楽に生ぜしめむ　文

（原文は漢文。石田充之・千葉乗隆編『真宗史料集成』一［：600］をもとに書き下しました）

（仏道修行者であるあなた〔親鸞〕が、前世からの因縁によってたとえ女性と交わることになった場合には、私は玉のような美しい女性となってあなたの妻になりましょう。一生の間あなたのことをよく助け、命終の時には極楽浄土に導いてあげましょう）

つまり「行者宿報の偈」によると、親鸞の妻帯は、救世観音菩薩の夢告によっています。「行者宿報にて」とありますので、親鸞が妻帯に至ったのは、前世からの業の報いがあったためだ、ということになるでしょう。つまり、親鸞自身に妻帯の責任はないことになります。

偈に続けて、『経釈文聞書』には、次のようにあります。

救世菩薩、この文を誦して言く、この文は吾が誓願なり。一切群生に説き聞かすべしと告命したまへり。この告命によって、数千万の有情にこれを説き聞かしむと覚えて夢覚めおはんぬ。

（原文は漢文。石田充之・千葉乗隆編『真宗史料集成』一、［：600］をもとに書き下しました）

（救世菩薩は、この文を誦し、「この文は私の誓願です。すべての生きとし生けるものに説き聞かせるべきです」と告命されたのです。この告命によって、数千万の有情にこれを説き聞かせようと思って、夢が覚めました）

救世観音は、親鸞に対して妻帯を促したのであり、すべての有情がそのようにすべきである、とは述べていません。つまり、『経釈文聞書』からは、すべての有情が救世観音菩薩と妻帯して極楽に導かれる、とは解釈できません。親鸞は、救世観音菩薩が美しい女性となり妻となるという、自身が得た夢告の内容を、多くの有情に説き聞かせようと考えたのでしょう。

前述したように、親鸞は、二九歳の時に比叡山を下りました。つまりこの時点で、官僧から離脱していることになります。ただし、元久元年（一二〇四）の「七箇条制誡《しちかじょうせいかい》」では「僧綽空《しゃくくう》」と署名しているので、「僧」であると自認していたことになります。その後、建永（承元）の法難では還俗させられていますので、この時にも「僧」として扱われたことになります（本願寺史料研究所編『増補改訂　本願寺史』本願寺出版社、[2010：79–80]）。つまり、比叡山から下りて官僧から離脱しても、「僧」としての自意識があり、そのように扱われていたのです。とすると、妻帯の正当化は親鸞にとって非常に重要な事柄だったと言えます。だからこそ、観音から夢告を受けたことが主張され、門弟もそれを書きとどめる必要があったのでしょう。

二　門弟間で起きた男女関係の問題

親鸞は妻帯し、子をもうけました。その後、親鸞の子や孫、門弟らも公然と妻帯しました。ただし、門弟の間では、女性関係をめぐって問題も起きています。たとえば、善円の弘安八年（一二八五）八月一三日の署名がある制禁では、念仏勤行のときに男女が同座してはいけないことなどが挙げられています。また、「浄興寺二十一箇条制禁」では、善円の制禁と同じく、念仏勤行の時に男女が同座してはいけないことのほか、他人の妻との同衾も禁じられています。このような制禁が出された背景には、勤行の折に同座し淫らな行為がなされたり、他人の妻と同衾し秩序を乱したりした者がいたことがあるのでしょう。風紀を乱す出来事が起き、批判を受けていたからこそ、制禁は出されたのだと考えられます（石田瑞麿『女犯』、ちくま学芸文庫［2009：141-149］）。

ただし、この時代、僧が女性と関係を持つことは、非常に多くなされていました。つまり、親鸞やその子孫、門弟だけではありません。たとえば、無住の仏教説話集『沙石集《しゃせきしゅう》』（弘安六年〔一二八三〕）には、子を持つ「聖」や「上人」に関する説話が収められており、巻四「上人の妻に後れたる事」に、次のようにあります。

> 末世には、妻持たぬ聖は次第に少く、後白河の院は、「隠すは聖人、せぬは仏」と仰せられけるとかや。
>
> （小島孝之校注『新編日本古典文学全集 沙石集』小学館［2001：188］）

（末世には、妻を持たない聖はだんだん少なくなり、後白河院は「妻を持っていることを隠すの

は聖人、妻を持たないのは仏である」と仰せになられたとか）

　このように、公然とではないにしろ、妻を持つ僧は非常に多くいました。実際のところ、九世紀までは女犯の罪により僧侶が処罰された事例が確認できるものの、そののちには顕密僧の妻帯は野放しの状態でした（平雅行『歴史のなかに見る親鸞』法蔵館［2011：58］）。顕密僧の中にはひそかに子どもをもうけていた者もいます。ただし、あくまでも密かにもうけていたのであり、男子をもうけた場合には「子」としてではなく「真弟子《しんでし》」と称していました。それに対し、親鸞は、自身の子どもを「子」と称しています。親鸞の妻帯蓄子は、密かではない点で他と大きく異なります（草野顕之『親鸞の伝記――『御伝鈔』の世界』筑摩書房［2010：129–131］）。

三　妻帯を正当化する物語の誕生

　では、親鸞の教えを継承した人々は、親鸞の妻帯をどのように正当化したのでしょうか。まず、親鸞の伝記の中でも古いと考えられる『親鸞聖人御因縁』から見ていきたいと思います。『親鸞聖人御因縁』は「親鸞因縁」「真仏因縁」「源海因縁」から成っており、「親鸞因縁」は一三世紀末頃に荒木門徒が武蔵国・相模国周辺で制作した伝記だと指摘されています（塩谷菊美「解題」真宗史料刊行会編『大系真宗史料 伝記編1 親鸞伝』法藏館［2011］）。ただし、現存する最も古い写本は、室町時代頃のものです。

『親鸞聖人御因縁』には、親鸞の妻として「月輪《つきのわ》ノ法皇」（関白九条兼実）の娘「玉日宮」が登場します。親鸞が兼実の娘玉日と夫婦になったとする伝説は、現在でも語り継がれています。ただし、下級貴族出身の親鸞が関白の娘を妻にしたとするには無理があり、史実ではないと考えられます（今井雅晴『親鸞の妻 玉日は実在したのか？――父とされる関白九条兼実研究を軸に』自照社出版［2017］）。玉日の伝説が記録されている最古の史料は、『親鸞聖人御因縁』です。ここでは、親鸞が妻帯に至る経緯について、非常に詳しく語られています。

『親鸞聖人御因縁』によると、親鸞の師である法然のもとを九条兼実が訪れ、聖（ひじり）の念仏と俗人の念仏に違いがあるのかどうか、と尋ねました。法然が、違いはありません、と答えると、兼実は次のように言いました。

サヤウニ差別《シャハチ》アルマシク候《サフラ》ハヽ、御弟子《オンテシ》ノナカニ一生不犯《ヰチシヤウフホン》ノ僧《ソウ》ヲ一人《ヰチニン》タマハリテ、末代《マチタイ》ノ凡夫《ホンフ》ノウタカヒヲヤフリハンヘランカタメニ、直《チキ》ニ在家《サイケ》ニナシタテマツラハヤ。

（真宗史料刊行会編『大系真宗史料 伝記編1 親鸞伝』法藏館［：3］）

(そのように違いがないのであれば、御弟子の中で一生不犯の僧を一人頂戴し還俗させ、違いがあるのではないかという末代の凡夫の疑念を晴らすために、そのまま在家にしてさしあげたい)

そこで法然が親鸞を指名したところ、親鸞は涙を流し、次のように言いました。

父母《フモ》ノ胎内《タイナイ》ヲイテシヨリコノカタ、イマタ禁戒《キンカイ》ヲオカサ、ル身《ミ》ニテ候《サフラフ》ヲ、イマサラサヤウノ乱想《ランサウ》ノ凡夫《ホンフ》ニナレトノ御定《コチヤウ》コソウラメシク存《ソン》シ候《サウラ》ヱ。

（真宗史料刊行会編『大系真宗史料 伝記編1 親鸞伝』法藏館［：4］）

(父母の胎内を出て以降、いまだ禁戒を犯したことはない身であるのに、いまさらそのような常に心が定まらない凡夫になれとのご命令を恨めしく存じます)

親鸞は、このように訴え、衣の袖を顔に押し当てて拒みました。すると法然は、次のように述べます。

御辺《コヘン》コノ門徒《モント》ニキタルコトハ、六角堂《ロクカクタウ》ノ観音《クワンヲン》ノ御示現《コシケン》コサンメレ。ソノ示現ニマカセテ落堕《ラクタ》スヘシ、

（真宗史料刊行会編『大系真宗史料 伝記編1 親鸞伝』法藏館［：4］）

(あなたが私の門に来たことは、六角堂の観音の御示現によるのでしょう。その示現通りに、妻帯しなさい)

これを聞いた親鸞は、示現を誰にも伝えていなかったので驚きました。法然は、示現の

偈の内容を、親鸞が示現を受けた時から知っていました、と告げます。結局親鸞は、「チカラオヨハス」（力及ばず）、兼実の第七女である玉日宮と夫婦になりました、とされています。

親鸞が玉日と夫婦になったことについて、『親鸞聖人御因縁』には、釈尊はすべての衆生のために立派な衣を脱ぎ汚れた姿となって市中で法を説き、不軽《ふきょう》菩薩は自分を攻撃してくる衆生を助け、文殊師利菩薩は自分を信じる者より自分を打ち罵る者たちこそを助けようと誓い、龍樹菩薩は九九種の外道を済度し、兼実は末代の衆生を助けるために姫宮を「平人ノツマ」（平人の妻）とするとは誠にありがたい限りである、と記されています。

前述したように、親鸞が玉日を妻にしたとする伝説が史実であるとは、考えられません。玉日を妻にしたことは、のちに、恣意的に作られ語られた話だと考えられます。では、なぜこのような話が語られる必要があったのでしょうか。

まず、『親鸞聖人御因縁』では、親鸞の妻帯に重要な意義を持たせています。それは、親鸞が、末代の凡夫に対して、聖の念仏と俗人の念仏に違いがないことを証明するために、玉日と夫婦になったということです。ここでは、釈迦や不軽菩薩などと同様に、衆生を救済するための行為を行った、と主張されています。

妻帯相手が、関白九条兼実の娘であったと語られた点についても注目すべきでしょう。玉日を妻にしたと語ることにより、親鸞を高めようとする意図があっただろうと考えられます。兼実の娘には、後鳥羽天皇皇后になった任子がいました。要するに、任子と玉日は姉妹関係にあることになり、親鸞と後鳥羽天皇は、ともに兼実の娘婿であることになります。兼実は関白であり法皇ではなかったにもかかわらず「月輪ノ法皇」、玉日は「玉日宮」と表現されている点も、注目すべきでしょう。

また、『親鸞聖人御因縁』では、親鸞は妻帯することを拒否したにもかかわらず、兼実と法然に妻帯させられたことになっています。このように語ることにより、妻帯したことを法然の指示のためだとすることができます。親鸞が妻帯を積極的に希望して選択したのではないと強調することにより、公然と妻帯したことに対する批判を避けようとしたのでしょう。

さらに、注目すべきは、夢告の内容を法然が知っていた、とされている点です。本来、夢の内容は、それを見た本人しか知らないはずです。ところが、親鸞はそれを誰にも話さなかったにもかかわらず法然が知っていたという話になれば、夢告にさらなる神秘性が加えられ、夢告の信憑性が高まります。

夢告は、複数人が同時に同内容の夢を見ることによって、信頼性が高まります。複数人が同時に同内容の夢を見た場合には、しばしばそのことが記録されました。とりわけ、このようなことは往生伝の類に多く確認できます。たとえば、『後拾遺往生伝』中巻一九の良忍伝では、三〇人余りの者が良忍の往生についての夢告を受けた、とされています。これほどまでに多くの者が夢告を受けたのだから、良忍の往生は間違いない、ということです。

『親鸞聖人御因縁』を制作した門弟らは、妻帯に対して後ろめたさを抱いていたのではないでしょうか。それだからこそ、伝記の中で、妻帯の経緯について、これほどまでに具体的に語ったのだろうと思います。

ちなみに、『親鸞聖人御因縁』では、子孫や弟子の妻帯の正当化については直接的には書かれていません。ただし、次のように記されています。

三日《サムニチ》アリテ、親鸞《シンラン》ハ夫婦《フウフ》同車《トウシヤ》シテクロタニノ御禅房《コセンハウ》ニマヒリタマヒケリ。上人《シヤウニン》ヒメミヤヲ御覧《コラン》シテ、子細《シサイ》ナキ坊守《ハウモリ》ナリトオホセラレソメシヨリコノカタ、一向専修《ヰチカウセンシュ》ノ念《ネム》仏《フチ》ノ一道場《ヰチタウチヤウ》ノアルシヲハ坊守《ハウモリ》トマウスナリ。

（真宗史料刊行会編『大系真宗史料　伝記編1　親鸞伝』法蔵館［：5–6］）

（夫婦となった日から三日後、親鸞は夫婦で同車して比叡山黒谷の法然上人の御房にお参りになられました。法然上人が姫宮をご覧になり、申し分のない坊守であると仰ってから以降、一向専修の念仏の一道場の主を坊守と申します）

玉日は、法然によって申し分のない「坊守」であると認められています。親鸞と玉日夫婦の存在により、聖と俗人の念仏に違いはないことが証明されたことになります。とすると、門弟らの妻帯も正当であることになるでしょう。

四　曾孫覚如が説いた親鸞の妻帯

永仁三年（一二九五）に親鸞の曾孫覚如が制作した『親鸞聖人伝絵』上巻第三段にも、親鸞が得た夢告について語られています。そこでは、六角堂の本尊、救世観音菩薩から偈の旨趣を生きとし生けるものに説き聞かせるように告げられたとあり、さらに、次のように書かれています。

夢中にありなから、御堂の正面にして、東方を見れは峨峨たる岳山あり、その高山に、数千万億の有情群集せりとみゆ、そのとき告命のことく、此文のこころを、かの山にあつまれる有情に対して、説きかしめをはるとおほえて、夢悟をはりぬと云々。倩此記録を披て彼夢想を案するに、ひとへに真宗繁昌の奇瑞、念仏弘興の表示也。

（石田充之・千葉乗隆編『真宗史料集成』一［：521］）

（夢の中にありながら、お堂の正面に向かい東方を見てみると、険しくそびえ立つ山があり、その高い山に数千万億の有情が集まっているところを見ました。その時、告命のとおり、この文の旨趣をあの山に集まっている有情に説き聞かせ終わったところで夢から覚めました、ということです。［覚如が］よくよくこの記録を読みあの夢想を考えてみましたところ、ひとえに真宗繁昌の前兆であり、念仏が広まることを示しています）

『親鸞聖人伝絵』には、『経釈文聞書』にはない説明書きが加えられています。まずそれは、東方を見れば数千億万の有情が集まっていた、という箇所です。親鸞が、東国で布教しその教えが広まることを暗示する記述となっています。ここでは、女犯が、親鸞個人の問題としてではなく一般化されており、煩悩のままに救済されるという教えの広がりが書かれていると解釈できます（末木文美士『親鸞――主上臣下、法に背く』ミネルヴァ書房、［2016：70–71］）。東国の門弟の多くは、妻帯しました。このような記述を加えることにより、親鸞の妻帯のみではなく、東国の門弟の妻帯も正当化することができます。

また、『親鸞伝絵』には、夢告に関する覚如の解釈が加えられています。覚如の説明では、親鸞門下における妻帯と「真宗繁昌《しんしゅうはんじょう》」「念仏弘興《ねんぶつぐこう》」が結び付けられています。このような説明を加えることにより、妻帯こそが「真宗繁昌」「念仏弘興」の源であるとして妻帯を肯定し、門弟の妻帯のみならず、子孫の妻帯も、正当化できます。

このように覚如は、妻帯を積極的に肯定しました。ただし、『親鸞聖人伝絵』には、生活を共にしたはずの恵信尼の姿は描かれておらず、妻帯生活そのものについては触れられていません。子どもたちに関する記述もなく、臨終の場面に末娘覚信尼だと推測できる女性が描かれるのみとなっております。親鸞自身の妻帯についても、偈を示し、妻帯したことを暗に示すにとどまっています。妻帯したことを明言せず妻も登場させない理由は、妻帯に対する後ろめたさが覚如の心中にあったからなのかもしれません。

ちなみに覚如は、その著『改邪抄』の中で、親鸞が次のように述べたとしています。

世間の妻子眷属もあひしたがふべき宿縁あるほどは、別離せんとすれども捨離するにあたはず。宿縁尽きぬるときはしたたひむつれんとすれどもかなはず。

（教学伝道研究センター編『浄土真宗聖典』本願寺出版社［1988：926］）

（世の中の妻子や親族も、互いに従うべき前世の業がある場合には別離しようとしても捨て離れることはできません。それが尽きたときは慕い睦まじくしようとしてもそうすることはできま

せん）

覚如は、妻帯することは「宿縁」によると考えていたことになるでしょう。これは、親鸞が受けた「行者宿報の偈」とも共通します。『改邪抄』のこの箇所には、妻帯を個人の責任にはよらないとし、妻帯の正当性を主張しようとする意図が込められていると言えるでしょう。

ちなみに、覚如の著『口伝鈔』には、「恵信御房」についての記述があります。一方、玉日については書かれていません。妻玉日については、親鸞の子孫が語り始めたのではなく、東国の門弟が語り始めたものだと考えられます。

五　玉日伝説の広がり

『親鸞聖人御因縁』で語られた玉日伝説は、その後、流布していきます。たとえば、法然の教えを継承する聖冏《しょうげい》門下の聖聡《しょうそう》の手により『浄土三国仏祖伝集』（応永二三年（一四一六）成立か）が書かれました。そこでは、「月輪禅定殿下」が法然に対して、在家のままでも往生できることを示してほしいと要望した、と語られています。法然と親鸞は、観音菩薩から同じ夢想を示されていたので、親鸞は「殿下息女」と夫婦になった、とされています。

『浄土三国仏祖伝集』に記された親鸞による妻帯は、『親鸞聖人御因縁』とほぼ同様の内容です。直接『親鸞聖人御因縁』を見て書いたとは限らず、すでに広まりつつあった親鸞の妻帯に関する話を記した可能性も多いにあるでしょう。少なくとも、法然の教えを継承する人々の間でも、親鸞と玉日の話については、広まっていたことが明らかです。

のちには、本願寺でも、玉日を妻にした話が受容されるようになります。たとえば、蓮如の第二六子の実悟「日野一流系図」では、親鸞の正妻は「玉日」である、とされています。親鸞の妻、さらには自身の先祖として、三善為教の娘恵信尼よりも、九条兼実の娘玉日のほうが、より良いと判断された結果なのでしょう。

近世には、実に多くの親鸞伝が制作されました（塩谷菊美『語られた親鸞』法蔵館［2011］）。近世に制作された親鸞伝でも、親鸞の妻が玉日であることについては盛んに語られました。そのような語りの中で、親鸞の妻帯の正当性のほか、その教えを継承する子孫や門弟の妻帯の正当性も強調されていくようになります。近世にこれだけ盛んに語られた背景には、妻帯に対する外部からの批判があったと考えられます（大澤絢子「浄土真宗の「妻帯の宗風」はいかに確立したか――江戸期における僧侶の妻帯に対する厳罰化と親鸞伝の言説をめぐって」『日本研究』四九〔2014〕)。

おわりに

本稿では、中世の親鸞伝を中心に、親鸞の妻帯がどのように語られたのかを検討してきました。親鸞は、夢告の内容をもとに『親鸞夢記』を記したと考えられます。それを弟子の真仏が写したのでしょう。したがって、観音菩薩の夢告により妻帯したことは、親鸞在世中から知られたことでした。夢告によって、親鸞の妻帯は正当化できます。しかし、その子孫や門弟の妻帯は正当化できません。そこで、親鸞の妻帯に関する話が積極的に語られるようになったのだと考えられます。

『親鸞聖人御因縁』は、東国の荒木門徒が制作したと考えられる伝記です。ここでは、門弟の妻帯を直接的に肯定する文は含まれていないものの、聖と俗人の念仏は同じであることを親鸞が身をもって証明した、という内容になっています。聖と俗人の念仏に違いがないのであれば、門弟の妻帯も認められることになるでしょう。『親鸞聖人御因縁』は、東国の門弟にとって、自分たちの妻帯の正当性を主張するためにも、実に重要な伝記だったと考えられます。

親鸞の曾孫覚如は、『親鸞聖人伝絵』を制作し、親鸞が観音菩薩から夢告を受けたのち、東国の山々にいる生きとし生けるものに向かって、偈の旨趣を告げた、としています。さらに、覚如は、この夢告は「真宗繁昌の奇瑞《きずい》」「念仏弘興」の表れであるとする見解を示しています。これによって、夢告は親鸞のみを対象にするのではなく、その教えを継承する人々にも敷衍するものである、と主張しようとしたのでしょう。

親鸞の教えを継承した子孫や門弟にとって、妻帯の正当化は非常に重要な問題だったと考えられます。伝記の中で、紙幅を割き、親鸞が妻帯に至るまでの経緯や解釈を加えたことには、親鸞の教えを継承する者たちにとって、大きな意味があったのです。

真宗教団の草創——興正寺および佛光寺の成立について——

楠　正　亮

はじめに

親鸞が『教行信証』を著して、およそ八〇〇年。浄土真宗は、令和六年に立教開宗八〇〇年を迎えました。親鸞が播いた念仏の種は大きく花開き、現在に伝えられています。この八〇〇年の歴史のなかで、浄土真宗の教えは、どのように伝えられてきたのでしょうか。

現在、浄土真宗には十派あり、全国に二万を超える寺院がありますが、その中でも西本願寺・東本願寺の規模は群を抜いています。西・東本願寺の寺院数は、合わせると、およそ一万九千。これは、全国の浄土真宗寺院の九割を占めています。

それでは、浄土真宗は、昔から本願寺を中心として発展してきたのでしょうか。決してそうではありません。

本願寺を開いたのは、親鸞の曾孫にあたる覚如です。覚如は、親鸞の遺骨を納めた廟堂を寺院化し、本願寺を開きます。それまで、親鸞の子孫たちは、留守と呼ばれる廟堂の管理者にすぎませんでした。廟堂の土地も建物も門弟たちの共有であり、親鸞の血統を引いてはいましたが、門弟たちを指導する、教団の中心であるということはありませんでした。生活も、門弟たちからの寄付に支えられていました。

覚如はこうした立場を克服し、本願寺を中心として、門徒集団全体を指導する立場を目指します。しかし、覚如の考えは門弟たちの強い反発をまねきました。多くの門弟たちは覚如に従わず、寄付も途絶えがちになり、本願寺はさびれていきます。

こうした状況のなかで、本願寺をしのぐ発展を見せたのが、興正寺であり佛光寺です。興正寺と佛光寺ですが、もとは同じ興正寺というお寺でした。

興正寺の草創は、鎌倉時代にさかのぼります。長い歴史と伝統を有する教団です。興正寺を開いたのは、了源《りょうげん》という人です。了源は、もと武士の家人で、鎌倉から京都へ来て興正寺を開きました。了源の活発な布教活動により、興正寺は発展します。そして山科にあった興正寺を東山汁谷（渋谷）に移転し、寺号も佛光寺と改めます。興正寺は佛光寺として、さらなる発展を遂げていきました。

時代は下りますが、本願寺と佛光寺のようすを『本福寺由来記』は次のように伝えています。

御本寺様（本願寺）ハ人セキタヘテ、参詣ノ人一人モミエサセタマハス。サヒサヒトスミテオハシマス。

カカルトコロニ、応永二十年（一四一三）ノ比、シルタニ仏光寺コソ、名帳エケイツノ比ニテ、人民クンシフシテ、コレニコソル。

「本願寺は参詣する人もおらず、さびれていました。ところが、応永二十年（一四一三）のころ、仏（佛）光寺には大勢の人々が集っていました」。

これによると、佛光寺には多くの参詣者があったのに、本願寺は参詣者もおらず、さびさびとしていたとあります。この時代、浄土真宗の中心は、明らかに佛光寺でした。

ところが、こうした状況が大きく変わる出来事がありました。文明一三年（一四八一）、佛光寺の住持であった経豪《きょうごう》が多くの末寺・門弟をともない、本願寺の蓮如のもとに合流したのです。これにより、佛光寺の勢力は著しく減少したといわれています。しかし、佛光寺が無くなることはありませんでした。佛光寺では、新たに経豪の弟である経誉を住持に迎え続いていきます。これが現在まで続く佛光寺です。

一方、本願寺の蓮如のもとに合流した経豪ですが、蓮教と名を変え、新たに一寺を建立します。その名が興正寺です。佛光寺となって、いったんは用いられなくなった興正寺の名前が、ここに復活します。この時、蓮教の開いたお寺が、現在まで続く興正寺です。興正寺は、その後も本願寺と行動を共にします。しかし、江戸時代に入り、興正寺は本願寺からの独立を目指すようになります。そして、江戸時代には独立を認められませんでしたが、明治九年（一八七六）ついに独立します。それ以降は正式に一派の本山として、現在に続いています。

たしかに蓮如以降、本願寺は浄土真宗の中心となり、大きく発展していきます。そして、現在でも浄土真宗だけにとどまらず、日本仏教界最大の教団として存在しています。

しかし、それは蓮如の、また本願寺だけの力によるものではありません。蓮如以前に浄土真宗の教えを広く伝えていた、興正寺・佛光寺の活動があってのことです。浄土真宗史において、興正寺・佛光寺は非常に大きな役割を果たしました。親鸞の教えを広く世間に定着させたといえるでしょう。

後世に大きな影響を与えた、浄土真宗発展の基礎を築いた興正寺・佛光寺が、いつ、どのように開かれたのか、見てまいりたいと思います。

一　了源と興正寺

㈠ 了源について

興正寺を開いたのは、了源です。了源は、もと武士の家人でしたが、関東から京都に来て興正寺を開きます。浄土真宗の教えは関東で受けていたようで、荒木門徒の流れをくむ鎌倉甘縄の明光《みょうこう》の弟子でした。

荒木門徒とは、関東において初期に成立した門徒集団の一つで、中心人物は源海です。源海は親鸞面授の門弟と言われており、武蔵国荒木（埼玉県行田市荒木）を拠点としたため、そう呼ばれています。面授とは、親鸞から直接教えを受けたということです。この荒木門徒の特徴は、絵伝の制作に力を入れ、独特な唱導《しょうどう》や絵解きを行ったところにあります。

唱導とは、仏法を説くにあたって、一般民衆に分かりやすいように多く比喩や因縁を混じえて大衆化したもので、いわば仏法を演説することです。節や旋律などもつけられていました。お坊さんの、お説教といえば分かりやすいでしょうか。また、絵解きとは絵図をかかげて仏法を説くものです。言葉によって口から耳に伝えるだけでなく、絵図によって目にもうったえるもので、一種の視聴覚伝導とも呼べるものです。唱導や絵解きというのは、文字も分からないような人々をも対象に行う、当時のきわめて庶民的な催しでした。了源は、この荒木門徒の流れを引いており、源海から了海・誓海・明光をへて了源に至ります。

了源は、元応二年（一三二〇）、初めて史料上に登場します。京都東山大谷にあった、親鸞の遺骨を納めた廟堂を訪れ、覚如や存覚に会っています。覚如は親鸞の曾孫で、のちに廟堂を寺院化し、本願寺を開きます。存覚は覚如の長男です。『存覚一期記』は、その時の様子を次のように伝えています。

仏光寺空性初参俗躰弥三郎六波羅南方越後守維貞家人比留左衛門大郎維広之中間也、初参之時申云、於関東承此御流念仏、知識者甘縄了円、是阿佐布門人也、而雖懸門徒之名字、法門巳下御門流事、更不存知、適令在洛之間、所参詣也、毎事可預御諷諫云々、其時大上御対向窪、依申入此由雖有御対面、於如然之扶持者、一向可為予沙汰之由被

仰付之上、直此旨被仰含彼男之間、其後連々入来、依所望、数十帖聖教或新草或書写、入其功了

「仏光寺の空性（了源）が初めてやってきました。俗人の姿で名は弥三郎と申し、六波羅探題南方・大仏維貞《おさらぎこれさだ》の家人、比留維広《ひるこれひろ》の中間でした。了源がいうには、念仏の教えは関東で受けていて、師匠は阿佐布門徒の鎌倉甘縄の了円（明光）です。しかし、門徒とはいっても真宗の教えについては、よく分かっておらず、たまたま京都にいるので参詣しました。これからいろいろとご指導いただきたいとのことでした。大上（覚如）が対面し、今後の指導は私（存覚）に申し付けられました。その後もしばしば訪ねてきて、希望する経典を写したり新しく書いたりして与えました」。

これによると、了源が初めて大谷の廟堂を訪れた時は、俗人の姿で弥三郎と称しており、六波羅探題南方・大仏維貞の家人、比留維広の中間でした。中間とは、低い身分の武士です。そして、浄土真宗の教えは鎌倉甘縄の了円（明光）のもとで受けてはいますが、詳しくは知らないので、指導を頂きたいと言っています。そこで、覚如は長男の存覚に命じて、了源の指導をさせることにしました。それから了源は、しばしば存覚のもとを訪れるようになり、存覚は了源に多くの経典を新しく書いたり写したりして与えています。

『存覚一期記』は、存覚の口述を四男の綱厳が記録したもので、了源や興正寺についての記述が多くあります。この時以来、了源と存覚の関係は深まっていきます。

(二) 興正寺の成立から佛光寺へ

了源は大谷を訪れる年（元応二年）の一月、聖徳太子像を造立しています。そして寺の建立を目指し、八月には『勧進帳』を著します。その冒頭に、次のような文章があります。

コトニ十万檀那ノ助成ヲカウフリテ、山城ノ国山科ノホトリニオイテ、一宇ノ小堂ヲ建立シテ、弥陀如来ナラヒニ聖徳太子ノ尊容ヲ安置シタテマツリ

「さまざまな方の助けをいただいて、山城国の山科にお堂を建立して、阿弥陀如来と聖徳太子の像を安置したい」。

了源は、阿弥陀如来像と聖徳太子像を安置するため、山科の地に小堂の建立を計画して、民衆への勧進を始めました。そして三年後の元亨三年（一三二三）五月には、存覚を建立した寺に迎え入れています。

その前年、存覚は覚如に義絶（勘当）され、行き場を失っていました。この時までに

は、何らかの建物はあったのでしょう。これ以降、存覚は主に興正寺に住んでいます。

翌年の正中元年（一三二四）、『存覚一期記』には次のようにあります。

八月時正中日、山科興正寺空性建立之寺寺号大上被付也予供養了

「八月の彼岸中日に、了源が建てた山科興正寺で予（存覚）が供養を行いました。寺号は大上（覚如）が付けられたものです」。

ここでは八月の彼岸中日に、存覚が興正寺で供養を行ったと記されています。そのなかに、興正寺と命名したのは覚如（大上）であるとの記述があります。ここで初めて、興正寺の名が現れます。また、嘉暦二年（一三二七）には、存覚の住居を興正寺内に建てています。

元徳二年（一三三〇）、この年までに山科の興正寺は京都の汁谷（渋谷）に移転しています。『存覚一期記』には、

二月時正中日、供養仏光寺本寺号興正寺、一両年以前自山科移之、予改仏光寺導師予也

「二月の彼岸中日に、仏光寺で予（存覚）が導師をつとめて供養を行いました。一年以上前に山科の興正寺を移し、私が仏光寺と名を改めました」とあり、彼岸の供養を存覚が行ったことが分かります。

また、存覚が興正寺の名前を仏（佛）光寺と改めた、という記述があります。興正寺がいつ移転したのかは、はっきりしませんが、だいたい嘉暦三年（一三二八）頃だろうと言われています。いつ寺号を改めたのかについてもはっきりしませんが、おそらく移転後であろうと思います。これ以降、興正寺の名前は用いられなくなります。

元弘元年（一三三一）一月、存覚は関東へと向かっています。佛光寺が火災にあったためです。存覚は鎌倉甘縄の誓海のもとに身を寄せています。了源は誓海の孫弟子です。よって、これも了源の依頼によるものでしょう。

火災で焼けた佛光寺でしたが、三年後の正慶二年（一三三三）には再建されたようで、六月九日に鎌倉を出発した存覚が佛光寺に入っています。そして翌年の建武元年（一三三四）、本尊の開眼供養が行われています。

興正寺・佛光寺を築いた了源でしたが、建武三年（一三三六）伊賀の山中で賊徒に襲われ亡くなります。五十二歳でした。了源を失った佛光寺でしたが、その後も勢いは衰えることなく、『本福寺由来記』に見られるような発展を遂げていきます。

二　興正寺の草創について

㈠　興正寺はいつ成立したのか

了源の活動により、興正寺は成立しました。しかし、いつ成立したのかについては、はっきりしません。また、建物の完成をもって成立とするのか、興正寺の寺号を用い始めた時を成立とするのか、それも判断が難しいところです。

そもそも興正寺や佛光寺の寺伝では、興正寺は親鸞が建立し、了源が再興したものであると伝えられてきました。越後流罪を許された親鸞が、建暦二年（一二一二）いったん京都へ戻り建てた寺が興正寺だとしています。しかし、これはあくまで伝承であり、史実とは言えないと思います。

『存覚一期記』の記述からも、興正寺の成立について、はっきりと読み取ることはできません。そのため興正寺の成立については、さまざまな解釈があります。以下に代表的なものを挙げてみます。

①、元亨三年（一三二三）説

元亨三年の五月に、存覚が了源の建立した山科の寺に入ったという、『存覚一期記』の記述に基づく説です。存覚を迎え入れていることから、何らかの建物があったのは間違いないでしょう。

②、正中元年（一三二四）説

正中元年の八月に、存覚が興正寺で供養を行ったという、『存覚一期記』の記述に基づく説です。また、興正寺の寺号は覚如が付けたものだとの記述があります。興正寺の名前が見られる最初の史料です。

③、興正寺は無かったとする説

興正寺の草創に関する『存覚一期記』の記述は偽作であり、了源の建立した寺は当初から佛光寺であったとする説です。

了源は元応二年（一三二〇）八月、『勧進帳』を起草し、寺の建立を計画して勧進を始めました。また、それに先立つ一月には聖徳太子像を造立しています。一月に聖徳太子像が完成していることから、了源はそれ以前に京都に来ていたと指摘されています。了源の仕えていた、比留維広の主人である大仏維貞が六波羅探題となったのは、正和四年（一三一五）でした。同じころ、了源も京都に来ていたのだと思います。

了源は勧進を始める時点で十分な準備ができていたのでしょう。それは、聖徳太子像を造立していることからも分かります。その他に阿弥陀如来像も所持していました。聖徳太子像を造立し、阿弥陀如来像を所持していたということは、それだけの資金があったということでしょう。勧進を始めてわずか三年で存覚を迎え入れることができたのも、財政的な裏付けがあったからだと思います。

では、興正寺という寺号は、いつ覚如に付けてもらったのでしょうか。これには、覚如による存覚の義絶、そして了源と存覚の親しい関係が関わっていると考えています。

了源は元応二年に大谷を訪れて以来、存覚の指導を受けていました。そして存覚から、多くの経典を執筆したり書写したりして与えられています。それは、『持名鈔』『浄土真要鈔』『弁述名体鈔』『破邪顕正申状』『諸神本懐集』『女人往生聞書』にのぼります。二人は、きわめて親しい間柄でした。

元亨二年（一三二二）、存覚は覚如に義絶され、六月二十五日に大谷の地から出ています。そして、その翌年の元亨三年五月に、了源の建立した寺に入りました。

覚如は二度にわたり、存覚を義絶しています。一度目は元亨二年から暦応元年（一三三八）、二度目は康永元年（一三四二）から観応元年（一三五〇）です。二度にわたって義絶していることから、覚如が存覚に相当な不信感を持っていたことがうかがわれます。

そのような存覚を迎え入れ住まわせていた了源の寺に、覚如が寺号を与えるでしょうか。存覚が了源の寺に住んでいることは、覚如も当然知っていたはずです。そうであるならば、覚如が寺号を与えるはずがありません。覚如が興正寺の寺号を与えたのは、元亨三年（一三二三）五月以前のことだと思います。

また、了源と存覚は極めて親しい間柄でした。その存覚を義絶した覚如に、了源は寺号を付けてもらうでしょうか。存覚は、その後も主に興正寺（佛光寺）に住んでいました。了源は存覚を大変深く尊敬し、感謝していたのだと思います。

これらのことから、覚如が興正寺の寺号を与えたのは、元亨二年六月二十五日以前であったと考えます。存覚が覚如に義絶される前です。この時期であるならば、覚如に寺号を付けてもらったというのもおかしくはありません。

ただ、覚如が興正寺の寺号を授けたのが元亨二年六月以前だとすると、勧進を始めてから建立までの期間が短かすぎるというのも確かです。しかし、『勧進帳』に見られるように、了源が目指したのは小堂の建立です。後に移転していることも考えますと、建立当初の興正寺は、それほど大きなものではなかったのではないでしょうか。また、覚如は本願寺を開き、自らが門徒集団の頂点に立とうとした人です。了源の建立した興正寺の規模が大きいものであれば、寺号を与えていなかっただろうと思うのです。

正中元年八月に存覚が興正寺で行った供養は、「時正中日」つまり彼岸の供養です。落慶供養とは書かれていません。また、興正寺に関する『存覚一期記』の記述は、たしかにあいまいです。興正寺と書くべき所を、仏（佛）光寺と書いたりしています。しかし、『存覚一期記』は存覚の口述を四男の綱厳《こうごん》が記録したもので、後から振り返って書かれたものです。そして了源の寺は、佛光寺となってより発展しました。当時の人々には、佛光寺として有名だったわけです。ですから、偽作には当たらないと思います。

私は、興正寺の成立は、元亨二年六月以前であったと考えています。

(二) 興正寺の移転と寺号の変更について

元徳二年（一三三〇）、この年までに山科の興正寺は京都の汁谷（渋谷）に移転し、存覚の命名によって名を佛光寺と改めました。『存覚一期記』には「一両年以前自山科移之」とあり、だいたい嘉暦三年（一三二八）頃だろうと考えられています。

移転が嘉暦三年だとすると、了源が勧進を始めてから、わずか七～八年に過ぎません。元徳二年としても十年です。了源は建立して十年にも満たない興正寺を、なぜ移転させたのでしょうか。ようやく整ってきたであろう興正寺を移転させることに、迷いはなかったのでしょうか。しかし、私は、この時期だからこそ、了源は移転を決断できたのではないかと思います。また、移転の必要もあったのではないでしょうか。移転は、了源の教団が大きく発展したことと深く関係していると考えています。

了源の興正寺が発展していたことを示すものに、「名帳」と「絵系図」があります。名帳は、坊主と門徒の師弟関係、法の流れを人名で書き、それを線でつなぐことにより表したものです。絵系図は名帳を発展させた形で、法の流れを肖像画で描き、その間を朱線で結ぶことにより表したものです。特に絵系図は、佛光寺でのみ用いられています。

絵系図には冒頭に、制作の目的を述べた序題があります。その序題には次のようにあります。

予カススメヲウケテ、オナシク後世ヲネカヒ、トモニ念仏ヲ行スルトモカラ、ソノカスマタオホシ、（中略）先年名字ヲシルシテ系図ヲサタムトイヘトモ、カネテイマコノ画図ヲアラハストコロナリ

「予（了源）のすすめで、ともに念仏を唱える人々が多くなりました。（中略）先年、その名前を記して系図を作りましたが、それをさらにすすめて絵系図を作ることにしました」。

これにより、門徒の数が多くなったので、名帳や絵系図を制作したことが分かります。そして、これに続いて、

カツハ次第相承ノ儀ヲタタシクセシメンカタメ、カツハ同一念仏ノヨシミヲオモフニヨリテ、現存ノトキヨリソノ画像ヲウツシテ、スエノ世マテモソノカタミヲノコサントナリ

「一つには、師弟関係を正しく伝えるため、また、念仏を一緒に唱えることのよしみ、あるいは信心を同じくする因縁によって肖像画を並べ、それを今生のみならず後生までの片身にしましょう」。とあり、師弟関係の明確化がはかられています。また、肖像画を書き連ねることによって、同じ念仏を唱える者の連帯感を高めようとしています。

なぜ師弟関係の明確化が必要だったのでしょうか。それについては、当時の教団が抱えていた問題について、見ていかなければなりません。

了源の興正寺が発展して門徒の数が多くなってくると、各地に門徒の集団が生まれてきました。そして、それらの門徒集団間で、弟子の争奪に基づくトラブルが多く発生していたようです。簡単にいえば、だれの弟子かという問題です。

この問題を解決するために、了源は『念仏相承血脈掟書』を著しています。ここから

も、当時この問題の多かったことが分かります。『念仏相承血脈掟書』には「念仏相承ノ血脈ヲタタシクスベキ条々」とあり、弟子の争奪防止には、師弟関係の明確化が重要だと考えられていたようです。「血脈」とは教えの流れを表す言葉で、師弟関係を表します。血縁・血統のことではありません。

名帳や絵系図は、門徒の数が増えたことにより発生してきた問題を解決するために作られたものでした。名帳や絵系図は、門徒集団間の弟子争奪防止の目的をもって作られたものであり、門徒たちを統制し組織するための実用的な名簿であったという指摘もあります。

絵系図には嘉暦元年（一三二六）の年号を持つものがあり、このころまでには教団が発展していたのでしょう。了源による勧進の開始（元応二年）から考えると、わずかな期間に発展したことが分かります。

私は、了源の建立した興正寺は、それほど大きなものではなかったと考えています。勧進の開始から建立までの期間を見ても、それは明らかです。ですから、門徒が増えてくるにしたがって手狭になってきたのでしょう。また、門徒が増えたことによって経済的な余裕も生まれたはずです。移転のための費用も、まかなえたのではないでしょうか。門徒が増えたことによって興正寺が手狭になり、経済的な余裕が生まれたこと。それが移転の理由であると考えています。

興正寺は移転にともない、存覚の命名によって佛光寺と名を改めます。なぜ寺号を変える必要があったのでしょうか。これについて、『本願寺末脇門跡興正寺開基以来諸留書』は、名前を改めたのは、了源が覚如から破門されたからであると伝えています。

興正寺という寺号は、覚如が与えたものです。ですから当初、了源と覚如の関係は良好だったのでしょう。そうでなければ、寺号を与えるはずがありません。ここに深く関わってくるのが、存覚です。覚如は長男の存覚を、二度にわたって義絶しています。了源は、その存覚に指導を受けていました。また義絶後の存覚が主に住んでいたのも、興正寺であり佛光寺です。

覚如は、自らが義絶した存覚を住まわせ指導を受け続ける了源の様子に、我慢がならなかったのではないでしょうか。そこで了源も、破門されたのだと思います。破門されたことで、興正寺の寺号も使えなくなったのでしょう。そこで新たに、存覚が佛光寺と命名したのだと思います。『本願寺末脇門跡興正寺開基以来諸留書』が伝えることは、事実だと考えます。

三　なぜ了源は興正寺を建立できたのか

㈠ 荒木門徒の支援

了源は、元応二年（一三二〇）八月に『勧進帳』を起草し、興正寺建立のための勧進を始めます。そして、三年後の元亨三年（一三二三）五月には存覚が興正寺に入っており、この時までには何らかの建物があったことが分かります。了源の目的は小堂の建立でしたから、ある程度は完成していたのでしょう。存覚を迎え入れられるだけの体裁は整っていたのだと思います。

しかし、いくら小堂とはいえ、なぜこのように早く了源は興正寺を建立できたのでしょうか。勧進だけで建立できたとは思えません。そこには了源を支え、支援する人々の存在があったはずです。私は、了源を助け、興正寺を建立させえたのは、関東の荒木門徒であったと考えています。

了源は勧進に先立つ元応二年一月に、聖徳太子像を造立しています。また、『勧進帳』によると阿弥陀如来像も所持していました。一般的に身分が低いとされる中間であった了源が、両像を所持していたというのは不思議です。支援する人々がいたと考えられますが、それは荒木門徒の流れを受ける阿佐布・甘縄の門弟たちであったと思うのです。

了源が造立した聖徳太子像は、現在も佛光寺に安置されている聖徳太子像であることが分かっています。昭和九年の調査で発見された胎内文書によって、そのことが証明されました。そして太子像の頭部に納められていた白骨は、荒木門徒の流れを受ける阿佐布門徒の中心人物であった了海のものであることも確認されています。了源は荒木・阿佐布の門流に連なる、鎌倉甘縄の明光の弟子です。また了海の分骨を所持していたことから、了源が関東の門徒集団において高い地位にあったことが分かります。有力な指導者の一人だったのでしょう。当然、了源への支援もあったはずです。

当時、京都やその近辺において、真宗門徒はまだそれほど多くありませんでした。京都に帰って以降の親鸞の生活を支えていたのは、関東の門弟たちです。また親鸞の遺骨を納めた大谷の廟堂も門弟たちの共有とされ、その運営費用は関東の門弟たちが出し合っていました。唯善騒動の影響により、廟堂の管理者である留守職就任が認められなかった覚如は、別に一寺を建立しようとしています。その時、勧進の対象に考えたのも、関東の門弟たちでした。唯善騒動とは、覚如と父の覚恵が、覚恵の異父兄弟である唯善と廟堂の留守職を巡って起こした争いです。

よって、たとえ了源が元応二年以前に上洛していたとしても、了源の活動を支えていたのは関東の阿佐布・甘縄の門徒たちだったでしょう。京都やその近辺において真宗門徒が増えるのは、了源が興正寺を開き、布教を始めてからのことです。阿佐布・甘縄の門徒たちからの支援があったからこそ、興正寺は建立できたと考えています。

了源の布教により、興正寺は大きく発展しました。それは、名帳や絵系図が用いられたことからも分かります。その後、興正寺は移転し佛光寺となりますが、その時には経済的に自立していたのだと思います。門徒の増加により経済的な余裕が生まれ、移転が可能になったのでしょう。佛光寺は元徳二年（一三三〇）に火災で焼失しますが、三年後の元弘三年（一三三三）には再建されています。短期間で再建できていることからも、門徒の増加がうかがわれます。

(二) 比留維広の援助

了源が興正寺を建立したのは、京都山科の地です。『勧進帳』では、小堂建立のための寄進を募っています。しかし、土地を得るためとは書かれていません。了源は勧進を始める時点で、この土地を手に入れていたようです。では、どのようにして了源は、この土地を手に入れたのでしょうか。

当時は、現在もですが、見知らぬものが勝手に、その土地に住み着くことはできませんでした。その土地を治めている領主の許しを得なければなりません。親鸞が関東に向かったのも、宇都宮頼綱の招きによるものという説が有力です。親鸞が主に住んだ稲田の地は、宇都宮頼綱の支配下にありました。

了源の時代、京都を含む西国を支配していたのは京都の六波羅探題でした。そして了源の仕えていた比留維広の主人は、六波羅探題南方の大仏維貞です。ですので、山科の土地の取得には比留維広の助けがあったと思います。費用については関東の門徒たちからの支援でしょうが、比留維広の助けがなければ土地の取得は叶わなかったでしょう。

比留維広は了源だけではなく、その師の明光も支援しています。明光は備後国沼隈《ぬまくま》郡《ぐん》山《さん》南《な》（広島県福山市沼隈町）に光照寺を開きますが、山南は比留維広の領地でした。比留維広の招きによって、光照寺を開いたのでしょう。明光との縁で了源も支援したのか、または了源との縁で明光の支援も行ったのか、それは分かりません。

また、荒木門徒の間で読まれていた『親鸞聖人御因縁』の「源海因縁」には、源海が悟真寺造営のために働いたという記述があります。悟真寺とは、大仏維貞の曽祖父である大仏朝直が建てた寺院です。伝承であるとはいえ、荒木門徒と大仏氏の間には何かしら関係があったのかもしれません。鎌倉武士との関係からいえば、浄土真宗として初めて鎌倉に進出したのも、明光の師である誓海です。これも、鎌倉幕府の許しがなければできなかったことでしょう。

後に興正寺が移転した渋谷の地は、六波羅探題と至近の距離にあります。現在、方広寺や豊国神社、京都国立博物館が建っているところです。大仏維貞は元亨四年（一三二四）、六波羅探題南方の任を解かれ鎌倉に帰っており、興正寺の移転には直接関わっていなかったと考えられます。比留維広も同様です。しかし六波羅探題の許しがなければ、渋谷の土地を得ることは不可能だったでしょう。

大仏氏は幕府を運営していた北条氏の一族であり、その中でも高い家格を誇っていました。親鸞は、北条泰時が行った一切経校合に参加していることが知られており、北条氏と浄土真宗の関わりについても注目しなければなりません。興正寺の草創と移転には、六波羅探題や鎌倉幕府などの武士が関わっていたといえるでしょう。

おわりに

興正寺の草創については、その史料の少なさゆえに、はっきりと確定することはできません。しかし、了源が関東から京都へ来て興正寺を開いたこと、そして発展した興正寺が佛光寺と名を変え、さらに発展したことは疑いようのない事実です。また、興正寺の草創には関東の門徒たちの協力がありました。比留維広をはじめとする鎌倉武士との関係もうかがわれます。

興正寺の草創が、浄土真宗教団発展の大きな転機となったことは明らかです。それは、佛光寺が本願寺をはるかにしのいでいたことからも分かります。また、それまでの浄土真宗は関東が中心でした。興正寺の草創が、京都を中心として新たに西日本に広まる契機となったともいえるでしょう。

了源による興正寺の草創は、浄土真宗の流れを変える歴史的な意義を果たした。私はそう考えています。

〈主な参考文献〉

山田文昭［1934］『真宗史稿』
谷下一夢［1943］『存覚一期記の研究並解説』
佐々木篤祐［1973］『佛光寺史の研究』
平松令三［1988］『真宗史論攷』
熊野恒陽［2005］『了源上人その史実と伝承』
今井雅晴［2006］『関東における親鸞聖人（上）』
佛光寺［2011］『佛光寺の歴史と文化』
今井雅晴［2013］『人をあるく　親鸞と東国』

※本稿は、『東国真宗』第九号（二〇一九・十一月）所収の論文を改稿しました。

近世房総における関西移民による真宗寺院開創と門徒の動向

植野英夫

はじめに

千葉県下には、近世初頭から中期にかけて、他国から開基が移り住んで創建した由緒をもつ真宗寺院が一二カ寺程あります（植野［2024］）。これらの真宗寺院は、浦に面する漁村に所在し、関西出自を伝える檀家が多いという共通点もあります。

本稿では、そのなかで鴨川市・善覚寺に伝わる一門徒が記した家の記録から移住や信仰の足跡を紹介し、それまで全く真宗伝道の遺跡を残していなかった房総の漁村において関西漁民の定住、真宗寺院開創までの経過について考察します。

一　関西漁民の出稼ぎから定住まで

房総半島における漁業の沿革を記す史料として「関東鰯網来由記」（高橋［1995］）があります。宝暦七年（一七五七）に成立し、明和八年（一七七一）に写された、関西漁民による漁法伝播、干鰯《ほしか》流通等の沿革を記したもので、勝浦市内の寺院に伝わった地元の史料です。史料の冒頭は次のように記されます。

抑、関東鰯網之最初を尋ルニ、其昔、元和年中とかや、紀州加太浦之漁人大甫七十郎といふ人、薩摩国すらきといふ所ニ漁業して旅住せしニ、仰之事有、関東江趣キ能キ漁場を求んとて、豆州手石浦といふ所ニ而始而網を卸シ、夫より浦伝ひに巡りけるに、爰そ宜敷と思ふ所もなかりけれ者、上総国ニ渡り住ひけるに、川津領に矢野浦といふ所能漁場なれ者、此所居浦と定メしとかや。

そもそも関東の鰯網漁《いわしあみりょう》のはじまりは、元和年中（一六一五〜二四）に、紀伊国加太浦《かだのうら》（現和歌山県和歌山市）の大甫七十郎が薩摩国（すらきは不詳）に出かけ、旅網の出稼ぎをしていたが、仰せの事があり、関東地方に下り良い漁場を求めていたところ、伊豆国手《て》石浦《いしのうら》（現静岡県賀茂郡南伊豆町手石）で始めて網を下ろした。それから浦伝いに巡っていたが、よい漁場が見当たらず、上総国に移り住み、川津領の矢野浦（共に現勝浦市）という所が良い漁場なので、そこを根拠とした、ということです。

史料のその後の記載は、翌年に、紀伊国湯浅浦（現和歌山県有田郡湯浅町）の貝賀助右衛門が岩和田（現いすみ市岩和田）へ、同国栖原《すはら》（現有田郡湯浅町）のおんぼふ四平次が岩船と矢指戸《やさしど》（共に現いすみ市岩船）で漁をするようになり、やがて紀州・泉州の多くの漁民が浦々に居住するようになったと続いています。

一方、地元ではなく関西の史料では、次のように記されています。寛政六年（一七九四）に広浦（現和歌山県有田郡広川町）の浜方庄屋が紀州藩に上納銀高減免を願出た「広浦往古より成行覚」（和歌山県史編さん委員会［1984］）という史料です。広浦の漁の歴史について次にように言及しています。

就夫天正之末ニ至リ広町殊之外難渋所と相成、此所ニ而渡世成兼申候ニ付、思ひ〳〵ニ諸国へ漁師稼ニ罷越申候、（中略　西国への出稼ぎ）其後ハ常陸国常陸原と申所へ行初メ、右常陸原と申浦を先ツ居エ浦と仕候而、夫より相州房州上総下総右国々浦々へ罷越稼仕候而、八手網まかせ網と申鰯網を始渡世仕候、慶長之初頃ハ広浦より関東西国へ罷越候網数ハ八十帖も御座候、（中略）右八十帖之網壱帖ニ乗子三四十人ツヽ乗組

候へハ、人数も夥敷御座候故、（以下略）

天正末年頃は、広浦では渡世が成り立たなくなり、諸国へ漁師稼ぎに出かけた。はじめは西国へ出かけたが、年々不漁となり、その後常陸国常陸原《ひたちはら》（現茨城県神栖市）へ行くようになり、ここに拠点を構えて、相模・安房・上総・下総国の浦々へ行き、八手網《はちだあみ》・まかせ網による鰯漁を始めた。慶長の初め頃は、関東・西国へ出かけている網は八〇帖になり、一帖には水主《かこ》（乗子）が三〇～四〇人乗り込むので大変な人数になった、とあります。

文化五年（一八〇八）に加太浦の仁井田助左衛門道貫が著した郷土史「みよはなし」（宇野脩平［1955］）では、元和年中に太甫七十郎、翌年に湯浅浦の貝柄助右衛門と栖原のほんぼう四平次が房総で漁を始め、寛永年中（一六二四～四四）に塩津浦（現和歌山県海南市）や和泉国からも漁民が来るようになったと記しています。また、安政元年（一八五四）成立の「江浦干鰯問屋仲買根元由来記」（横須賀史学研究会［1966］）では、元和二年（一六一六）に加太浦大甫七重郎、翌年に貝栖村貫治、四平次が房総に下ったことを鰯網漁の始まりと記しています。

これらの史料から、元和から寛永年間にかけて、関西漁民が、関東にはなかった新たな漁法を持ち込み、乗組員である水主を伴い房総の浦々にやってきた、と伝えられてきたことがわかります。

なぜ、関西から多くの漁民がやってきたのでしょうか。先行研究では、以下の社会的・経済的要因があったと指摘されています。紀伊国の浦々は農地面積が狭小であるため、漁業によって生計をたてなければならず、浦前の漁場を超え、西国、そして関東と良好な漁場を必要としていた。棉といった商品作物栽培に必要な肥料として干鰯・〆粕《しめかす》の需要の高まりがあった。一方で、兵農分離による小農民の自立により、次男・三男らが多くの人出を必要とする鰯網漁の水主として編成されていった、などの諸要素が重なり合ったのです（荒居英次［1963］笠原正夫［1993］羽原又吉［1954］）。江戸幕府の基本政策は人々を土地へ緊縛することですが、紀州藩では、寛永一八年（一六四一）に発していた奉公・出稼ぎ禁止の町中諸法度を正保二年（一六四五）に改正し、大庄屋にことわり請人を立て、郡奉行の許可があれば他国奉公を認める政策転換を行っています。さらに明暦三年（一六五七）には農間漁業振興を発しています。万治三年（一六六〇）以後は「惣改《そうあらため》」と称する人口調査を実施し、元禄年間の法令では、出稼ぎの者は他国で越年せず年内には国元へ戻ることとし人口減少策を講じましたが、出稼ぎ先から戻らず移住する者も多くなります（尾鷲市役所［1969］）。

出稼ぎをする者は、寺請制度に基づき、出生地の檀那寺から請書をもらい、出稼ぎ先で同宗派寺院の檀家となり、切支丹《きりしたん》でないこと、各法度を遵守する旨を、村役人を通して届け出なければなりませんでした。網主の場合は抱えている三・四〇人の水主をまとめて届け出ることになります。鴨川市・善覚寺の享保一九年（一七三四）「網方宗門人別帳」には、紀州須原村・塩津浦・湯浅村の九張分で三八四人の檀那数が記されています。寛文〜文政年間（一六六一〜一八三〇）頃まで使用されていた善覚寺過去帳には、一〇〇二人の他国者が記載されています。その国別の内訳は次のとおりです。

国名	人数	国名	人数
紀伊国	七三七人	大和国	一三人
摂津国	一二五人	伊勢国	一四人
土佐国	四七人	播磨国	四人
和泉国	三九人	尾張国	三人
河内国	一九人	三河国	一人

（天津小湊町史編さん委員会［1998］）

紀伊国出身者だけで七三・五％を占めており、いかに紀州からの出稼ぎ・移住者が多かったかがわかります。

なお、関西からの移住者は浄土真宗に限りません。銚子市の浄土宗寺院浄国寺の寛文から元禄期（一六六一〜一七〇四）の過去帳には、紀伊国出身の者が六六人記載されていいます（阿部綾子［2004］）。このほか旭市・九十九里町・勝浦市では、浄土宗、天台宗、日蓮宗、真言宗等の檀那が移住してきたことが確認されています（飯岡町史編さん委員会［1978］九十九里町誌編集委員会［1973］菅根幸裕［1999］）。

二 鴨川市・善覚寺の開創

鴨川市天津《あまつ》の善覚寺（本願寺派）に伝わる宗門人別帳等の近世史料は、関西移民の実相を物語る格好の証拠として、漁業経済史・郷土史の分野で著名なものです。しかし、浄土真宗史の研究対象としては十分に活用されてきたとはいえません。ここでは、この善覚寺史料を紹介し、近世前期の真宗寺院の開創についてみます。

天津村は、北側に急峻な山を背負い、南側は太平洋にのぞみ、海岸線は浜よりは磯が勝っています。正徳三年（一七一三）「御領御代官書上控」によれば、家数は七六五軒、人口は三〇〇八人、村内の寺院は、日蓮宗一カ寺、天台宗一カ寺、浄土真宗一カ寺、新義真言宗智山派四カ寺、計七カ寺がありました。享保一九年（一七三四）に天津村が代官へ提出した「人別旦那寺」では、家数九八六軒、人口四二九三人と共に増加し、各寺院の檀那数が記されています。宗派別では日蓮宗一カ寺九六〇人、天台宗一カ寺九三三人、浄土真宗一カ寺七〇七人、新義真言宗智山派四カ寺一一七六人となっており、他に村外寺院の檀那が五一七人と記されています。中世に全く浄土真宗の足跡がなかった村において、善覚寺は村内の約一六・五パーセントの檀那を抱えるまでになっています。

善覚寺の由緒については、明治一五年（一八八二）『千葉県寺院明細帳』に、次のような記述があります。

当寺ハ近江国高島郡ニアリ、慶安元戊子年四月三日創立、開基名ハ玄好、姓ハ佐々木、和泉国嘉祥寺村出生ナリ、慶安元戊子四月三日、本山ヨリ許状其外寺号等買受候節ノ証書ハ、近江国高島郡檀徒庄右エ門孫兵エ両人ノ連署有之候、慶安四辛卯年三月四日此地ニ移転ス

善覚寺は、元は近江国高島郡（現滋賀県高島市域に相当）にあった。慶安元年（一六四八）四月三日に創立された。開基の名は玄好《げんこう》といい、佐々木姓で、和泉国嘉祥寺村《かしょうじむら》（現大阪府泉南郡田尻町内）出生である。慶安元年四月三日に本山からの許状等、寺号を買い受けた

証書には、近江国高島郡檀徒庄右衛門・孫兵衛両人の連署がある。慶安四年（一六五一）三月四日に安房国に移転した、といった内容です。

現在、高島市宮野には、本願寺派の善覚寺が現存します。この寺の由緒は、「滋賀県寺院明細帳　高島郡　巻二」によれば、

不詳創立延徳二庚戌年四月廿二日

とあり、由緒は不詳ながら延徳二年（一四九〇）に創立されたと記されています。『高島郡誌』（滋賀県高島郡教育会［1927］）では、延徳三年（一四九一）四月草創、「近江国真宗寺院開基一覧」（龍谷大学仏教文化研究所［1987］）では、西本願寺所蔵の天保年間の「天保下帳」に基づき永正六年（一五〇九）創設とあります。いずれにしても一五世紀末から一六世紀初頭にかけての実如期に草創されたものであり、高島郡内にある他の浄土真宗寺院と同様の傾向といえます（山田哲也［1997］）。

その後の善覚寺は、元禄一五年（一七〇二）に本尊阿弥陀如来像整備（天津小湊町［2006］）、文政八年（一八二五）に本堂等火災、天保八年（一八三七）本堂再建、弘化四年（一八四七）庫裏造営をはたします。

現在、残念ながら天津の善覚寺には、近江国の寺との関わりについて、上記以上の伝承

を伝えていません。しかし、近江国側の村役人の寺号等買受の証書の伝承は、幕府による新寺建立規制下で何らかの理由を付けた寺院分立等の計画があったことを示唆しています。近江国から安房国へ、これは、多くの漁民・商工業者が関西から関東へ出稼ぎ・移住を果たしたという時期を同じくしており、浄土真宗空白地帯であった村での移住門徒を請ける寺としての役割も求められていたといえるでしょう。

三　善覚寺門徒の動向

1　子孫へ書き残した記録から

善覚寺檀家で、文政年間には寺世話人も務めた四位六右衛門《しいろくえもん》の記録「先祖六右衛門従申伝事」を取り上げ紹介します。この史料は、近世初期から中期にかけての摂津国から安房国への出稼ぎ、そして定住にいたった苦労等を子孫に知らせんがために、文政八年（一八二五）に五代目六右衛門が八一歳の折に書き記した記録です。

先祖六右衛門従申伝事

一　某先祖者摂州武庫郡西宮産ニ而　東照宮様御入国已来御府内ニ縁者有之候ニ附、商売思付之事共及相談候処、本船町米屋太郎兵衛殿同国西宮之仁ニ御座候得者、先

達而御当地住居之事ニ候間売買向相談可然与決之（以下略）

史料冒頭です。先祖六右衛門は、摂津国武《む》庫《こ》郡《ぐん》西宮《にしのみや》（現兵庫県西宮市）出身で、徳川家康の江戸入府以来、府内に縁者があった。縁者は本船町の米屋太郎兵衛という西宮出身の者で、府内での住居を求めることで相談したところ云々、と書き起こしています。続いて太郎兵衛は、「四、五年前から白米を扱った商売をしていたが、安房国館山（現館山市）に我らと同じ摂国出身の座古屋佐次兵衛が諸魚の荷の運送を手掛けたことで府内が繁昌になり、利潤も大きかった。その元を尋ねると、安房国船形村（現館山市船形）の浜方に住まう西宮四郎左衛門が魚荷運送で立身したことにある」とのこと。そこで六右衛門は四郎左衛門と相談し船形村に居住するようになります。以後の経緯を次のように記しています。

・元和四～寛永一三年（一六一八～三六）

船形とその周辺にて小漁船数艘で漁を行った。大漁にめぐまれ、その収穫物を売買するための一時取り次ぐ納屋を建て、四郎左衛門に渡すようにした。この取次は荷物売高の一割と決め「房州魚荷物一割」という商習慣の最初となった。四郎左衛門と自分の仲間ら七人は「大仲間」と称して商売をした。当時、西宮から来た者の住居は一

四、一五軒あった。

・寛永一五・一六年（一六三八〜三九）
　紀伊・和泉・安芸国から八手網・まかせ網の旅網《たびあみ》が来るようになり、大漁が続く。干鰯製造のための干場が足らなかったため、領主の許可をもらい、東条浦《とうじょううら》（現鴨川市東条海岸）に干場を設ける。

・寛永二〇年（一六四三）
　天津村の二間浦《ふたま》（現鴨川市天津二夕間浦）に干場設置を計画する。

・正保元年（一六四四）
　二間浦への干場設置が許可され、翌年、領主へは干鰯一俵に付き一〇文を上納した。

・明暦元年（一六五五）
　領主から二間浦の干場が大仲間に下されお墨付きを得た。五節句には領主の屋敷へ裃でお見舞いに伺い、御酒を頂戴した。唐木綿に「西宮干鰯仲間」と大書した幟《のぼり》を建てることも許された。五月晦日から六月七日まで龍神祭を催し、諸人へ酒を振舞った。

この頃、天津村に居屋敷六反一畝二六歩を得た。

・万治年中（一六五八～六一）から元文年中（一七三六～四一）

天津村の百姓家は、徳川家康入府以前は一七〇～一八〇軒であったが、万治から元文年中は数千軒あった。

この頃、代官への諸漁船運上金は一カ年千両で請け負われていた。

大漁が続いた時分、大八手網は、大沢浦（現勝浦市）から小浜浦（現いすみ市）まで三〇〇張、銚子川口浦に三〇〇張、同外川浦に三〇〇張あった。下り網漁人（旅網漁師）は一カ年に四〇〇から五〇〇両の稼ぎがあった。毎年五月二五日までに勘定し、六月二日には国元へ帰っていった。

・元禄一六年（一七〇三）

元禄大地震の大津波のため、幟やお墨付きはじめ家財が流出した。地震後の地盤沈降により海が近くなり、屋敷地を干鰯場にし、屋敷地は岡方面に移すこととなった。

この他、時代を前後しながら村内の様子や暮らしぶりの変化を書き記し、「右のとおり、昔からは変わってきた、先祖の来し方を子孫へ知らせんために、あらあら書き残しておく。私も老年故、明日をも知れない、子孫への置き土産として、右のとおり記し置く」と結んでいます。

初代六右衛門は、元和四年（一六一八）頃から関東にやってきて、船形、東条、天津と拠点を変え、正保から明暦年間にかけて天津村に定住したものといえます。その頃は鰯の豊漁期に当たり、関西からの出稼ぎ漁は最盛期でした。しかし、元禄地震を転機として近世後期の五代目へと至ります。五代目は五八歳から八一歳までの二三年間村役も務めました。善覚寺過去帳には、「当寺世話人　四位六右衛門八十一才」とあり、この記録を残した年の八月に亡くなった旨が記されています。

このように、四位六右衛門の記録は、関西漁民の関東進出の具体像を物語る好事例といえます。また、出稼ぎの契機となったのは、西宮同郷の縁者で日本橋魚河岸の発展の基礎を築いた米屋太郎兵衛、同村出身の西宮四郎左衛門という先駆者らの活躍であったことは、同郷のネットワークが重要であったことを示しています。

２ 上方道中記の記録から

七代目とされる四位六右衛門は、天保一〇年（一八三九）に鎌倉、伊勢神宮、専修寺、大坂、京、本願寺、善光寺等を旅した記録「道中日記控」を残しています。その同年四月九日条には、旅の途中で「真行寺」へ上るとして、以下の記事があります。

　同九日

　出　壱分　真行寺上ル

　　此真行寺与申ハ四位惣本家也、元ハ四位新左衛門与申而御座候得共、四百五拾年以前より御西之羽（派）ニ相也、右真行寺ハ四位先祖ニ紛無、四位喜兵衛ハ六右衛門出処ニ御座候、西之宮浜ノ町与申処ニ住宅也、四月八日右本家着、其日御寺参ル、同九日西ノ宮大神宮参詣其外所々見物弁当・酒肴為持（以下略）

　この真行寺は、現在の兵庫県西宮市に所在する本願寺派の同名の寺院「信行寺」を指します。記事は、「信行寺は四位の惣本家である。元は四夷新左衛門と名乗っていた。四五〇年以前に御西派となった。信行寺は四位の先祖にまぎれもなく、四位喜兵衛は六右衛門の出身である。西宮の浜町に住まいがあった。四月八日に本家に到着し、その日に信行寺に参った。同九日には西ノ宮大神宮（現在の西宮神社）に参詣した」などと書き留めています。

　信行寺は、明徳二年（一三九一）に、開基浄専、俗名四夷新左衛門正教が草創し、当初は真光寺と号し、天和二年（一六八二）に現在の寺号信行寺に改称したと伝えています

（武庫郡教育会［1921］）。

元禄五年（一六九二）「西宮寺社御改壱冊」（西宮神社文化研究所［2017］）では、

一、一向宗興正寺末寺　信行寺

京性応寺下　当住　教覚

此寺三百二年已前明徳二未年浄専与申僧開基、二代目西秀・三代乗信・四代善宗・五代乗秀・六代目乗哲・七代賢信・八代賢明・九代西春・十代善秀・十一代清正・十二代浄哲・十三代法正・十四代乗春・十五代乗教・十六代賢乗・十七代

当住教覚

とあり、元禄年間は既に西本願寺にしたがっていた興正寺末の性応寺の支配下にあったことがわかります。

信行寺の住職代々は現在まで四夷姓が連綿と続いており、四位六右衛門も、祖を同じくする四夷の一族として、門徒としての信仰を伝えてきたのです。このことは、四月一四日条の京都見物と大谷廟堂参詣の記事でも確認できます。

同十四日

出　三朱七十弐文　大和や平五郎泊三日茶代共

京三十三間堂、大仏大かね、西大谷先祖六右衛門墓所へ参り、夫より清水かん世音、きおん天王、東大谷丸山辺、北野天満宮、むら咲ノ大徳寺、可茂大明神、其外所々参り六角堂、夫よりきんり御所、両御本山参詣、尤西大谷江者三度、東大谷へ者弐度御本山へ者五六度参詣仕候、稲荷祭見物、本能寺其外公家御屋敷見廻り（傍線引用者）

著名な寺社参詣の合間に、西本願寺・東本願寺へ参詣しています。中でも西大谷では「先祖六右衛門墓所」にも参った旨が記されます。西大谷廟堂の本山納骨は、慶長八年（一六〇三）の鳥辺野延年寺山への廟所移転、同一一年の移徙法要後からといわれています（蒲池勢至［1993］）。おそらくは六右衛門の本家筋によって設けられていた墓所を参ったものと思われます。

なお、六右衛門はこの上方道中において、西宮・京に到着する前の三月二六日に、伊勢国一身田の専修寺に参詣しています。

同廿六日天気
出　百七十三文　津中喰　さいせん
此日白子かん音へ参詣ふたん桜有之、夫より高田御本山一身田へ参りはつこつ納、尤

主人若旦那より津八幡宮、弁才天かん世音、幸ノ阿弥陀、伊予町丈ノ行者、尚又津寺町天念寺地中宝寿院へ参り（傍線引用者）

白子観音（現鈴鹿市の子安《こやす》観音寺）を経て、一身田の高田派本山専修寺を参詣したとあります。六右衛門は「はつこつ納」、つまり納骨をしたと記録しています。六右衛門の檀那寺善覚寺は本願寺派で高田派であった歴史はなく、また天津村はもとより安房国内には高田派の足跡は一切伝えられていません。善覚寺の文化一四年（一八一七）「檀家名寄」によれば、天津村は半檀家の習慣がある地域であることがわかりますが、実態は、嫁が村内及び近隣村の日蓮宗・真言宗・天台宗等の各寺院檀家の出身であることを示すのみで、高田派の影は全く見当たりません。このことや、京において東本願寺も二度参詣するなどの道中の様子から、六右衛門は、宗派を超えた念仏の篤信者として浄土真宗の寺々を大切にしていたといえるでしょう。

おわりに

鴨川市・善覚寺の開基は、和泉国出身で近江国の真宗寺院から分かれ安房国へ移ってきましたが、その背景には多くの漁業関係者がフロンティアである関東の浦々へ出稼ぎにやってきた実態がありました。善覚寺門徒の四位六右衛門は、大谷廟堂に墓所をもつ本願寺派寺院住職を一族とする家の出身であり、魚・干鰯運上・仲買のため摂津国西宮から同郷のネットワークをいかし移住してきました。その数代後の子孫は、村役人・寺世話人を務めるなど村内での地位を築き上げた一方、東西本願寺参詣や高田派本山へ納骨するなど、念仏の篤信者として近世を生き抜いたといえるでしょう。

本稿では、近世に他国から移ってきた開基によって創建された寺院の開基伝承と、一門徒の移住の足跡について紹介しました。それまで遺跡がなかった地で新たに開創された浄土真宗寺院は、寺請制度のもと、関西から移住してくる門徒を受ける寺として役割があったこと、また、豊漁による浦の繁昌は檀那数を増加させたことを確認しました。

房総半島漁村の寺院は元禄地震で大きな被害を受け、それ以前の史料は極めて少なく、布教の実際をうかがい知ることは困難です。残された課題です。今後も関連史料の探査を続け、東国の真宗研究について考察できればと考えております。

最後に、貴重な史料の閲覧について御高配賜りました善覚寺御住職佐々木正信様に感謝申し上げます。

〈引用史料〉

天津小湊町史編さん委員会［1990］『天津小湊町史　史料集１』※善覚寺所蔵の史料は本書から引用。
宇野脩平［1955］『紀州加太の史料　第一巻』
滋賀県立公文書館『滋賀県寺院明細帳　高島郡　巻二』
高橋覚校注・解題［1995］「関東鰯網来由記」『日本農業全集五八　漁業１』
千葉県文書館『千葉県寺院明細帳』
西宮神社文化研究所［2017］『西宮神社文書　第一巻』
横須賀史学研究会［1966］『相州三浦郡東浦賀干鰯問屋関係史料』
和歌山県史編さん委員会［1984］『和歌山県史　近世史料五』

〈主な参考文献〉

阿部綾子［2004］「銚子における「旅漁師」と「旅商人」の定着に関する一考察」『国立歴史民俗博物館研究報告』第一一五集
天津小湊町［2006］『天津小湊町の神仏像調査報告書』
天津小湊町史編さん委員会［1998］『ふるさと資料　天津小湊の歴史　上巻』
荒居英次［1963］『近世日本漁村史の研究』
飯岡町史編さん委員会［1978］『飯岡町史史料集　第三巻』
植野英夫［2024］「近世房総における浄土真宗開基伝承について」『東国真宗』第一八号
尾鷲市役所［1969］『尾鷲市史　上巻』

蒲池勢至［1993］「『無墓制』と真宗の墓制」『国立歴史民俗博物館研究報告』第四九集
笠原正夫［1993］『近世漁村の史的研究――紀州の漁村を素材として――』
九十九里町誌編集委員会［1973］『九十九里町誌資料集　第二輯』
滋賀県高島郡教育会［1927］『高島郡誌』
菅根幸裕［1999］「近世関西漁民の出稼と移住――久我寿男家史料から――」『勝浦市史研究』第五号
羽原又吉［1954］『日本漁業経済史　中巻二』
武庫郡教育会［1921］『武庫郡誌』
山田哲也［1997］「近江湖西地域における蓮如教団の形成と展開」『講座蓮如　第五巻』
龍谷大学仏教文化研究所［1987］「近江国真宗寺院開基一覧」『龍谷大学仏教文化研究叢書Ⅰ　近江の村と真宗』

二十四輩の成立事情についての考察

南條了瑛

はじめに

『歎異抄』第六条に、「親鸞は弟子一人ももたずさふらう」（わたくし親鸞は一人の弟子も持っていません）とあるように、親鸞は自身の人師的態度を否定した、と言われています。その理由は、先の引文後、次のように述べられています。

親鸞は弟子一人ももたずさふらう。そのゆへは、わがはからひにて、ひとに念仏まふさせさふらはばこそ、弟子にてもさふらはめ。弥陀の御もよほしにあづかて念仏まふしさふらうひとを、わが弟子とまふすこと、きはめたる荒涼のことなり。

（『浄土真宗聖典全書』二、一〇五七頁）

（わたくし親鸞は一人の弟子も持っていません。その理由は、自分のはからいで他の人に念仏させるのなら、その人はわたしの弟子ともいえましょうが、阿弥陀仏のはたらきに引き寄せられて念仏する人を、わたしの弟子ということは、まことに途方もないことだからです。）

親鸞が弟子を一人も持たないと言い切った理由は、「あらゆる者は私自身のはたらきによって念仏するのではなく、阿弥陀如来の力によって念仏するからである」といいます。すなわち、阿弥陀如来のはたらきによって念仏申す者はすべて仏の弟子になるので、親鸞との間には師弟の上下関係は結ばず、みな仏弟子として同等の「同朋《どうぼう》・同行《どうぎょう》」であるということです。

この姿勢は後世にも受け継がれます。蓮如の『御文章』をはじめ、親鸞以降の浄土真宗教団では、この「同朋・同行」という立場こそ、教団のあるべきすがたとして、いまなお重視されています。

しかしながら、実際には、親鸞を慕う者たちの集団が形成されていきます。先に述べた通り、阿弥陀如来のはたらきによって念仏する者はすべて仏弟子としてみな同等ですが、その代わりに、教えを早く聞いた親鸞に対し、教えに遅く出遇った者たちを、同門の弟つまり「門弟」と呼んでいきます。こうして、教えに出遇う時間的前後の違いとして、（弟子集団ではなく）門弟集団が形成されていくのです。

その門弟集団として、江戸時代の北関東に隆盛を誇った「二十四輩（にじゅうよはい・にじゅうしはい）」が挙げられます。「二十四輩」とは、一般に、「親鸞の関東時代の高弟二十四人。またその遺跡寺院。寺格の一」（『真宗新辞典』三八九頁）として知られており、多様な意味合いの総称です。また、門弟を二十四名に限らず、その数を一様に定めるものではないという考え方から、門弟を総称する際に使用される用語だとする説もあります。

この二十四輩については、限られた史料から推測される部分が多く、その成立事情については不明確なことが多いのが現状です。そこで、本稿では、二十四輩の成立事情について先行研究を確認し、その変遷を検討していくことを目的とします。

二十四輩の成立事情やその起源に関する主要な先行研究には、例えば次のようなものがあります。

・宮崎円遵『親鸞とその門弟』（永田文昌堂［1956］）
・重松明久『親鸞・真宗思想史研究』（法蔵館［1990］）

・今井雅晴『親鸞と東国門徒』（吉川弘文館［1999］）

これらは、当時の二十四輩および北関東門徒の実態について総体的に整理されたものです。本稿においても、これら先行研究によりながら、二十四輩の展開について再度確認し、また、検討が不十分ないくつかの事象については、より踏み込んだ考察を試みることで、関東における真宗伝道の具体的展開の源泉をあきらかにしていきたいと考えます。

一　二十四輩の語源

「二十四輩」という語の使用が確認できるのは、後述のように中世後期の写本からでありますが、その語源として考えられる資料として、覚如の『改邪鈔《がいじゃしょう》』が挙げられます。

おほよす本願寺の聖人御門弟のうちにおいて二十余輩の流々の学者達、祖師の御口伝にあらざるところを禁制し、自由の妄義を停廃あるべきものをや。

（『浄土真宗聖典全書』四、三〇〇頁。筆者傍線）

（本願寺・親鸞聖人門弟のなかで、二十人余りの学者たちが親鸞聖人のご説法とは異なる義を禁制し、勝手な異安心を取り止めるべきではないか。）

覚如は、親鸞の教えを伝える学者たる門弟たちを「二十余輩の流々の学者達」と述べています。この文言をみると、「二十四」は元来数字ではなく、「二十人余り」を意味します。従来の研究では、この『改邪鈔』における「二十余輩」という言説を「二十四輩」の語源とし、後世に「余」の字が同音の「四」の字が用いられ、「二十四輩」として定着したと考えられています。

ところが、先行研究ではほぼ触れられていないのですが、江戸時代を生きた浄土真宗僧侶・先啓《せんけい》（一七一九〜一七九七）が「二十四輩」という呼称の由来について、異なる説を提示しています。先啓の著した巡拝記『大谷遺跡録』（明和八年〔一七七一〕序、安永八年〔一七七九〕刊）に、二十四輩という呼称の由来について述べている箇所が確認できます。

伝教最澄法師に附して曰く、随順の門弟即ち義真・円澄・光定・円仁等神足の二十四輩有り云云。高祖之に准じて二十四輩と名けらるゝか。

（『真宗史料集成』八、六六三〜六六四頁）

（伝教大師最澄について言うことには、教えにしたがう門弟に、義真・円澄・光定・円仁などの優れた高弟二十四輩がいる。親鸞聖人はこれになぞらえて二十四輩と名付けられたか。）

ここでは、天台宗最澄の有力門弟を二十四輩と称していたものになぞらえて、親鸞の有力門弟を二十四輩としたと述べています。また他の箇所には、別の根拠を挙げます。

真言二十四輩経と云ことあり（中略）是亦二十四輩名目の例証也

（『真宗史料集成』八、六六三〜六六四頁）

（真言二十四輩経といぅことがある。これまた二十四輩の名称の例証である。）

ここで、『二十四輩経』という経典名もまた、この「二十四輩」という呼称の由来とされています。

二十四輩の成立事情やその起源に関する先行研究のなかで、先啓の文言は管見の限り触れられていません。この先啓の提示する由来については、他宗派を意識しての命名であったという点で興味深いものがあります。当時の各宗派の影響関係などを考慮した更なる考察が必要でしょうが、現時点ではこれ以上の情報が得られていません。

以上、「二十四輩」の語源について、覚如『改邪鈔』の「二十余輩」を起源とする説、あるいは他宗での用例から導入されたとする説の二説があることを確認しました。ただし、先に述べたように、二十四輩とは、門弟集団としての意味合いだけでなく、のちに遺跡や寺格としての意味も持ち合わせるようになった多義語です。そこで、次項で、まず門弟としての二十四輩について検討していきます。

二　門弟としての二十四輩

親鸞の門弟については、関係資料の少なさから、全体像の把握は容易ではありません。その困難な研究状況下、従来主に扱われてきた資料が、親鸞と門弟との交渉が記された各種消息（手紙）や、門弟名を記す名簿である「親鸞聖人門侶交名帳《もんりょきょうみょうちょう》」（以下、「交名帳」）です。

しかし、二十四輩の成立を考察するためには、各種消息と「交名帳」は主な研究材料にはなりません。それは、各種消息には「二十四輩」そのものの名称および門弟名が羅列される箇所が確認できず、「交名帳」の場合にも、「二十四輩」という呼称は用いられず、一部の弟子名が羅列されているに過ぎないことによります。ちなみに「交名帳」は、親鸞の門弟を書き記した名簿ではありますが、門弟名全てを網羅したものではありません。幕府の要請に応えるため、上申する当時に所在していた門弟の法系を列挙した名簿であると考えられています（千葉乗隆『本願寺教団の展開』永田文昌堂［1996］八頁）。いずれも、いわゆる「二十四輩」という門弟集団として示されているわけではないのです。

(1) 二十四輩牒の概要と諸問題

二十四輩として門弟を列記した例はいくつかの文献にて確認できますが、そのもととなるのは、「二十四輩牒《ちょう》」と呼ばれる一覧名簿です。作者は親鸞、如信、覚如の説がありますが、いずれも真筆がなく、現存するのは写本です。「二十四輩牒」の成立が二十四輩の成立とも重なってくると考えれば、覚如の時代以降と考えるのが穏当ですが、成立時期は不明な点が多いです。真筆が存在しないことから、「二十四輩牒」は室町時代以降の偽作とする指摘もあります。現存する写本で代表的なものは、次の三つです。

①「願入寺本」(茨城県・願入寺伝)
②「常楽寺本」(京都府・常楽寺伝)
③「光瀬寺本」(本願寺派乗専伝)

①「願入寺本」は願入寺にて三通現存しています。そのうち、二つは筆跡が酷似していますす。また別の筆跡となる残りの一つは断簡であり、その成立はほか二つよりも遅れると推定されています。

②「常楽寺本」は、編者の年月や題号がありませんが、二十四輩の名位や寺号を知る上で有益な資料と評されています。

③「光瀬寺本」は、光瀬寺の本願寺派乗恩が、延宝六年（一六七八）、関東下向の際に吟味して書写したことが末尾に記されています。「願入寺本」「常楽寺本」に比べ、寺号などの情報がかなり加えられています。しかし、二十四輩の選定が誰によって行われたのかを記す文言の箇所が欠落しています。

いま仮に、「願入寺本」と「常楽寺本」によって、二十四輩の列名について確認しておきます。「光瀬寺本」には、列名の後に付される二十四輩選定の経緯についての文言が欠落しているため、割愛しました。なお、「願入寺本」「常楽寺本」両書において、人物名、地名、また配列の順序などが異なる箇所は網掛けで示しました。
「願入寺本」

性信御房下総国豊田庄横曽禰
真仏御房下野国大内庄高田
順信御房常陸国富田
乗然御房常陸国南庄
信楽御房下総国大方新堤
成然御房下総上幸島市野谷
「常楽寺本」

真仏御房下野国大内庄高田　専修寺
性信御房下総国豊田庄横曽根　報恩寺
順信御房常陸国鹿島富田
乗然御房常陸国南庄志田
信楽御房下総国大
成然御房下総国上桑島

西念御房武蔵野国野田
性証御房下野戍飼高柳
善性御房下総豊田飯沼
是信御房奥州和賀郡
無為信御房奥州
善念御房常州久慈東
信願御房下野アワノ志賀崎
道円御房跡唯円奥郡内田
定信御房跡善明中西アワ

念信御房常陸毘沙幢
入信御房常州久慈東八田
明法御房跡証信久慈西楢原
慈善御房奥郡村田
唯仏御房跡鏡願兄弟常陸吉田枝川エタカワ

西念御房武蔵国野田
性証御房下野国戍飼
善性御房下総国豊田飯沼高柳
是信御房奥州和賀郡萬シヲ
無為信御房奥州
善念御房常州久慈東
信願御房下野アワノシカサキ
定信御房跡善明那珂西粟
道円御房跡唯円常州内アウクン
入信御房常州那珂西穴澤
念信御房常州ヒサトウ
入信御房常州久慈西八田
明法御房跡証信久慈西ナラハラ
慈善御房アウクンムラタ
唯仏御房跡鏡願兄弟常州吉田郡

唯信御房常陸奥郡戸森
唯信御房跡願信奥郡ハタヤ
唯円御房跡信浄奥郡トリハミ
已上二十四人連署畢
右此二十四人門人②、於二鸞聖人御在世、
一流相伝之遺弟也。
爰近比門葉中、
有下不二相伝一之族上。私構二今案之自義一
謬二背師伝之正流一。甚以不レ可レ然。
自今已後、本願寺聖人於二御門弟一者、
彼邪義為二停廃一、専可レ守二師之遺誡一
者也。
末学可レ知レ之。仍守二正流一之門弟如レ件

唯信御房常州アウクンノトモリ
唯信御房跡願信アウクンハタヤ
唯円御房跡信浄アウクントリハミ
康永三年甲申仲冬朔日
釈覚如　次第書之①
已上二十四人連署畢
右此二十四輩門人、於二鸞聖人御在世、
一流相伝之遺弟也。
爰近比門葉中、
有下不二相伝一之族上。私構二今案之自義一
謬二背師伝之正流一。甚以不レ可レ然。
自今已後、本願寺聖人於二御門弟一者、
彼邪義為二停廃一、専可レ守二師之遺誡一
者也。
末学可レ知レ之。仍守二正流一之門弟如レ件

正慶元年壬申正月五日③
覚如上人於二大綱御房一有レ対二門弟一記レ之
執筆　釈空如⑤

正慶元年壬申正月五日④
覚如上人於二大綱御房一有レ対二門弟一記レ之
執筆　釈空如

「願入寺本」は、重松明久『親鸞・真宗思想史研究』（法蔵館［1990］）、「常楽寺本」は『真宗全書』六五を参照しました。

いずれも、二十四輩列名の後に、二十四輩選定の経緯、執筆時期、執筆者の情報が付されています。これらから得られる情報、および生じる問題について、みていきましょう。

まず、二十四輩の選定者および選定時期について、下段「常楽寺本」には、列名の後に「康永三年甲申仲冬朔日釈覚如次第書之」（傍線①）と記されています。ここから、二十四輩の選定者が覚如であることが示唆されます。これは、二十四輩の成立時期を考える上で一つの論点となりますが、二十四輩の選定者については諸説あるので後に整理します。

次に、列名について、「願入寺本」には「二十四人門人」（「輩」と追記あり）（傍線②）とありますが、列名された人数は二十三名です。これについては、性信以下二十三名に加えて如信（親鸞の孫）が入り、如信の孫にあたる空如（傍線④）がその後継者になる意味だと言われています。また、「常楽寺本」と「願入寺本」では、性信、真仏の順序が入れ替わっています。また、十四番目から十八番目に異同があり、「願入寺本」に記されていない西穴澤の入信が加わっています。

最後に、二本の成立時期について、上段「願入寺本」の執筆者には、「執筆釈空如」（傍線⑤）とあります。空如の没年は一三四九年あるいは一三六六年と言われています。これらの情報が正しければ、覚如の時代とほぼ同時期の成立となります。下段「常楽寺本」の成立時期は、掲載文章とは別箇所に、複数の執筆者の名前が存在するため定かではないですが、その執筆者の生没年から推するなら一四四六年～一五二七年のあいだの成立となります。二本ともに執筆日が「正慶元年壬申正月五日」（傍線③④）とあります。しかし、正慶元年に改元されたのはその年の四月二十八日であるので、本当ならば両書には「元弘二年正月五日」あるいは正慶元年四月二十八日以降の日付でなければなりません。この執筆日の誤記を理由に、今井雅晴氏は「願入寺本」「常楽寺本」二本とも、執筆日の誤記を根拠に後世（南北朝時代以降）の創作書と判断しています。

以上、「二十四輩牒」の概要をみてきましたが、「二十四輩牒」は真筆がなく写本のみ現存するため、二十四輩の成立時期は不明な点が多いです。写本の成立は、「願入寺本」が覚如の時代と同時期の成立、「常楽寺本」が一四四六年～一五二七年のあいだで成立したものと考えられますが、今井氏のように執筆日の誤記を根拠に後世に創作された書物とみる場合もあります。

ところで、「常楽寺本」には二十四輩選定者が覚如であることを示唆する文言（傍線①）があることを前に述べましたが、この是非についても先行研究によって見解が分かれているので、次より整理しておきます。

(2) 二十四輩成立の時期とその事情

二十四輩の選定者については諸説あり、従来大きく三説に整理されています。ここで、その三説を紹介しておきます。

①親鸞選定説

これは、親鸞自身が関東から京都に帰る際、真宗教義の正統を守っている門弟二十四名を選び出したとする説です。この説は、高田派・良空（一六六九～一七三三）の『正統伝《しょうとうでん》後集《ごしゅう》』（享保七年〔一七二二〕成立）巻第二の付録に由来します。ここでは、「親鸞が六〇歳の秋の頃、京都へ着いてから正統な教えを守る二十四余りの者を選出した」とあります。しかし、親鸞が二十四輩を選定したとすると、少なくとも親鸞の著述・書簡などに、二十四輩という語が表れるはずです。しかし、現状親鸞の文献から二十四輩という語の使用は確認できません。

②如信（一二三五〜一三〇〇）選定説

親鸞示寂後の文永九（一二七二）年冬のころ、京都東山大谷の地に親鸞の廟堂（大谷廟堂）が創建された際、奥州に住んでいた親鸞の孫・如信および親鸞の直弟二十四名が上京したといわれます。このとき如信がその名簿を作成したのが二十四輩の始まりとします。この説は、大谷派・義譲（一七九六〜一八五八）の『改邪鈔丙午録《がいじゃしょうへいごろく》』巻上にその説明がされています。しかし、如信の記した名簿は実在せず、一応、浅草報恩寺にその名簿があると記されますが、確認はできていません。

③覚如選定説

元弘元（一三三一）年冬、覚如は如信入滅の地である金沢道場（現在の茨城県大子町）に下向し、その翌年正月、如信の遺跡である奥州大網《おおあみ》に赴き、如信三十三回忌を修しました。この時に集まった親鸞の弟子またはその後裔二十四名の所信を聞き取り、覚如が彼らに連署契約させたとし、これを二十四輩の起源とする説です。この連署状を「二十四輩牒」と称します。この説は、前述の「願入寺本」「常楽寺本」をはじめ、大谷派・恵空（一六四四～一七二一）著『叢林集《そうりんしゅう》』（元禄一一年〈一六九八〉成立）「二十四輩之事」条にも、その説示が確認でき、ここでは、蓮如の十男・実悟の別記を根拠とし、善鸞や仏光寺派・了源の異義に対抗するためであることを記しています（実悟の別記に、そのような文書があるのかについては不明です）。以降、二十四輩に関する巡拝記の多くが、この説を採用しています。願入寺の資料によると、当時、如信を筆頭とし、二十四人が集結して京都本願寺を念仏道場として推選していくことが話されたといわれています。

以上、二十四輩の選定者については親鸞選定説と、如信選定説と、覚如選定説という説があり、いずれも確定的とは言いがたいですが、文献に採用される頻度数からみると、覚如選定説が一応有力な説といえましょう。

いずれにせよ、二十四輩牒には「聖人御在世、一流相伝之遺弟《ゆいてい》」として二十四輩が選定されており、親鸞の教えを正しく相伝していこうとする意図が窺えます。

三　寺格（階位）としての二十四輩

上述のように、そもそも二十四輩は、親鸞の門弟を示す言葉として発生しました。その二十四輩は、やがてそれぞれの僧階や寺格を指すようになり、現在でも全国で約二〇〇の寺院が二十四輩を名乗っています。

前項で検討したように、門弟としての二十四輩は、親鸞一流の相伝を意識した選定が背景にあったことは認められるところであります。そうであるならば、覚如以降の本願寺教団は、法義を正しく伝え、その組織強化のためにも、ある意味権威化された「二十四輩」という名称を用いることで、全体の統率を図っていたこともあわせて考えられます。そこで、ここでは寺格としての二十四輩の優劣を、本願寺教団における階位から瞥見しておきたいと思います。

江戸時代では、幕府の成立によって中央集権的封建体制が確立し、仏教寺院には寺院法度と称される掟条による統制が行われましたが、本願寺教団は、幕府から法度は制定されず、教団内で独自に寺院の本末制度と僧侶の階級制度を設定し、宗学においては学階を設けています。(詳しくは、『龍谷大学三百五十年史 通史編』上・第一章を参照。)

本願寺派・玄智著『大谷本願寺通紀』(天明五年〔一七八五〕成立)十三の「僧階次序」には、本願寺第一三代・良如(一六三〇～一六六二)の時代に厳修された親鸞四〇〇回忌(万治四年〔一六六一〕三月一八日から二八日)法要のことが記され次の階位を挙げています。

院家・内陣・溢余・余間・定衆・二十四輩・初中後・飛檐・総坊主

（『真宗史料集成』八、五三九頁、傍線筆者）

ここではじめて二十四輩という名称が僧階・寺格として登場します。

また、茨城県那《な》珂《か》郡《ぐん》・阿弥陀寺に所蔵されている『二十四輩規格』（宝永八年〔一七一一〕成立、写本）には、江戸時代の二十四輩について記されています。これによると、寺格としての二十四輩は「本座」・「列座」・「並座」の三段階が存在し、本座は二十四輩門弟集団の直系寺院を指すようです。（『二十四輩規格』についての言及は、今井雅晴「『二十四輩規格』（那珂郡那珂阿弥陀寺蔵）について」を参照。）列座と並座については、浄恵（一七〇九～一七八五）の『真宗故実伝来抄』（明和二年〔一七六五〕成立）巻下に、次のようにあります。

廿四輩ノ内、専修寺ハ今成一派本寺、一老報恩寺ヲ初メ、大坊ハ皆出世ヲ好ミ院家・一家に昇進シ、残ル寺方少シ、依之以由緒補其跡、是曰列座、又近年依由緒被免同格、是ヲ並座トイフナリ

（『真宗全書』六三、四七五頁）

（二十四輩のうち、専修寺は一派の本山となり、二十四輩第一の報恩寺をはじめ、大きなお

寺はみな出世を好んで院家・一家に昇進し、残っているお寺は少なかったです。これにより、他の旧蹟は由緒を補い、これを列座といいます。また近年はお寺の由緒で同じ二十四輩格として許されます。これを並座というのです。）

ここに、「一老報恩寺ヲ初メ、大坊ハ皆出世ヲ好ミ院家・一家に昇進シ、残ル寺方少シ」とあります。報恩寺を初めとする二十四輩格の大坊寺院は出世を好み、さらに上の寺格である院家・一家に昇進します。このため、二十四輩格の寺院に空枠が生まれます。そして、他の寺院は何らかの由緒を申請し、空枠の二十四輩格を継ぎます。このもともと二十四輩格でなかった寺院が、由緒を申し立てて二十四輩格に加えられた寺院が列座だと言われます。また、列座の寺院より歴史が浅いが、同様に何らかの由緒を申し立てて二十四輩格の寺院になるのが並座ということでしょう。

こうして江戸時代の二十四輩格の寺院は増加したことが考えられます。既存の二十四輩格の寺院が出世を好み昇進することによって空いた二十四輩格の寺院枠を、他の寺院が由緒の申し立てをもってこぞって埋めていくことで、結果的に由緒を持つ二十四輩寺院が増加したのではないでしょうか。

以上、二十四輩の名称が、寺格を意味するようになる様子は、少なくとも親鸞四〇〇回忌（万治四年〔一六六一〕）には確認でき、以降、寺格として当然のごとく用いられるようになります。そして二十四輩になるためには、寺院由緒の有無が大きな要素であり、寺院はこぞって由緒を申請し出世していったと考えられます。

親鸞が関東で約二十年間滞在され、各地で阿弥陀如来の法義を喜んだことで、必然的に多くの門弟集団が形成されました。これが覚如の時代以降、「聖人御在世、一流相伝之遺弟」として、親鸞一流の相伝を意識し選定された二十四輩という門弟集団が誕生し、江戸時代には多様な親鸞伝を有する寺格へと成長していったのです。

おわりに（関東の親鸞絵伝）

江戸時代においては、二十四輩という門弟集団およびその寺院の権威は確固たるものとして存在しています。各地で語られる寺院の由緒や伝承は、その土地や人々によってイメージ化された親鸞という人物像として広まり、その地域で有名な親鸞物語として流伝されていくのです。人々は、ローカルな親鸞伝を現場で聞くために、由緒寺院を順番に巡っていきます。これが二十四輩寺院巡拝の流行であり、その様子は江戸時代の巡拝記から確認することができます。これについては、別の論考にて既にいくつか考察してきました。

注目すべきは、その際に寺院側が布教伝道の教材として用いたであろう、東日本地域の伝承に特化した親鸞絵伝の存在です。二十四輩寺院をはじめとする親鸞旧蹟に伝わる親鸞伝が、絵伝として多くの寺院に所蔵されているのです。これは「親鸞聖人関東絵伝」と言われたり、「親鸞聖人ご苦労の図」と通称されたりして、各地に多様なパターンで絵幅化されています。

これまで、覚如制作の「親鸞伝絵」や絵伝に関する研究はおこなわれてきました。しかし、各地域に特化した親鸞絵伝の研究はほとんど進んでいません。絵伝の分析を進めることで、現代では消失している（あるいは書き残されていなかった、採用されなかった）さまざまな当時の社会の様子や当該縁起の姿がみえてくると同時に、いまだ広く知られていない当時語られた親鸞伝が明らかになっていく可能性があります。これについては、今後の課題とさせていただきます。

本願寺覚如の活動の再検討——本願寺中心の教団づくり？

黒田義道

はじめに

親鸞の曽孫・覚如は、本願寺とその留守職《るすしき》を中心とした浄土真宗教団の形成を目指した人物として知られています。本願寺は、親鸞の弟子たちとその末娘・覚信尼が創立した親鸞の墓所・大谷廟堂を覚如が寺院化して誕生しました。留守職とは、現代風に言えば本願寺（大谷廟堂）の住職（およびそれに伴う諸権利）のことで、最初に覚信尼が就き、さらにその息子覚恵、さらに覚如と継承されました。覚如の活動は、後に本願寺教団を大きく発展させた蓮如に重要な示唆を与えるという点で、真宗教学史的にも真宗教団史的にも、注目すべきものです。

けれども覚如は、本当に本願寺とその留守職を中心とした教団の形成を意図していたのでしょうか。結果的にそのように見えるだけで、覚如自身にはそのようなつもりはなかったのではないでしょうか。これが本論で考えてみたい疑問です。特に覚如が親鸞の教えの中から打ち出していった信心正因《しんじんしょういん》・称名報恩《しょうみょうほうおん》に注目して考えてみたいと思います。

検討にあたり、本論の見通しを記しておきます。

大谷廟堂（本願寺）の留守職は、その廟の主である親鸞の功績をその生涯と教えの両面にわたって顕彰し、縁ある人びとに廟堂への参詣や護持への協力を求めることが仕事です。

こうした仕事の前提として、覚如が活躍した頃の親鸞の弟子たちの状況に注目すると、活発に活動していた法然門下の異流や、親鸞の流れを汲む人びとの間でも、親鸞の存在が埋没しかねない状況が生まれていました。さらに時間の経過とともに、親鸞から直接に教えを受けて廟堂の護持に協力してきた門弟たちが亡くなっていきました。つまり大谷廟堂（本願寺）の存続は自明のものではなく、かなりの努力が必要な時期になっていたと言えます。

覚如はこの問題への対応として、『親鸞伝絵』の製作や、信心正因・称名報恩の強調を通し、本願寺が参詣・護持に値する場所であることを知らしめることに努めました。『親鸞伝絵』の最後に、大谷廟堂創立が描かれることは、こうした意図を示すものです。

特に称名報恩は、覚如が留守職就任を許された延慶三年（一三一〇）頃から注目するようになったようです。称名報恩は親鸞がさほど強調していない内容であったことから、覚如はその根拠を親鸞の言葉に加えて「法然―親鸞―如信」の三代伝持に求めました。

しかし、覚如は留守職がこうした教えを継承しているべきであるとは考えていなかったようです。暦応二年（一三三九）、覚如は留守職の継承順位を妻善照尼《ぜんしょうに》、次男従覚、従覚の子善如と定めました。善照尼には親鸞の教えに関する事績は伝えられていません。通説では覚如は本願寺中心の「教団」を作ろうとした、と言われますが、教えが継承されない「教団」は考えにくいと言えます。

覚如は本願寺を中心とした教団形成を自覚的に意図していたわけではなさそうです。覚如が意図していたことは、本願寺が存続していくことにありました。その意味で、覚如は職務に忠実な留守職であったと考えることができます。

以上の内容を検討していきます。

なお、本論における引用は『真宗史料集成』（同朋舎）を用い、「（巻数―頁数）」で典拠を示します。旧字は新字に改めて濁点を補い、一部の漢文は適宜書き下しました。右訓・左訓は省略しました。

一　大谷廟堂とその留守職

まず、覚如の活動の前提条件を確かめていきたいと思います。

一―一　大谷廟堂の成立と留守職の仕事

大谷廟堂の成立は、文永九年（一二七二）に遡ります。親鸞の往生後一〇年です。覚信尼と親鸞の門弟たちとが協力し、親鸞の簡素な墓所を改めて、廟堂を建立し親鸞の影像を安置しました。多くが関東を拠点としていた親鸞の弟子たちは、留守職（時期によって名称の変化がありますが、煩雑になりますので本論では留守職で通します）を置いて廟堂の管理を委任しました。最初の留守職が覚信尼です。

覚信尼は夫・小野宮禅念《おののみやぜんねん》から提供を受けた大谷廟堂の敷地を禅念の死後に相続し、さらにその敷地を廟堂に寄進しました。これによって、大谷廟堂とその敷地との間で所有者が異なるという状況が解消されると同時に、留守職には覚信尼とその子孫が就くことが決まりました。留守職は覚信尼の死後、その息子覚恵、さらに孫の覚如へと継承されます。

こうした経緯からうかがわれるように、留守職の仕事内容は、廟堂の言わばスポンサーである親鸞の門弟たちの意向に従って、適切にその管理運営を行うことです。親鸞の教えは門弟たちがきちんと継承していますので（門弟たちは、当然にそういう意識です）、留守職が法然・親鸞の教えを継承している必要はなかったのです。

このように大谷廟堂は、現代の「本山」のイメージとは全く異なります。留守職と親鸞の門弟たちとの力関係は、明らかに門弟たちが優位でした。

一—二　留守職の争奪戦——マイナスからの出発

覚信尼が弘安六年（一二八三）に亡くなると、留守職は覚恵が継承しました。ところが覚恵の異父弟・唯善はこれに納得ができませんでした。唯善は覚信尼の最初の夫、日野広綱《ひのひろつな》との間の子です。唯善はもともと父・小野宮禅念が持っていた土地が、大谷廟堂に寄進され、さらにそれに付随する留守職を自らが継承できなかったことが不満でした。唯善からすれば、父母からの遺産を何も相続できていないことになるからです。

　ここでその詳細を記すことは控えますが、正安三年（一三〇一）から覚恵・覚如父子と唯善との間で十年に及ぶ訴訟合戦が生じました。その間に覚恵は亡くなり（徳治二・一三〇七）、覚如は事件解決のための資金を工面するために親鸞の門弟たちを頼っています。親鸞の門弟たちからすれば、親鸞の子孫に廟堂の留守職を任せて本当に大丈夫なのか？と思わずにはいられない事件でした。

　覚如は大谷廟堂の留守職として、言わばマイナスからの出発でした。門弟たちの信頼を獲得するところから始めなければならなかったのです。

一―三　法然への関心、親鸞の埋没

法然への敬意から生じる親鸞の埋没

　覚如にとって唯善との争いは予期しないものであったと思われます。ここからは、この事件とは関わりなく生じつつあった大谷廟堂存続の危機を確かめたいと思います。

　まず、注意しなければならないことは、覚如の当時、現代的な宗派意識は未確立であることです。当然、親鸞を浄土真宗の宗祖と受け止める考え方もありませんでした。

　これは親鸞自身の態度に由来します。親鸞は自らをどこまでも法然の弟子と位置づけ、

法然を敬ってやみませんでした。そしてそれを弟子たちにも日常的に語っていたようです。親鸞の『高僧和讃』には、法然を讃えて次のように詠っています。

智慧光ノチカラヨリ
本師源空アラワレテ
浄土真宗ヲヒラキツ、
選択本願ノベタマフ
（一一二七九）

ここで親鸞は、法然を阿弥陀仏の智慧の光から現出した人物であるとし、浄土真宗の教えを開いて選択本願を明らかにされた、と讃えています。このような法然への敬意は、親鸞の著作から一貫してうかがうことができます。

当然、そのような態度は親鸞の弟子たちにも継承されました。たとえば唯円の『歎異抄』には、親鸞の次の言葉が伝えられています。

タトヒ法然聖人ニスカサレマヒラセテ、念仏シテ地獄ニオチタリトモ、サラニ後悔スベカラズサフラウ。
（一一五〇一）

もし、法然聖人にだまされて、念仏申して地獄に堕ちたとしても、全く後悔はない、という内容です。唯円にとってこの親鸞の言葉が印象的であったからこそ、『歎異抄』にも書き残されたと言えます。

親鸞に忠実な弟子であればあるほど、親鸞に従い、法然への敬意を受け継ぐことになります。つまり、親鸞の弟子たちの間では、親鸞を通して法然の教えを聞いているという意識が強かったのです。実際、親鸞の流れを汲む門徒たちの間では、法然の伝記に関心が持たれ、それらをもとに製作された絵伝（絵巻物の絵の部分だけを掛軸にしたもの）も盛んに用いられました。これは現在の浄土真宗寺院等では見られない光景です。

そのような状況のもとでは、親鸞の流れを汲む門徒たちが、法然の教えをさらに学ぶために、法然門下のうち親鸞以外の流れを汲む人々の教えに学ぶことにも抵抗がありませんでした。覚如自身も長楽寺流や西山義《せいざんぎ》、一念義など、法然門下のうち親鸞以外の流れの教えを学んだ経験を持っています。さらに覚如は、その著『親鸞伝絵』や『口伝鈔《くでんしょう》』で、法然から親鸞への教えの継承を強調しています。

こうした状況は、親鸞を浄土真宗の宗祖とする考え方がなかったことの現れです。そして、親鸞の弟子たちにとって、親鸞の位置づけは法然の多くのすぐれた弟子の中の一人、ということになります。親鸞から直接、教えを受けた弟子にとって親鸞は、個人的人間関係を伴う特別な人物であったかもしれません。けれども親鸞と直接、会ったことのない弟子たちへと世代交代が進めば、その尊敬の念は法然に集まり、親鸞といえども法然門下のすぐれた諸先輩の一人、もっと言えば鎮西義《ちんぜいぎ》の祖・弁長や西山義の祖・証空等と並ぶ存在という扱いにならざるを得ない状況にあったと言えます。親鸞が法然の他の優れた弟子たちの中に埋没する可能性があったのです。

さらに、親鸞の流れを汲む門徒の中だけを見ても、親鸞が埋没しかねない状況が生じつつありました。それは、法然から自分たちまでの教えの継承を考える時に、親鸞が法然から自分たちをつなぐ、多くの人物の中の一人となってしまうということです。

たとえば、覚如と同じ時代を生きた了源が著したとされる『念仏相承血脈掟書』には、次の通りあります。

釈迦・弥陀二世尊ヨリハジメタテマツリテ、天竺ニハ龍樹・天親、震旦ニハ曇鸞等ノ五祖、ワガ朝ニハ源信、源空、親鸞、真仏、源海、了海、誓海、明光等ノ祖師聖人ノ……（四―五七五）

教えの継承を、釈迦・弥陀からインド（天竺）・震旦（中国）・わが朝（日本）と順に示しています。日本の部分を見ると、まず平安時代の高僧・源信を挙げて次いで源空（法然）を挙げます。先に述べたとおり、親鸞の門弟たちの敬意は法然に向いていました。法然以降、親鸞、真仏、源海、了海等と続いていきます。明光は了源の直接の師匠です。あるいは、同じく了源の『一味和合契約状』には「イハユル他力信心ノ聞書ハ、祖師了海ノ御作ナリ」（四―五七二）とあって、了海を「祖師」と呼び、その著書である『他力信心聞書』の安置を「本所」の人々に懇望したと記されています。

こうした記述から、了源が親鸞を法然から自分をつなぐ高僧の一人としてとらえ、必ずしも特別視していない様子がうかがえます。世代交代が進むにつれて、親鸞の流れを汲む門徒の間でも、親鸞が埋没する状況が生じつつあったのです。

親鸞を知る人びととの往生

さらに大谷廟堂の存立を危うくしたのは、親鸞を直接知る人びとが次第に亡くなっていったことです。覚如は親鸞が往生してから八年後の誕生です。成人した頃には、親鸞を直接知っている弟子たちのかなりが、既に往生を遂げていました。親鸞と直接交流のあった面授の門弟たちが多くいれば、親鸞との個人的な人間関係を背景として、大谷廟堂の護持に協力を得られたに違いありません。

けれどもそうした時期は、やがて終わりを告げます。覚如が唯善との争いに勝利して留守職に就任した延慶三年（一三一〇）には、大谷廟堂を支え続けた高田門徒の顕智が八五歳で往生しています。この時覚如は四一歳、親鸞の往生からは間もなく五〇年です。顕智は親鸞を直接知る、恐らく最後の有力門弟でした。

親鸞との個人的関係を持つ人々がいなくなれば、大谷廟堂を護持する動機が失われることになりかねません。この当時、親鸞を「宗祖」と受け止める考え方はないからです。

覚如は早くからそれを見越して対応しようとしていました。二六歳の時に親鸞の伝記『親鸞伝絵』を製作したことは、その一例です。大谷廟堂の主である親鸞を顕彰して、廟堂を「守らなければならない場所」と思ってもらうことを意図した取り組みでした。

このように、覚如が大谷廟堂の留守職となった頃は、廟堂は護持されて当然の存在ではありませんでした。覚如には親鸞の門弟たちの信頼を失えば留守職そのものを追われる可能性もありました。さらに、親鸞を「宗祖」と仰ぐ見方がない中で、時間の経過に伴い、大谷廟堂存続には相当の努力が必要な時期になっていました。大谷廟堂（本願寺）の存在を自明の前提として、それを中心とした教団形成を考えられる状況にはなかったと考えられます。

二　覚如の著作

覚如を取り巻く上述の環境を踏まえて、覚如の著作を中心にその教えを検討していきたいと思います。以下は本論で論じたい覚如の事績を年表風に示したものです。著作は信心正因・称名報恩について検討対象となるものを挙げています。

永仁三年（一二九五）二六歳　十月、『親鸞伝絵』（初稿本）を著す。十二月、『同』（高田本）を作る。既に信心に注目。

正安三年（一三〇一）三二歳　『拾遺古徳伝絵《しゅういことくでんね》』を著す。大谷廟堂留守職をめぐって叔父唯善との争いが起こる。

延慶二年（一三〇九）四〇歳　唯善に勝利するも、大谷廟堂の留守職就任を許されず。高田門徒らに宛てて懇望状を提出する。

延慶三年（一三一〇）四一歳　七月、顕智、往生。秋頃、大谷廟堂留守職に就任を許される。十一月、親鸞の「鏡御影《かがみのごえい》」を修復し讃銘を改める（称名報恩への着目として年代を確定できる最初の例）。この頃、『報恩講私記《ほうおんこうしき》』を著すか（後述）。

正和元年（一三一二）四三歳　高田門徒法智のすすめで大谷廟堂に「専修寺」の額を掲げるが、比叡山の反発で撤去。

嘉暦元年（一三二六）五七歳　『執持鈔《しゅうじしょう》』を著す。これ以降、信心正因を特に強調。

元弘元年（一三三一）六二歳　『口伝鈔』を著す。三代伝持の初見。これ以降、称名報恩も強調する。

建武四年（一三三七）六八歳　『本願鈔』『改邪鈔』を著す。

暦応二年（一三三九）七〇歳　留守職の継承について譲状を作る。

暦応三年（一三四〇）七一歳　『願願鈔』を著す。

康永二年（一三四三）七四歳　『最要鈔』を著す。

観応二年（一三五一）八二歳　往生。


ここに挙げた覚如の著作のうち、信心正因（他力の信心が往生成仏のまさしき原因となるという教え）は強調の度合いに差はあっても一貫していると言えます。一方、称名報恩（他力の信心を得た後の念仏は報恩であるとする教え）には延慶三年、留守職就任頃から注目し始めた様子で、明確に打ち出されていくのは、元弘元年の『口伝鈔』以降です。以下、詳しく検討を進めます。

三　覚如における信心正因の強調

ここから覚如の教え（親鸞の受容）を検討します。まず、信心正因について確認したいと思います。覚如は信心正因を親鸞が法然から正しく継承した内容として見出しました。

親鸞の言葉から信心正因を意味する内容を見つけることは容易です。たとえば、親鸞の『教行信証』「行文類」末尾にある「正信偈」には、「正定の因はただ信心なり」（原漢文、一―二一六）とあります。往生成仏が決定した者（正定）になる因は信心である、と示しています。

三―一　『親鸞伝絵』に見える信心への注目

覚如は最初の著作である『親鸞伝絵』で既に信心に注目し、それが法然から親鸞へと継承された教えであると強調しています。たとえば、親鸞が法然に入門した意義を、次の通り述べています。

立どころに他力摂生の旨趣を受得し、飽まで凡夫直入の真心を決定しましましくけり
（高田本、『真宗重宝聚英』第五巻、一八四頁）

親鸞は法然に入門し、煩悩に振り回される凡夫が浄土に往生せしめられる他力の信心をたちどころに得たとしています。

さらに「信行両座」と「信心諍論」の段でも、覚如は信心に注目した逸話を示しています。これらはともに親鸞が法然の元で学んでいた時のエピソードです。「信行両座」は、往生の決定は信心を得たことによるのか、念仏することによるのか、という議論がテーマです。親鸞は前者の立場に立ちましたが、法然もまた親鸞と同様の立場を示したと言います。往生の決定には信心が不可欠であると覚如が受け止めていることがうかがわれます。

「信心諍論」は、親鸞の信心と法然の信心とは同じであるか否かという論争です。法然が親鸞に同意して、「仏のかたよりたまはる信心」（高田本、『真宗重宝聚英』第五巻、一九三頁）であるから同じであると教示し、さらには「信心のかはりあふておはしまさんひとびとは、わがまいらむ浄土へはよもまいらせたまはじ」（同）と語らせています。

これらはいずれも往生について信心が決定的に重要であるという覚如による親鸞の教えの受容を示していると言えます。そしてそれが、法然を継承する内容であることを示しているのです。このことは、親鸞を法然の正統な継承者と位置づけ、その墓所である大谷廟堂護持への協力を訴えようとするものだと考えることができます。

覚如は『親鸞伝絵』に続き、正安三年（一三〇一）、三二歳の時に『拾遺古徳伝絵』を著しています。本書は法然の伝記であり、それまでの法然の伝記に見られなかった、法然と親鸞との関係を「拾遺」したものです。親鸞の教えについて覚如の理解が直ちに示されてはいませんが、覚如を含む当時の親鸞の門弟たちの法然への関心を反映していると言えます。

三―二　覚如の著作空白期における教学的動向

『拾遺古徳伝絵』の後、嘉暦元年（一三二六）、五七歳で『執持鈔』を著すまで、覚如による親鸞の受容を示す著作はなく、空白の時期に入ります。この間に留守職を巡る唯善との争いなどがありました。

著作はないものの、注目したい事柄が二つあります。一つ目が延慶三年（一三一〇）に行った親鸞の「鏡御影」の修復、二つ目が正和元年（一三一二）に大谷廟堂に「専修寺」の額を掲げる試みです。

まず親鸞の「鏡御影」の修復です。これは覚如が留守職就任を許された直後のことでした。注目したいのは、親鸞の絵の上下に記された讃銘《さんめい》（仏典の言葉）を変更・削除していることです。上部の讃銘は、もともとは親鸞の「正信偈」にある「本願名号正定業」以下二十句でした。覚如はこれを「憶念弥陀仏本願／自然即時入必定／唯能常称如来号／応報大悲弘誓恩」の四句に改めました。下部の讃銘は、法然の『選択集』の言葉とそれを継承する「正信偈」の言葉でした。覚如はこれを削除しています（『真宗重宝聚英』第四巻、二頁）。

この改変は、信心正因（改変後の「正信偈」前半二句）と称名報恩（同後半二句）を示すことだったと考えられます。覚如が明確に称名報恩を意識していると考えられる行為は、これが初めてです。

二つ目は「専修寺」の寺号です。存覚（覚如の長男）の『存覚一期記』によれば、覚如は高田門徒の法智の発起で、大谷廟堂に「専修寺」の額を掲げました。ところが、比叡山から禁制であるはずの専修念仏を寺号にすることは認められない、との批判があって、結局、撤去するに至りました（一―八七〇）。

「専修」とは、比叡山の批判通り、専ら念仏を申すことで法然の教えの特色を示す言葉でもあります。『親鸞伝絵』以来、念仏よりも信心を打ち出す覚如の姿勢は一貫していますので、「専修寺」という信心よりも念仏を出す寺号は、覚如による親鸞受容の傾向に照らすと違和感があります。
恐らく、大谷廟堂の有力なスポンサーである高田門徒に遠慮し、法智の意向に従って「専修寺」の額を掲げたものと思われます。「専修寺」という寺号は、高田門徒の教学的傾向を示しており、覚如は留守職として彼らの意向に従って「専修寺」の寺号を承諾したものと考えることができます。

三―三　晩年の著作における信心正因

覚如は、嘉暦元年（一三二六）、五七歳の時に『執持鈔』を著して以降、数年おきに著作があります。それらの著作では信心正因の主張が『親鸞伝絵』よりも、一層、明確になっています。いくつか例を挙げれば、次の通りです。

往生浄土ノタメニハタヾ信心ヲサキトス、ソノホカヲバカヘリミザルナリ。
（『執持鈔』第二条、一―六二七）

涅槃の真因たる信心の根芽わづかにきざすとき、報土得生の定聚のくらゐに住す。
（『口伝鈔』第二条、一―六三二）

タヾ他力ノ一心ヲモテ往生ノ時節ヲ定メマシマス条、口伝トイヒ御釈トイヒ顕然ナ

リ。（『改邪鈔』第一四条、一―六六二）

往生成仏が決定した身になることは、ただ信心によることが示されています。このように、覚如の信心正因の主張は、『親鸞伝絵』以来、一貫しており、晩年にはさらに明確化されていると言えます。

四　称名報恩の強調

続いて、覚如における称名報恩の主張を確認していきたいと思います。

四―一　親鸞における称名報恩と門弟たちの受容

親鸞は称名報恩を明らかにしています。たとえば親鸞は「正信偈」に次のように述べて、名号を称える念仏が報恩になることを示しています。

ただよく常に如来の号《みな》を称して、大悲弘誓の恩に報ずべし。（原漢文、一―一二六）

他力の信心を得ることが往生成仏のまさしき原因であるということは、称名念仏することとは、往生成仏とは関係がない、ということを意味します。信心で往生成仏が決定している、ということは、それ以外に何も必要がない、ということだからです。では念仏の意義は何でしょうか。それが報恩であるということです。報恩とは要するに、何ら見返りを求めないということです。
一方、親鸞には称名を正定業《しょうじょうごう》として示す説示が多く見られます。正定業とは、それを行う者の往生成仏が正しく定まる業ということです。これは中国の高僧・善導や、法然の主張を継承するものです。親鸞は『教行信証』に法然の『選択集』を引用して、次のように述べています。

それ速やかに生死を離れんと欲はば、（中略）選んで正定を専らにすべし。正定の業とはすなはちこれ仏の名《みな》を称するなり。称名は必ず生ずることを得。仏の本願に依るがゆゑに
（原漢文、一－一一八）

生死の迷いを離れようと願うなら、正定業である称名念仏を専らにすべきである。念仏申す者は必ず往生できる。なぜならそれが阿弥陀仏の本願に従うことだからだ。このように述べています。
念仏の意義を報恩と理解することと、正定業と理解することとは、念仏を異なる角度から考察したものと言え、矛盾しません。正定業と理解することは、念仏は阿弥陀仏が衆生のために選んで与えた行である、という点に注目した見方です。一方、報恩と理解するこ

とは、阿弥陀仏を信じて念仏する者の立場でその意義を考える見方です。往生成仏は信心を得た時に決まっているのですから、見返りを期待しない報恩の行となる、と言えます。称名報恩は、信心正因とセットで語られる内容なのです。

このように、両者は両立するものではあるのですが、親鸞は称名を報恩とする見方をことさら強調しているわけではありません。既に述べた通り、親鸞の弟子たちは法然の教えを親鸞を通して学ぶという姿勢を持っていました。彼らにとっては、称名を正定業と位置づける理解のほうが、法然・親鸞の説示に親しく、馴染みのあるものだったと考えられます。このことは同時に、称名報恩はすぐには馴染みにくいものであった可能性が高いことを意味します。

このような環境の中で、覚如は親鸞の教えの特色として称名報恩を打ち出していると言えます。

四―二　覚如における称名報恩着目の時期

ところで、先に覚如が称名報恩に注目し始めたのは、延慶三年、留守職就任頃からであろうと述べました。これに対して、『親鸞伝絵』前年、永仁二年（一二九四）の著作『報恩講私記』に称名報恩が見られると指摘されるかもしれません。確かに『報恩講私記』には次のようにあります。

流を酌んで本源を尋ぬるに、ひとへにこれ祖師の徳なり。すべからく仏号を称して師恩を報ずべし。（原漢文、『浄土真宗聖典全書』第四巻六五頁、『真宗聖典』七三九頁）

教えの流れの本源を尋ねれば、それは祖師親鸞の徳であり、仏号を称えて師恩を報ぜよとあります。この説示は称名報恩を述べているかに見えますが、この報恩は師恩に対するものです。「正信偈」のように仏恩に対する報恩ではない点に注意が必要で、信心正因とセットにして示される称名報恩と、直ちに同様に理解することはできません。

さらに、通説では『報恩講私記』を永仁二年の著作とされていますが、再検討の余地があります。本書には覚如の自筆本はもとより、製作年代がわかる信頼できる写本等も現存しません。覚如の伝記である『慕帰絵』（一―九三三）および『最須敬重絵詞』（一―九七五）にも、『報恩講私記』の撰述年についての記述はありません。

加えて『報恩講私記』の内容からも、本書を『親鸞伝絵』前年の著作と見ることにも疑問があります。問題点は阿弥陀仏と親鸞との関係についての表現です。『報恩講私記』には、次の下線部のように親鸞を阿弥陀仏の化身等と最大級の言葉で仰ぐ表現があります。

つらつら平生の化導を案じ、閑かに当時の得益を憶ふに、祖師聖人（親鸞）は直也人にましまさず、すなはちこれ権化の再誕なり。すでに弥陀如来の応現と称し、また曇鸞和尚の後身とも号す。

（原漢文、『浄土真宗聖典全書』第四巻六八頁、『真宗聖典』七四二頁）

ところが、覚如が永仁三年（一二九五）十月に著した初稿本『親鸞伝絵』には、そうした表現はなかったと考えられています。

初稿本『親鸞伝絵』は、建武三年（一三三六）に南北朝動乱で本願寺と共に焼失し、現存しませんが、その二か月後の高田本『親鸞伝絵』には、親鸞を阿弥陀仏の化身等と仰ぐ「蓮位夢想《れんいむそう》」「入西鑑察《にゅうさいかんざつ》」がありません。さらに高田本に次いで古いと考えられる琳阿本《りんあぼん》『親鸞伝絵』も、もともとこの両段がなく、「入西鑑察」が成立後に増補されていることが知られています。琳阿本『親鸞伝絵』の成立時期を確定することは難しいのですが、大谷廟堂を描く場面で、詞書に「影像を安ず」とあるにも関わらず、絵を見ると堂内に親鸞の影像がないことが手がかりになります。影像のない大谷廟堂を唯善が覚如との留守職を巡る争いに敗れて、親鸞の影像を持ち出した一時期の様子だと考えると、琳阿本の成立は、この争いが決着した延慶二年（一三〇九）以降となります。

通説の通り、に『報恩講私記』が永仁二年に著されたのであれば、その翌年の『親鸞伝絵』初稿本・高田本（一二九五年）から琳阿本（一三〇九年？）に至る一〇年以上、覚如は親鸞を阿弥陀仏の化身と仰ぐことを止め、後年、『親鸞伝絵』を増補することでにそれを復活させたことになります。これは不自然です。

以下、上述の整理のために、『親鸞伝絵』諸本の様相を示しておきます。

初稿本（永仁三年〈一二九五〉十月）：現存せず。

高田本（永仁三年〈一二九五〉十二月）：「蓮位夢想」「入西鑑察」なし。大谷廟堂の絵に親鸞の影像あり。

琳阿本（延慶二年〈一三〇九〉？）：当初は「蓮位夢想」「入西鑑察」なし。後に「入西鑑察」を増補。大谷廟堂の絵に親鸞の影像なし。

康永本（康永二年〈一三四三〉十一月）：「蓮位夢想」「入西鑑察」あり。廟堂に親鸞の影像あり。

『報恩講私記』の成立は、どれほど早くても覚如二六歳、永仁三年の『親鸞伝絵』（初稿本・高田本）以降であり、恐らくは唯善事件に勝利した延慶三年以後であると思われます。さらに、成立の下限は、後の覚如の著作に顕著に見られる、本願寺の強調がないことから、正和元年（一三一二）に大谷廟堂に「専修寺」の額を掲げることに失敗し、その後、本願寺を公称するまでの頃と思われます。

このように、『報恩講私記』を根拠に、覚如が二五歳の時から一貫して称名報恩を述べていたということはできません。本書に示される「称名報恩」は、仏恩への報謝ではない点が後の覚如の主張と異なります。さらに覚如が『報恩講私記』を著した時期を二五歳の時、とする通説にも疑問があるからです。

一方、覚如における称名報恩への着目の例として、時期とともに確実に挙げることができるのは、留守職就任直後の「鏡御影」の修復です。覚如が称名報恩に注目し始めたのはこの頃と思われます。称名報恩の主張は、覚如が留守職に就任し、親鸞の教義的特色をより鮮明に打ち出そうとする中で見出したものと考えられます。

ただし、この時点での称名報恩への注目は、必ずしも多くの人々に訴える性質のものではない点に留意が必要です。「鏡御影」を修復しても、同様の影像を多く制作して布教を行うなどした形跡はありません。覚如が本格的に称名報恩を打ち出したのは、以下に述べていく『口伝鈔』以降のことです。

四―三　覚如晩年の称名報恩

覚如は晩年の著作で、信心正因ほどではないにしても称名報恩を積極的に示しています。元弘元年（一三三一）、六二歳の覚如は、『口伝鈔』を著して次のように信心正因・称名報恩を示しています。

ここをもて御釈［浄土文類］にのたまはく、憶念弥陀仏本願、自然即時入必定、唯能常称如来号、応報大悲弘誓恩とみえたり。たゞよく如来のみなを称して大悲弘誓の恩をむくひたてまつるべしと。平生に善知識のをしへをうけて信心開発するきざみ、正定聚のくらゐに住すとたのみなん機は、ふたゝび臨終の時分に往益をまつべきにあらず。そののちの称名は、仏恩報謝の他力催促の大行たるべき条、文にありて顕然也。

（第一六条、一―六四七）

親鸞の「正信偈」を引用しながら、信心を得て後の称名念仏を仏恩報謝の大行であるとしています。このほか『本願鈔』（四―六五四）、『最要鈔』（一―六七一）でも、『口伝鈔』同様に「正信偈」の「憶念弥陀仏本願」以下四句を引用して、称名報恩を示しています。

また、『改邪鈔』第一一条には次のようにあります。

一　二季ノ彼岸ヲモテ念仏修行ノ時節ト定ル、イハレナキ事。

ソレ浄土ノ一門ニツイテ、光明寺ノ和尚ノ御釈ヲウカヾフニ、安心・起行・作業ノミツアリトミエタリ。ソノウチ、起行・作業ノ篇ヲバ、ナヲ方便ノカタトサシヲイテ、往生浄土ノ正因ハ、安心ヲモテ定得スベキヨシ釈成セラル、条、顕然ナリ。（中略）コノ一念ヲ他力ヨリ発得シヌルノチハ、生死ノ苦海ヲウシロニナシテ、涅槃ノ彼岸ニ至リヌル条、勿論ナリ。コノ機ノウヘハ、他力ノ安心ヨリモヨヲサレテ、仏恩報謝ノ起行・作業ハセラルベキニヨリテ、行住坐臥ヲ論ゼズ、長時不退ニ到彼岸ノ謂アリ。

（一―六六〇）

ここで覚如は、善導（光明寺の和尚）に従って信心正因を示し（往生浄土ノ正因ハ、安心ヲモテ定得スベキヨシ）、さらに「他力ノ安心ヨリモヨヲサレテ、仏恩報謝ノ起行・作業ハセラルベキ」と、起行《きぎょう》・作業《さごう》を仏恩報謝と位置づけています。起行とは、読誦・観察・礼拝・称名・讃歎供養の五正行《ごしょうぎょう》、作業とは、恭敬修・無余修・無間修・長時修の四修です。起行・作業が仏恩報謝であれば、そこに含まれる称名も仏恩報謝であると言えます。

なお、善導は中国の高僧で、法然が「偏に善導一師に依る」（『選択集』、原漢文、『昭和新修法然上人全集』、三四八頁）とまで述べて敬った高僧です。もちろん親鸞も七高僧の一人に挙げて「正信偈」（一―一二六）や『高僧和讃』（一―二七四）で敬っています。

称名報恩は『執持鈔』や『願願鈔』には見られないなど、覚如が終始一貫して語った内容であるとまでは言えません。けれども、他力の信心を得たときに往生成仏が決定する（信心正因）ということは、その後の称名は往生成仏には関係しない営みであるということです。そうした称名が、見返りを求めないことを示す報恩と位置づけられることは自然なことです。

覚如は晩年に信心正因を鮮明にするに伴って、称名報恩も打ち出していると考えられます。親鸞を法然門下の異流の人々の中に埋没させないためには、称名正定業の主張では不十分でした。異流の人々と差が見えにくいからです。親鸞の念仏理解の特色として、称名報恩を示し、それが法然からの継承であることを示す必要があったのです。

五　三代伝持を主張する意図

五―一　三代伝持を主張する背景

覚如は『口伝鈔』『改邪鈔』で、三代伝持を示しています。これは「法然―親鸞―如信」と三代にわたって伝持されてきた教えを覚如が継承しているとする主張です。『口伝鈔』にはこれを直接示す表現はありませんが、内容からは明らかにうかがうことができ、『改邪鈔』では奥書に次のように明示されています。

余、壮年の往日、かたじけなくも三代　黒谷・本願寺・大網　伝持の血脈を従ひ受けて以降、とこしなへに蓄ふるところの二尊興説の目足なり。（原漢文、一―六六七）

覚如は、黒谷（法然）・本願寺（親鸞）・大網《おおあみ》（如信）と受け継がれた教えを受けたと述べています。

覚如が『口伝鈔』『改邪鈔』に至ってこうした主張を行った理由はどこにあるのでしょうか。

一見すると、如信は親鸞の孫ですので、血統を誇っているようにも見えます。けれども仮に血統が尊重されるのであれば、覚如が留守職に就く際に懇望状など出さなくても、すんなりと認められたはずです。それに覚如が親鸞の男系ではなく女系の曽孫であることは、親鸞の流れを汲む門弟たちの間では周知のはずで、男系の孫である如信を出したからといって、覚如の血統が正統だ、という根拠にはなりません。さらに、親鸞の血統を不用意に強調することは、親鸞晩年の善鸞事件（親鸞の子息善鸞が教えの混乱を招き、親鸞が義絶するに至ったとされる事件）や唯善との大谷廟堂の争奪戦を思い起こさせることになりかねません。晩年に至った覚如が、血統を強調しても、あまり意味があるとは思えません。

覚如が如信から教えを学んだことや、如信に対して尊敬の思いを持っていたことは事実です。覚如の伝記『慕帰絵』には、次のようにあります。

弘安十年春秋十八といふ十一月なかの九日の夜、東山の如信上人と申し賢哲にあひて釈迦・弥陀の教行を面受し、他力摂生の信証を口伝す。　（四－九三〇）

弘安一〇年（一二八七）、一八歳の覚如は、十一月十九日の夜に如信に会って他力の教えを直接授かったとあります。さらに正応四年（一二九一）、二二歳の時には康楽寺浄喜筆の如信影像（本願寺蔵）に讃銘を記したり、留守職に就いて間もない正和元年（一三一二）には如信が拠点とした大網で、その十三回忌を勤める（『最須敬重絵詞』、一－九六八）などしています。

覚如は如信から教えを受けた翌年、『歎異抄』の著者・唯円に教えの疑問を問うており、覚如の著作には『歎異抄』の影響が顕著です。しかし覚如が阿弥陀仏の本願に帰した直接の契機は如信からの受法であり、その事実を反映したものが三代伝持であるとまずは考えたいと思います。

問題は、なぜ『口伝鈔』に至って、こうした教えの継承を強調する必要があったのかということです。たとえば覚如の息子存覚は自身について教えの継承の系譜を語りません。けれども、その教えは親鸞の門弟たちの中でも仏光寺門徒や木辺門徒などに受け入れられていました。覚如においても嘉暦元年（一三二六）の『執持鈔』までは、自らの法義継承の系譜を示す必要を感じていなかったことになります。

ここで思い起こしたいのは、称名報恩という見方が、親鸞の流れを汲む門弟たちにとって馴染みにくい可能性があったことです。覚如が称名報恩の根拠を親鸞に求める時に、「正信偈」のみに依らざるを得なかったことからもうかがえるように、親鸞は称名報恩を必ずしも積極的に語っていたわけではありませんでした。覚如は『口伝鈔』以降で本格的に称名報恩を述べていますが、それを受け入れてもらうために、「正信偈」以外にも根拠を示す必要があったと推測できます。

そこで覚如が見出したのが三代伝持であったと思われます。覚如は三代伝持によって称名報恩が法然、親鸞を継承する内容であることを訴えました。さらに『改邪鈔』では、既に見たように称名報恩の根拠を「光明寺ノ和尚ノ御釈ヲウカヾフニ」（一一六六〇）と、善導に求めています。『改邪鈔』では三代伝持が明示されていることを考え合わせると、覚如は、称名報恩とは「善導―法然―親鸞―如信」と継承されてきた内容であると訴えようとしていると言えます。

『改邪鈔』には、親鸞の流れを汲む門徒たちの風儀に対する覚如の批判や、平生業成《へいぜいごうじょう》（臨終ではなく、平生の時に往生成仏の業が成就すること。平生の時に往生成仏が決定すること）の強調が見られます。三代伝持の主張は、これらの批判や強調が正統であることの根拠にもなっていますので、称名報恩の正統性のみを訴えるために行われているとは言えません。けれども、特に平生業成は称名報恩と同様に、信心正因から導き出される主張です。

このように、三代伝持を示す目的は、覚如が強調する信心正因、さらには称名報恩が、法然・親鸞の正統な継承であることを示すことにあったと考えられます。

五―二　三代伝持のその後――善照尼への継承を書き置く

ここまで述べてきたように、覚如は本願寺留守職として親鸞の顕彰に努めました。留守職就任前の『親鸞伝絵』以来、信心正因を述べ、さらに留守職就任後は信心正因とともに称名報恩に着目して、親鸞の教義的特色をさらに明らかにしました。そしてこれらの内容は、如信を通して覚如が受け継いだ内容であると、三代伝持を示して覚如は訴えていると言えます。これらの事実は、確かに本願寺とその留守職を中心とする教団の形成を意図しているように見えなくもありません。

ところが、覚如は自らが継承したとする親鸞の教えの内容を、本願寺留守職が継承していなければならないとは、必ずしも考えていなかったようです。覚如は暦応二年（一三三九）十一月、留守職の継承を「善照尼―従覚―善如」と指定する譲状五通を作成しました。その一つに次のようにあります。

本願寺御留守職［別当職の事なり］の事、愚老一期の後は、偕老の同宿善照御坊をなすべし。善照御坊一期の後は、従覚房なすべし。従覚一期の後は、字光養その職に居すべきものなり。
（「覚如の置き文」、原漢文、一―九九八）

本願寺留守職について、覚如自身が亡くなった後は、善照尼がその任に就き、善照尼が亡くなった後は、従覚、さらに従覚が亡くなった後は光養が継承することが示されています。善照尼は覚如の妻です。従覚は覚如の次男、光養は従覚の長男で後の善如です。善照尼は覚如に先立つ貞和五年（一三四九）に亡くなっています（『存覚一期記』、一―八七五）。その結果、ここに示された内容が現実になることはありませんでした。

ここで注意したいことは、覚如が後継に善照尼を指名していることです。善照尼の信仰は不詳です。もし覚如が留守職の資質として親鸞の教えについての理解を求めていたならば、善照尼ではなく、既に『末灯鈔』（親鸞の消息集）編集などの実績がある従覚が適切であると思われます。

このように、善照尼を第一継承者に指名することは奇異に見えます。しかし、留守職には、そもそも親鸞の教えについて深い理解は要求されていないことにも注意が必要です。

初代留守職である覚信尼は、親鸞の末娘でしたが、その留守職就任は夫の所有地に建立された大谷廟堂の敷地を夫の死後に相続し、それを廟堂に寄進した経緯によります。少なくとも、親鸞が亡くなった時点では、覚信尼が親鸞の教えを充分に継承していたとは思われません。

そのことは「恵信尼消息」第三通（一一五一三）からうかがわれます。覚信尼は親鸞の臨終に立ち会い、親鸞の逝去を当時越後にいた母恵信尼に連絡しました。「恵信尼消息」第三通は、それに対する恵信尼の返信です。恵信尼は本消息の冒頭に「なによりも殿の御わうじやう、中々はじめて申におよはず候」（親鸞の往生は間違いない）と強い言葉で断言しています。これは、覚信尼が親鸞の往生を不安に思っていたことに対する恵信尼の反論であると考えられています。この頃、覚信尼は親鸞の教えをよく受け取れていなかったものと思われます。

さらに、親鸞の門弟たちの名簿である「親鸞聖人門侶交名牒《もんりょきょうみょうちょう》」に覚信尼の名前は出ません。「交名牒」には、少数とはいえ、女性の弟子の名前も挙がっていますので、親鸞の弟子たちの間では、覚信尼は親鸞の教えを継承する人物とは考えられていなかったのでしょう。

さらに覚信尼の子覚恵は、弘安六年（一二八三）に母から留守職を継承しています。『最須敬重絵詞』は覚恵について次のようにあります。

聖人ノ芳言ヲバ承給ナガラ、ヒトヘニ信順ノ儀マデハナカリシカバトテ、コレモ如信上人ヲモテ師承トシ　（一一一九五六）

覚恵は親鸞の言葉を直接聞いてはいたが、その時点では「信順《しんじゅん》」には至っていなかったとあります。覚恵が如信から教えを受けた時期は不明ですが、覚如が覚恵から教えを受けたとは全く述べないことを考えると、覚恵は留守職継承後、弘安一〇年（一二八七）に覚如と同時に如信から教えを受けたと思われます。

このように、留守職には親鸞の教えの継承は必ずしも求められていませんでした。善照尼への継職指名を考えると、覚如は後継の留守職に、三代伝持によって伝えられた教えの継承を求めるつもりはなかったようです。つまり三代伝持は覚如の親鸞理解が正統であることを示すことまでが意図で、覚如はその教えの内容を留守職に継承させるつもりはなかったと言えます。

『宗教学事典』（小口偉一・堀一郎監修、東京大学出版会［1973］）ほかによれば、宗教集団は、①教義、②儀式行事、③信者（教祖等も含む）、④施設（宗教的象徴等も含む）、以上四点を構成要素とするとされます。もちろん、覚如がこれらに沿って「教団」を考えていたとは思えませんが、少なくとも教義については留守職の職掌ではないと理解していたと思われます。

覚如の努力は、親鸞の廟所としての本願寺が安定的に護持されることを意図していたと考えられます。これは留守職として当然の職務です。さらにそれは、留守職の地位を安定させ、覚如の家族・子孫がそれを継承していけるためでもありました。

おわりに

本論では、覚如の活動の再検討を試みました。要点は「はじめに」のとおりです。

これらの検討を通して通説に疑問を呈しました。一般に覚如は本願寺を中心とした教団形成を志向したとされます。これについて、覚如の意図は、教団形成ではなく、本願寺の存続であったと論じました。これに付随して『報恩講私記』の成立は一般に永仁二年（一二九四）とされることについて、延慶三年（一三一〇）頃まで下がる可能性を指摘しました。

覚如は信心正因・称名報恩を法然から親鸞が継承した教えとして強調し、法然門下の異流の中で親鸞が埋没することを防ごうとしました。著作の上ではこれは成功していると言えます。一方で、親鸞がその門弟たちの中で法然の教えを伝えた一人の人物として埋没することには有効な手が打てませんでした。それは、三代伝持に顕著に見られるように、覚如自身もまた、法然の流れを汲む者であるという意識が強くあったからであると思われます。

覚如においては親鸞を「宗祖」と仰ぐに至る条件が未だ整っていませんでした。けれども、覚如における親鸞の顕彰と信心正因・称名報恩の強調は、本願寺第八代蓮如に継承され、後に「宗祖」としての親鸞と、その立教開宗が見出されることに繋がったと言えます。覚如の活動からは、立教開宗の萌芽を見出すことができるのです。

※本論は拙論「本願寺留守職としての覚如」(『真宗研究』六四〔2020〕)を改稿した「本願寺覚如の活動の再検討――本願寺中心の教団づくり?・」(『東国真宗』一六〔2023〕)に修正を加えたものです。

顕智の聖教撰述と継承

―親鸞との関係、高田門徒のネットワークと教化を通して―

ブライアン・ルパート

はじめに

筆者はここ数年日本中世仏教において独自な聖典の発展と進展に焦点を当てて研究を行っています。中世前期では既存の仏教寺院による聖典の制作が迅速に進み、おそらく平安後期までには著しく拡大したと考えられます。しかしながら、これらの聖典は釈迦の教えと経典（お経）に限定されるものではありません。主に「聖教《しょうぎょう》」や「法文」として知られ、特定の流派や宗派と共に成立し、日本人や東アジアの祖師によって執筆された文献とその注釈書を指します。これらの聖典には祖師信仰に関連する要素も含まれていると考えられますが、実際にはさまざまなジャンルの「先徳」の教えや、密教の場合には伝授内容も含まれることがあります。

中世前期において顕密寺院仏教は東大寺、東寺、延暦寺、醍醐寺など、その時代における既成仏教の中心的存在である大乗仏教（主に顕教）と密教を結合し、多宗兼学の場として機能しました。これらの大寺院や小寺院では、「聖教」として知られる聖典の増加が、寺院の塔頭に属する「法流」と呼ばれる組織、そしてその中の「院家」（または後の「門跡」）の住僧たちによって築かれました。住僧としては、通常は一つの院家に所属していましたが、自身の院家以外の法流にも興味がある場合、一般的には他の法流の伝授を自由に受けることが出来ました。同じ宗派内で複数の法流が交流し、また「別所」という顕密寺院に属する寺においては、遊行する僧が、大寺院の塔頭で執筆された文献を学び、書写し、その後、別の寺院や堂に頻繁に持ち歩いて活動することも一般的でした。

聖教は、法流や院家の形成に密接に関連しており、その目録にみられるように作法・次第書、図像書、注釈書、抄物など複数の宗教テクストのジャンルが含まれています。通常、これらのテクストは伝授という形式で受け継がれ、祖師信仰の発展にも寄与しました。山本信吉氏は平安中期以降の大寺院の院家が学び、発展した環境について、延暦寺の

「谷流《たにりゅう》」とその青蓮院を代表的な例として挙げています。

日本の寺院が持つ特色の一つは、教学が発展をする中で、多くの法流が成立し、その法流の正統性を明らかにするために経典の内容、修法の次第を述べた聖教の蒐集が行われたことである。その代表例が京都の門跡寺院として有名な青蓮院の吉水蔵である。我が国の天台密教は、最澄ののち慈覚大師円仁・慈恵大師良源らによって発展した。平安時代中期になると谷阿闍梨皇慶が出て、天台密教の法流として谷流を確立した。（中略）青蓮院の吉水蔵はその皇慶伝授の聖教を源として、鎌倉時代前期の慈鎮和尚慈円、ついで南北時代に尊円親王が整備・補充を行い、歴代天台座主相承の聖教として大切にされて今日に至っている。その内容は平安・鎌倉時代に書写された台密の秘籍で、その特徴は各聖教が筆者・書写年代および伝来を明らかにしていて、台密の教学・秘法が由緒正しいもので、その継承の次第などを具体的に伝えて、その正統性を明確にしていることにある。（山本［2004：6］）

鎌倉時代の新たな宗教組織における動向も興味深いものでした。具体的には、この考察で初期浄土真宗の聖教の受容と形成に焦点を当てて、鎌倉時代の宗教の変遷を探究し、理解しようと試みます。浄土真宗の聖教も、先述の顕密寺院の流派や法流と同様に、祖師信仰と密接に関連していたと考えられています。たとえば、親鸞とその師である法然は祖師信仰の対象となり、特に彼らの「消息」（書状）は法然の『選択本願念仏集』や親鸞の『教行信証』などの著書と共に、早い時期から聖教として尊重されてきた事例があります。

　浄土教の聖教の形成は親鸞や法然の時代から着実に進行していました。親鸞が存命中その弟子真仏（一二〇九―一二五八年）は親鸞を含む先徳たちが著した抄物、釈、讃、そして経典をまとめたものを『経釈文聞書《きょうしゃくもんききがき》』として記し、聖教として大切に扱いました。特に、高田門徒と呼ばれる信者たちは、弟子たちが親鸞の自筆と考えられる聖教の写しである『経釈文聞書』等を書写し、書写した弟子の名前が師によって記されました。高田門徒では「聖教」には善導（六一三―六八一年）などの東アジア大陸の浄土教の先徳と祖師たちが書いたものやそれを写した抄物も含まれています（永村［2006］）。浄土真宗では、親鸞や法然だけでなく、善導などの著述も聖教として認めており、後世の存覚（一二九〇―一三七三年）の『浄典目録』においてもこれらの典籍を聖教として取り上げたと考えられています（永村［2009］、拙稿［2012］）。

　ここでは親鸞と真仏の弟子である顕智（一二二六―一三一〇年）が中心となって行った聖教書写と編集や高田門徒とその寺院ネットワークに焦点を当てます。顕智は、親鸞の死の際に非常に親しい関係にあった親鸞門弟の中でも一人のリーダーであり、遊行僧としても知られているからです。顕智は積極的な書写活動を行い、初めて親鸞の消息を編集し、特に高田門徒の信者ネットワークを広げる上で重要な役割を果たしました。さらに、親鸞の親しい弟子として、親鸞との密接な関係を通して、後半生において大谷廟などで高田門徒の組織を強化する役割を果たしたと考えられます。

一　親鸞の弟子としての活動

顕智の出自については確証がありません。戦国期に記された『代々上人聞書』には、彼が越後の出身である可能性に関する伝承が残されていますが（『真宗史料集成第四巻』［1982：81］）、この伝承の信頼性はあまり高くありません。ただし、顕智が真仏の婿として筑波山近辺出身の真壁氏に関連しているとする文献が戦国時代に存在し、その信頼性は高いと指摘されています。具体的には、結城《ゆうき》市称名寺の古系図と西本願寺の文書に、この関係についての記載があるため、その可能性が認められるとされています（平松［1999：599–600］）。言い換えれば、顕智は専修寺三世として活動し、二世の真仏の直弟子として近い位置にあり、おそらく一二五〇年代から下野国高田（現在の栃木県）の専修寺を拠点にしていたと考えられます。

顕智は、念仏を称える聖としての遊行僧であり、特に一二五〇年代には高田、三河、そして京都の地域を巡り、念仏の勧進活動などを行なったと考えられています。彼が歴史上に初めて登場したのは、親鸞の亡くなるわずか四年前でした。当時真仏と共に四人組の遍路団として活動していましたが、特に注目すべきは建長八年（一二五六）に三河を通って上洛し、京都滞在の親鸞を訪れたことです。顕智だけがしばらく京都に残っていましたが、後に真仏に三河に呼び戻され、念仏の勧進を行いました（『三河念仏相承日記』『真宗史料集成第四巻』［1982：1025–1026］）。

師である真仏が亡くなった後、顕智は専修寺に帰還しました。しかし、正嘉二年（一二五八）顕智は再び上洛し、親鸞を訪ねる度に法語を聞くことができました。三条富小路《とみのこうじ》の住房に滞在していた当時八十六歳の親鸞が到達した境地について語られた法語（消息）は直弟子の一人として顕智によって筆記され、『獲得名号自然法爾御書《ぎゃくとくみょうごうじねんほうにごしょ》』として知られており（『三河念仏の源流――高田専修寺と初期真宗――』［2008：62］）、現在は本山専修寺（三重県津市）に所蔵されています。

『獲得名号自然法爾御書』は親鸞の生前その思想が成熟したプロセスを手短に説明した

ものでした。親鸞は顕智に対して、その教えの核心を「キキカキ」(聞書)としてまとめるよう依頼したのです。現存している自筆本は清書されたものと考えられますが、親鸞と顕智の密接な関係を伝える法文と言えるでしょう。

親鸞の死後、顕智は初期の信者グループの中心的存在として浮かび上がります。顕智は兄弟弟子の専信と共に親鸞の葬送の役割を果たし、最後の儀式である荼毘に付しました。しかし、それだけではありませんでした。顕智は親鸞の遺骨を受け取り、それを専修寺(下野=栃木県)に持ち帰り埋葬しました。現在、専修寺(栃木)には親鸞の御廟があり、その後親鸞の遺骨が分骨されたことが分かっています。つまり京都東山の親鸞御廟と専修寺に埋葬されたことから、親鸞の遺骨が複数の場所に安置されていることが示唆されています(今井雅晴「顕智が遺骨を持ち帰る」、https://honji-senjuji.jp/simotuketosinran/17wa/)。

近年顕智が親鸞の遺骨を非常に大切に扱っていたことも明らかになっています。例えば本山専修寺には親鸞と顕智の遺骨を収めた巾着袋と遺骨包紙が所蔵されていますが、現代になってその外包紙に顕智筆の文字が記されていたことが判明しました。具体的には「鸞聖人ノ遺骨」と「顕智ノ御マホリ」【守り】と記されています(『三河念仏の源流――高田専修寺と初期真宗――』[2008 : 64])。つまり顕智が聖人の遺骨を何らかの形で大切に持ち歩いていたことが分かります。この発見により、顕智が親鸞に非常に近い存在であり、特に親鸞の入滅後、門弟たちの中心的存在であったことが確認されました。

顕智が親鸞の遺骨を収骨した事は、直弟子として彼のリーダーシップを物語っています。高田専修寺本の『教行信証』には、収骨の出来事が三度も記録されています（『大正新脩大蔵経』第八三巻［1931：589注七］、［1931：616注二］、［1931：626注六］）。このため、顕智の弟子専空の筆跡によるもので早い段階から言及されていたことがわかります。さらに、覚如著作の『親鸞聖人伝絵』（一三四三年）以来、親鸞の臨終が描かれるようになりました。『親鸞聖人御絵伝』においても、門弟面会に顕智が中心に描かれていることも推測されています（平松［2008：278-279］）。

最後に京都東山の大谷廟堂について触れますが、顕智は早い時期からこの廟堂の保護に深いかかわりを持ち続けました。一二七七年に親鸞の娘である覚信尼が、顕智と常陸国布川の「ケウネンホウ（教念房）」に直接大谷廟堂の保全を求めた寄進状が現存しています（『真宗史料集成第四巻』［1982：159］）。言い換えれば、顕智は覚信尼の信頼を得て大谷廟堂を約二十七年にわたり守り続けていたのです。しかし覚信尼の息子である唯善は親鸞の孫として大谷廟堂が自身に「遺跡《ゆいせき》」（後継者）としての権限があると主張し、一三〇四年から五年間にわたって廟堂の支配権を訴え続けました。

この書状が顕智に送られたことからも、顕智が高田のリーダーであったことが考えられます。結局、一三〇九年には廟堂の青蓮院門跡は唯善の主張を認めず、唯善は廟堂を壊し、親鸞の遺骨と像を奪って逐電しました。門跡はこれに対して、御教書の中で顕智とその門弟が像を造立したこと等主張し、顕智の立場を支持しました。しかし、高齢の顕智は完全運営の保持をみることなく、一年後に亡くなりました（『真宗史料集成第四巻』[1982：161-162]）。

二　顕智の活動や寺院ネットワーク

前述の通り顕智は建長八年（一二五六）に三人の仲間とともに京都を訪れ親鸞と面会をしました。『三河念仏相承日記《みかわねんぶつそうじょうにっき》』には顕智について以下のように記されています。

顕智聖ハ京ノミモトニ御トウリウ、三人ハスナワチ御クタリ。トキニ真仏上人オホセニテ、顕智房ノクタランヲハ、シハラクコレニト、メテ念仏ヲ勧進スヘシト。オホセニシタガヒテ、顕智ヒジリオナジキトシノスヘニ御下向ノトキ、権守トノ出家ノ後円善坊云云ノモトニワタラセタマフ。カノヒノヘタツヨリツチノヘムマニイタルマテソウシテ三年、コノアイタ薬師寺ヨリ称名寺ニウツリタマフ。正嘉二□ニ御ノホリノトキ、顕智ヒジリノス、メニテ、権守殿ノ嫡子袈裟太郎殿出家シテ信願房念仏法名出家トモニ顕智聖人相伝ナリ。

（『真宗史料集成第一巻』［2003：1025］）

この原文の記述は何を語ろうとしているでしょうか。まず注目するべきは、顕智の呼称です。顕智は「顕智房」以外必ず「顕智聖」、「顕智ヒジリ」、または「顕智聖人」と呼ばれていました。この聖《ひじり》は中世において複数の意味合いで使用されましたが、顕智の場合、遍歴・遊行や勧進活動と関連していることがこの引用から明らかです。顕智の移動は数回あり、その中に高田専修寺、三河、そして再び京都への訪問が含まれています。さらに、彼は他の聖地を訪れています。たとえば、一二八二年には四天王寺に参詣し、聖徳太子のものと伝承される袈裟と御衣の二裂れや衾《ふすま》（中世の掛け布団）を拝領しました（顕智筆「顕智上人拝領記録」、『影印高田古典第四巻』［2002：643–644］）。

四天王寺は念仏聖の集う場であり、顕智は他の聖や僧侶に接触する機会があったと考えられます。また、顕智が聖徳太子信仰と善光寺信仰を持っていたことが、彼の自筆の『聞書』に示されています。具体的には、太子と善光寺の阿弥陀如来の消息（手紙）の遣り取りと伝承が信じられ、二つの書状が載せられていました（『影印高田古典第三巻』［2001：

240–241〕、山田［2023：117〕）。

もう一つの注目すべき側面は、顕智が京都に滞在し続けたことです。真仏は他に旅した門弟と共に京都に残らず、下洛しましたが、顕智だけが京都に滞在しました。この点について、顕智が特別に親鸞の説法をしばらく聴聞したかったのか、あるいは親鸞と密接な関係を持っていたために長期滞在したのか、具体的な説明はありませんが、彼が親鸞と親しい関係にあったことが明らかです。親鸞の直弟子としての文脈が物語られています。

また念仏聖として積極的な勧進活動を行なった様子はよく指摘されています。まず真仏に従っていたこと自体、顕智が親鸞の直弟子であることを示す一方で、真仏の勧進活動を助けるという側面もあります。さらに、真仏は念仏勧進を進めることで顕智の聖活動を公にし、特に顕智は地元の権守殿（出家後、「円善房」と呼ばれ）など現地の人々に勧進し、真仏、弥太郎、専信と共に三十五人の門徒を得たと記されています。ここで記述されている薬師寺は、矢作の地にある寺であるため、近隣の称名寺から遠くありませんでした（山田［2023：114］）。この事例は、三河地方の初期真宗の伝播を示しています。

『三河念仏相承日記』には、新たな信者として十二組の夫婦が名前として挙げられています。このことから、地元の信者が門徒のネットワーク基盤として信仰の一部になったことが示唆されています。この記録は、主に十四世紀後半（貞治三年の年紀）にまとめられたものと考えられており、初期の門徒の状況について詳細に語られているという指摘があります（安藤［2008：180］）。『三河念仏相承日記』の後半では、門徒が顕智の信者として平田荘などに道場を建立したことも記録されており、三河の門徒が高田に参詣したことや、最終的には碧海荘赤渋《あおみのしょうあかしぶ》（現在の岡崎市）に道場を建てた信願ヒジリ（元権守の嫡子袈裟太郎殿）や和田の信寂ひじりとの関係が語られています。この記録は、「三河ノ念仏弘通ノミナモトヲコト」というテーマを探究しており、特に「顕智ヒジリノオンモノカタリ」（物語）と「信願ヒジリノオンモノカタリ」の関連性を強調しています。

更に、和田の信寂ひじりが高田へ参拝した折に夫妻で参詣し、尼性空が「顕智ヒジリ」の御影を安置したことなども記録されています。最終的には、寂静（信寂子）の時代まで高田門徒との関係が続いていることが述べられ、建長八年から百九年が経過し、法然と親鸞の没年からの経過年数が確認されています（『真宗史料集成第四巻』［1982：1026］）。

この文献は、名帳や記録（古文書）に似た部分もあり、主に三河念仏のストーリーを伝えることを意図しています。十三世紀から十四世紀にかけて撰述されたこれらの文献は「顕智ヒジリ」の構想や筋書きを通じて、三河の念仏運動と高田門徒のネットワークの発展や信心の証を伝えるための作品と言えます。

三　顕智の聖教書写

顕智は親鸞とは異なり、個別の著作を執筆することを積極的に行うタイプの人物ではありませんでした。そのため、彼が筆者として『大名目』に記載されています（『大正新脩大蔵経』第八三巻、2671号）が、これは確かに少なくとも彼が筆記したと考えられていMす。しかしながら、著者として位置付けるべきかどうかについて疑問が残ります。この謎については、この考察では詳しく論じる余裕がありませんが、顕智の聖教ビジョンはおおまかに言えば書写と編集に焦点が当てられていたと考えられます。

次に顕智の書写したものを簡潔に説明し、それから詳細な分析に進みましょう。彼が書写した十七作品の内十二作は親鸞の著作です。これらの中には和讃や聖徳太子讃と書状や教学的な抄物・文意や法語が含まれています。『皇太子聖徳讃』と『唯信鈔文意』を除いた他の作品には奥書が存在し、これらは一二五〇年代後半から顕智が亡くなる前の頃までに続いて書写されています。しかしながら、特筆すべきは、一二五八年の『獲得名号自然法爾御書』からは一二九〇年代初めまでに奥書の入った作品は現存していないのです。更に、他にも書写した五つの作品が現存しており。これらの奥書は『大阿弥陀経』以外は法然の著作や伝法然著作、絵伝、あるいはその門下のもの（『唯信鈔』）です。これらの奥書は主に一二九〇年から一三〇〇年代にかけてのものですが、この二十年間になぜ顕智が積極的に書写したのかという問いについて、最近では、顕智が相手の授与者に対して奥書に記録していなかったことから、聖教の書写は自身の保管（バックアップ）のためではないか、という解釈です。

ただし、顕智は高齢であったことから、保管という目標自体は主に年下の弟子たちに伝えるためであると考えられます。つまり、前述の保管という解釈は高齢であったことに触れていませんが、目的として「貴重な文献の保存継承」（山田［2023：119］）をあげているのでこの説明が付くと思います。更に同じ時期には親鸞の息子善鸞に対する義絶状の書写が親鸞の自筆に基づいているかどうかは議論されていますが（今井［2004］、平［2017］）、いずれにせよ顕智が次世代の高田門徒に伝えるためにこれらの書写を残したと考えられます。

これらの十七作品に加えて、教学の延長として『抄出《しょうしゅつ》』、『聞書』、『見聞』、という文献があります。「抄出」とは、経典やさまざまな聖教の要文を撰述としてまとめる一種の抄物（鈔物）を指します。顕智がどのような引用を集めたのかを考えてみましょう。『抄出』第一冊の六十八文のうち、最も多くの撰述は下記の経典です。具体的には、『法華経』から二十七文、『華厳経』から十七文、そして『首楞厳経《しゅりょうごんぎょう》』から十一文の抄出があります。これらは大乗仏教の経典であり、直接的に阿弥陀如来を中心に扱ったものではありません。

『法華経』と『華厳経』の抄出では、念仏を称賛する内容が多く取り上げられていますが、同時に龍女成仏の話を含めて女性関係のテーマ、一切衆生が念仏によって無量の功徳を得られることについての引用も掲載されています（清水谷［2001：633］）。『首楞厳経』の抄出には、念仏三昧などの話が様々引用されています。これは無量光仏（超日月光）が念仏三昧を進め、その功徳によって念仏を称える者が「浄土」に「帰ス」（安楽）ことや魔の虚偽などに関する抄出です（『影印高田古典第三巻』［2001：56-65］）。第二冊は主に善導、親鸞、法然の引用です。善導の『観経疏』や『往生礼賛』、親鸞の『教行証文類』（教行信証）、法然の『選択集』の引用がありますが、それ以外にも密教の『大日経疏釈《だいにちきょうしょしゃく》』や高野山浄土教の静遍（一一六六―一二二四年）の『続選択』もあります。

『聞書』も引用の内容が中心です。また、顕智の聖教に関する立場や教学的な立場も伝えるものと考えられます。ただし、ジャンルとしては聞書（弟子が師匠の口伝・講釈を記録するもの）よりも、伝書、控え、覚書などさまざまな文書が含まれています。これらは美濃紙の納入袋に古くから保存されており、早い段階で『聞書』は高田専修寺の黒印で封印されていました。この黒印は顕智自筆とその弟子（慶性）が奥書を書いたことを証明するもので、したがって顕智筆の『聞書』はその内容を忠実に伝えていると言えるでしょう（安藤［2001：647-650］）。

具体的な内容はどのようなものが含まれているでしょうか。段取りとして、『聞書』はまず経典、論、釈の要文から始まり、その後に他の文章が書き記されています。『往生要集』と『大般涅槃経《だいはつねはんぎょう》』の引用が最も多く、他に前述のように『首楞厳経』や『華厳経』の抄出も多数含まれています（『聞書』『影印高田古典第三巻』、『浄土真宗聖典全書』第四巻）。

『聞書』には幾つか特筆すべき点があります。一つは戒律に関連した抄出が割合に多いことです。特に食生活に関する引用が多く見られ、『梵網経《ぼんもうきょう》』や『毗尼母経《びにもきょう》』などのインドや中国の仏教書の抄出だけでなく日本の『僧尼令』も引用されています。さらには出処不明な箇所もありますが、実は法然の弟子である良忠（一一九九－一二八七年）が引用した義浄（六三五―七一三年）の『南海寄帰内法伝《なんかいききないほうでん》』の五辛《ごしん》を食した後の規定に関する引用に非常に類似している箇所があることが指摘されています。したがって顕智が撰述した内容からは門徒たちが頻繁に五辛を摂取していた可能性が高いと考えられます。その他にも、「不可服茸事」において、食茸について『十住除垢断結経《じゅうじゅうじょくだんけつきょう》』『阿閦經《あしゅくきょう》』、密教の『儀軌《ぎき》』からの引用に基づいて戒められています（『影印高田古典第三巻』［2001：221-223］）。一方で、『聞書』の別の抄出では、肉食に関しては全く異なる立場を取っており、主に『大般涅槃経』の引用で、どの種類の肉が禁止されているのか、許容される肉食の条件を示しています。この肉食に関する引用は、実は高田専修寺所蔵の親鸞筆の『見聞集』の中の『大般涅槃経』の断片に基づいていると考えられています（板敷［2017：145-141］）。

『聞書』にはさまざまな内容が掲載されており、特に注目すべきはその多様性です。親鸞の既存の著書に見られない『法華経』の一部の引用や先に述べた『華厳経』だけでなく、密教の経典と儀軌、禅宗の清規などが引かれています。また顕智自身が収集し執筆したものか、または親鸞の言葉を記したものと考えられますが、「一　御入滅日記事」という項目も含められています。この記事には、古代インドからアジア大陸の僧まで、浄土門を伝えた先徳たちの名前と、入滅日、年齢が記載されています。

その中には釈迦如来から始まり、龍樹菩薩、道綽、善導などが含まれており、聖徳太子とその師である高句麗出身の僧恵慈も列記されています。その後は空也「聖人」（九〇三－九七二年）、源信（九四二－一〇一七年）、永観（一〇三三－一一一一年）も記載されており、法然（「源空上人」）からその弟子信空（一一四六－一二二八年）、隆寛（一一四八－一二二八年）、聖覚（一一六七－一二三五年）や「親鸞上人」と「真仏法師」が最後に列挙されています。さらに浄土教系以外の名僧も一部列記されており、馬鳴菩薩から日本の最澄（「伝教大師」）、空海（「弘法大師」）、円仁（「慈覚大師」）、行基菩薩が記されています（『影印高田古典第三巻』［2001：225-227］、小山［2006］）。このように、『聞書』は多くの名僧たちの記述を含み、浄土教発展の広範囲に及ぶ背景と祖師・先師を明確に描いています。

三つ目に注目すべき点は、『聞書』が日常生活に焦点を当てていることとその背景です。安藤章仁氏が指摘したように、「肉食の問題や食事の作法など日常生活に関わるものが顕著である」ことが挙げられます（安藤「聞書」［2001：641］）。『聞書』の冒頭分は主に『往生要集』の教えについて述べていますが、すぐに名号（念仏）の利益や功徳について移ります。『往生要集』から『十二佛名經』の偈を引用し、「佛名」を称えることで魔王やその率いる魔衆による妨害から逃れられることが示されています。その後、『要集』の念珠（数珠）の功徳に関する抄出が続き、『占察經《せんざつきょう》』の引用によって、特定の「仏」の「浄国」に「得生」するために「専念誦念一心」が必要であることが強調されます。このようにして、善根や功徳から往生までの保証が約束されています。

『聞書』はその後念珠に関する引用に戻り、密教の不空訳『金剛頂瑜伽念珠経《こんごうちょうゆがねんじゅきょう》』と『校量数珠功徳經《きょうりょうじゅずくどくきょう》』からの念珠の数に関する抄出が掲載されています。ここで特徴的なことは唐突に日本の数珠の形、数え方、そして種類について語られているところです。円形や平な数珠が制作された背後にはこれらの経典が影響しており、「浄土門」において念仏の「数取」として使用されるべきだと主張されています。さらに信者の日常生活について「薬師【如来】十二夜叉大将事」という項目が挙げられており、干支と信者を保護する大将（神将）の名前とその本地としている菩薩・仏などが列挙されています。これにより『聞書』は信者たちに対する日常の教訓を提示するためのものであると考えられます。『聞書』の最後には聖徳太子や善光寺の伝説、新たな『自然法爾御書』の書写、『法然上人伝記』で述べられている食事の作法や「念々相続」（絶え間なく念仏を称えること）に関する撰述も含まれています。

では、次に注目すべき点として『抄出』、『聞書』そして『見聞』の奥書があります。これらの文献は、それぞれ全て一三〇九年の数日間に書き上げられ、顕智の弟子である専空（一二九二—一三四三年）に渡されました。『見聞』には顕智筆の原文に専空と慶空などの別筆が追加されており、非常に複雑な状態になっていますが、元々この文献が顕智のものであることは明確です。奥書とその専空への伝えたことが確認できます。結局これらの文献の内容は非常に類似しているため、八十代であった顕智がなぜ三つの抄物を別々に撰述したのかには検討の余地があると思われますが、少なくとも専空に師資相承《ししそうじょう》の一環として授けたと考えられます。

結び

顕智の聖教書写活動は主に「保存継承」のためだったと述べましたが、実は聖教を広める役割も果たした可能性にも注目するべきだと考えます。顕智が三つの文献を一抄物群として弟子専空に授けた行為は、親鸞・法然・善導・経典などの撰述を聖教の保存継承だけでなく編集する意図も含まれていると思われます。さらに一年前に顕智が親鸞の五つの消息（手紙）を一括して書写したことは、これらの消息を聖教として扱い、教化関係の意図で残した可能性が高く、実際親鸞の消息が多数残されていることは知られており、顕智が特定の五つを選んだことは意図的であると考えられます（永村［2005］）。顕智は限られた親鸞の消息を選択し、編集した述作として門徒に聖教として伝えるための基盤を提供したのかもしれません。これは、いわゆる『五巻書』が『新約聖書』のパオロなどの手紙と同様に書簡体聖典として尊重されていると考えられます。

最後に指摘できるのは、顕智筆による『大名目』です。これは壮年期に執筆された文献で、従来は彼の著作と考えられてきました。しかし、最近の研究によれば、その内容は法然の思想に近いことが示唆され、顕智が書写したものである可能性が高いとされています（浅見［2020：202–203］）。少なくとも顕智は初学者のために執筆したと思われます。『聞書』などと同様に戒律に関する記述も見受けられます。

顕智の直弟子としての活動、そして遊行や寺院ネットワークを踏まえてから彼の聖教書写や編集を考察してきました。さらに高田門徒に与えた影響についても少し触れましたが、特に三河関係の語りに焦点を当てて分析を行いました。現在でも三重県鈴鹿市三日市において顕智の伝承に由来した念仏会が催されていると思われます。善光寺阿弥陀と聖徳太子について教化した伝承や顕智の命日に際しておそらく追悼の行事から生まれた行いと指摘されています（山田［2023：117］）。つまり顕智が撰述した抄物や消息を表現した教化は形を変え現代に至るまで受け継がれていると考えられます。

〈付　記〉

執筆にあたり、ご教示を賜った今井雅晴氏、永村眞氏、平雅行氏、阿部泰郎氏、ジャメンツ・マイケル氏に深甚なる謝意を表したい。

〈主な参考文献〉

浅見彗隆［2020］「顕智筆『大名目』の研究」『真宗研究』六四

安藤章仁［2001］「聞書」『影印高田古典第三巻』

安藤章仁［2008］「新発見の古写本『三河念仏相承日記』について」『真宗研究』五二

板敷真純［2017］「初期真宗における無戒と念仏生活――高田顕智を中心に――」『東洋大学大学院紀要』五四

今井雅晴「顕智が遺骨を持ち帰る」（https://honji-senjuji.jp/simotuketosinran/17wa/）

今井雅晴［2004］「鼎談　歴史の中の親鸞像と現代の課題」『真宗』一一九八

真宗高田派教学院編『影印高田古典第二巻』［1999］

真宗高田派教学院編『影印高田古典第三巻』［2001］

真宗高田派教学院編『影印高田古典第四巻』〔2002〕
小山正文〔2006〕「初期真宗史料としての「御入滅日記事」『同朋大学大学院文学研究科研究紀要』二
清水谷正尊「抄出」『影印高田古典第三巻』
本願寺『浄土真宗聖典全書』第四巻〔2016〕
石田充之・千葉乗隆編『真宗史料集成第一巻』〔2003〕
平松令三編『真宗史料集成第四巻』〔1982〕
『大正新脩大蔵経』第八三巻〔1931〕
平雅行〔2017〕『鎌倉仏教と専修念仏』
永村眞〔2005〕「「消息」と「聖教」――親鸞による東国教化の一駒」『古代東国の考古学』
永村眞〔2006〕「中世真宗高田門徒の「聖教」――真仏撰述の抄物を通して――」速水侑編『日本社会における仏と神』
永村眞〔2009〕「真宗と余乗――存覚の著書を中心として――」『日本女子大学大学院文学研究科紀要』一六
平松令三〔1999〕「顕智上人の生涯」『影印高田古典第二巻』
平松令三〔2008〕『聖典セミナー　親鸞聖人絵伝』
ブライアン・ルパート〔2012〕「存覚、顕密寺院と修学文化」今井雅晴編『中世文化と浄土真宗』
山田雅教〔2023〕「高田門徒の特色と変遷」『親鸞・初期真宗門流の研究』
山本信吉〔2004〕『古典籍が語る――書物の文化史――』
岡崎市美術博物館〔2008〕『三河念仏の源流――高田専修寺と初期真宗――』

第 3 章

SHINRAN 世界への展開

中国における日本語教育と浄土真宗

田中祐輔

一　はじめに

日本語教育とは日本語を第一言語としない方々に対する教育のことですが、その歴史は、日本と諸外国との国際交流と相互理解の歴史でもあります。日本国内外において様々な人々が日本語と出会い、学び、運用することを通して経済・文化・芸術といった各分野において要の役割を果たしてきました。

終戦直後の国内ではGHQ関係者や外交官、宣教師らが、その後は、ビジネスマンや賠償留学生、祖国復帰を果たした島々の住民、インドシナ難民、中国帰国者、国費私費留学生、労働者、在住外国人子弟、看護師、介護士、旅行者、研究者、芸術家、そして、日本語や日本文化に関心を持つ様々な人々等がいます。本稿では、現在の日本語教育を外観しながら、中国における日本語教育と浄土真宗について述べます。

一―一　令和時代における日本語教育の重要性

グローバル世界における日本の国際化の進展は在留外国人数の増加につながり、その数は過去最高となる三〇七万人に上ります（法務省［2023］）。在留外国人の属性構成で最も多いのは家族帯同が許される「永住者」です。年齢構成では二十代・三十代が全体の半数を占め、日本でキャリア構築や子育てをする世代が急増しています。

働き盛りの世代が増えたことで、外国人の児童数も急増しており、日本語指導が必要な日本国籍児童も倍以上に増加しています（文部科学省［2015］）。こうした外国にルーツを持つ子どもたちの多くが日本語の壁に直面しており、日本語力の不足によって学校生活や学業に支障を来したり、さらには、進学や就職などの中長期のキャリア形成の面でも困難が生じたりすることが指摘されています。近年では各種報道でもクローズアップされ、授業についていけないケースや他の児童から孤立してしまう問題が報告され（テレビ愛知

［2019］）、不就学や非行、犯罪などにもつながる深刻な社会的課題であることが論じられているのです（ＮＨＫ［2009・2014］）。我が国で学ぶ児童が等しく学習機会を得るためには、日本語学習支援の拡充が不可欠であると指摘されています（文部科学省［2014］）。

政府も少子高齢化対策や成長戦略の一環として積極的な受け入れを進める方針であり、我が国のさらなる発展に外国人受け入れと、それを支える日本語教育は欠かせないものとなっていると言えます。

一―二　意義が高まることで生じる特有の難しさ

社会的に意義が高まることで、特有の難しさも生まれています。とりわけ、日本語教育に関する対策を講ずるための合意形成を得ることが非常に難しくなっているのです。なぜなら、社会に属する多くのメンバーに共通する問題になると、それぞれの立場によってその価値や利害関係も異なってゆくからです。例えば、各種メディアやインターネット上では以下のような記述が散見されます（図２）。

こうした中、多文化共生社会の実現に向け日本語教育は「仲介者《ちゅうかいしゃ》」（西原［2011］）の役割を持ち、日本語教育関係者は、次の資質と能力が求められるとされています。文化審議会国語文化会［2018］では、日本語教師に必要な資質として、日本語教育に関わる課題を把握し、新たなビジョンとアクションプランを立て、内外に提案し協力と連携を通し実現する力が求められているとされているのです。

一―三　歴史の大切さ

日本語教育や取り巻く社会の実態を明らかにし、その意義や方針を広く説明し、他分野の人々と協力して立てたプランを実行してゆくことが求められていると言えますが、そうした中で日本語教育の「歴史」に思いを馳せることは大変重要です。

なぜなら、私たちの現在の日本語教育は、必ず何らかの形で過去から現在に至る人々の教育実践や学習、活動の歩みと関わりを持つからです。とりわ

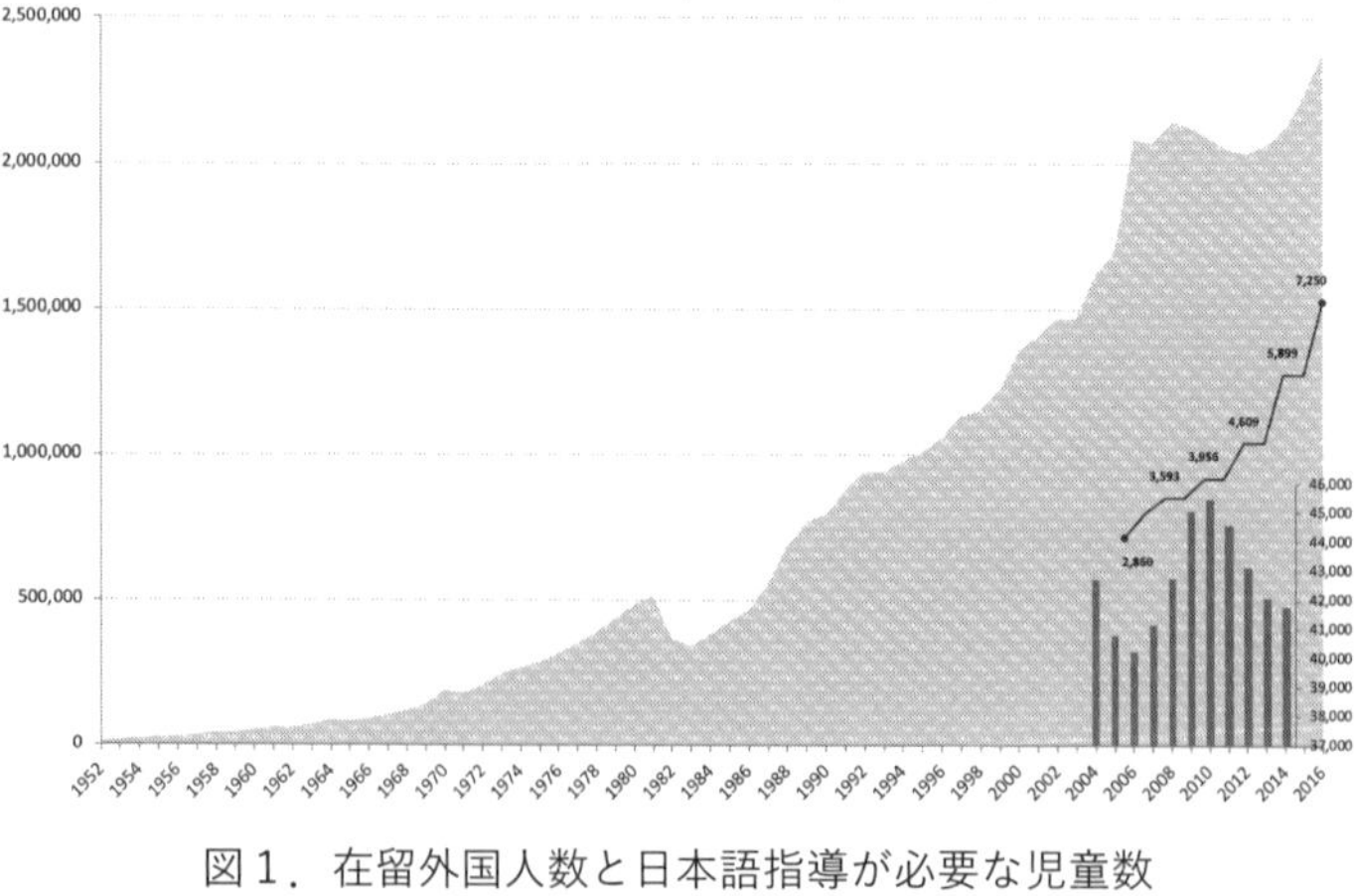

図１．在留外国人数と日本語指導が必要な児童数

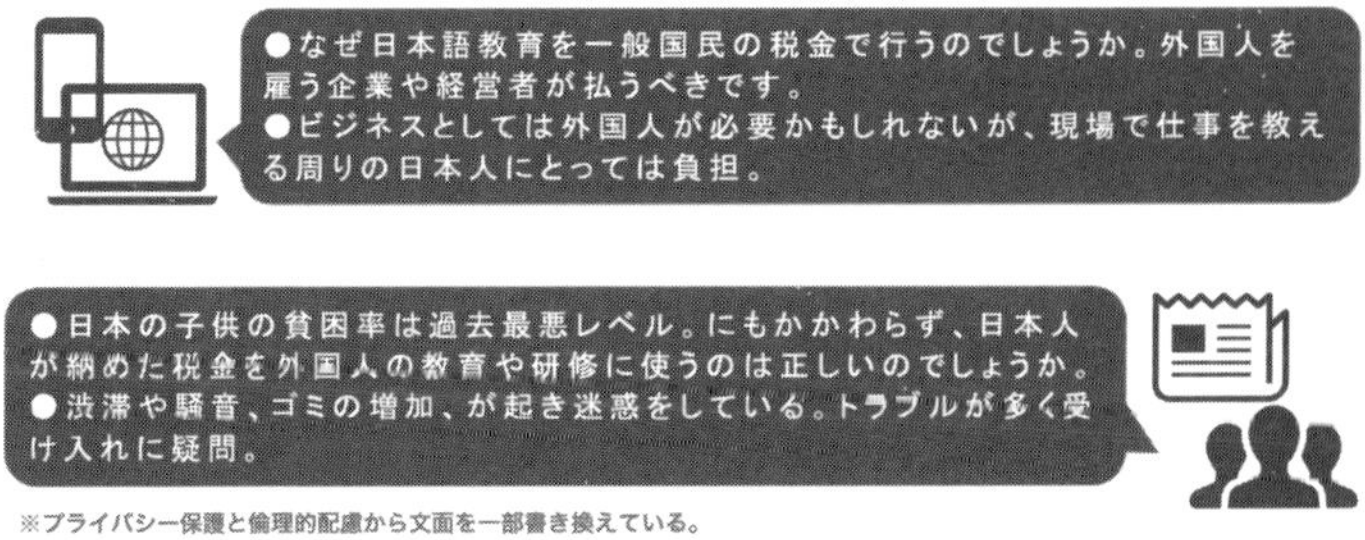

●なぜ日本語教育を一般国民の税金で行うのでしょうか。外国人を雇う企業や経営者が払うべきです。
●ビジネスとしては外国人が必要かもしれないが、現場で仕事を教える周りの日本人にとっては負担。
●日本の子供の貧困率は過去最悪レベル。にもかかわらず、日本人が納めた税金を外国人の教育や研修に使うのは正しいのでしょうか。
●渋滞や騒音、ゴミの増加、が起き迷惑をしている。トラブルが多く受け入れに疑問。

※プライバシー保護と倫理的配慮から文面を一部書き換えている。

図2．合意形成の難しさ

け、新たな教育内容や施策、今後のビジョンを検討する際には、現行の教育が形成された過程を正確に理解していなければ、有効な変化を起こすことができずに、かけ声倒れに終わる可能性もあります。これから展開される日本語教育について考える場合も、「私たちはどのような歩みを経て来たのか」を理解する必要があり、歴史的な考察は日本語教育の実践や研究、将来ビジョンの構築に欠かすことができないと言えるのです。

奇しくも令和元年である二〇一九年は、新在留資格「特定技能」の創設、「日本語教育の推進に関する法律」の成立など、前半期だけでも大きな出来事が立て続けに起きました。

いわば、〝大転換期〟にある日本語教育ですが、このような歴史的変化の中で、何をめざし、何に取り組んでゆくべきなのでしょうか。本稿では、以上の背景と問題意識から、国際文化交流を通した日本語教育の歴史について考察することを目的とします。具体的には、中国における国際文化交流としての日本の仏教文化と日本語教育に着目し、1）中国における仏教文化の歴史と現在を俯瞰しながら、2）中国における日本の仏教文化の受容について日本語教育の観点から述べ令和時代に得られる示唆について検討します。

二　中国における仏教文化の受容

二―一　インドから中国へ

中国はインドから翻訳を通じて仏教を取り入れましたが、物理的な障壁があり、困難を極めました。特に、ヒマラヤ山脈、チベット高原、タクラマカン砂漠、ゴビ砂漠、は自由な往来の妨げになっており、読者の皆様もご存知の通り、唐時代の玄奘《げんじょう》の仏教経典をめぐる旅行記『大唐西域記《だいとうさいいきき》』にもその険しい道のりが描かれています。

そもそも仏教は、中国には約二千年前に伝わったとされますが、後漢《ごかん》の桓帝《かんてい》（一四七～一六七）が皇帝としては最初の信者とされています。熱心な信仰を集めた背景には「不老長寿」につながるものとされたことがあり、現世での功利的な目的で普及した側面もあるとされているのです。

図３．現在の中国とインドの国境周辺（OpenStreetMap）

二—二　新中国設立後の仏教をめぐる状況

一九四九年、中華人民共和国が設立されると、それまで中国の仏教を担っていた中国仏教会が国民党政府と共に台湾へ移転しました。これに伴い、中国仏教協会が設立されます。以後、国際社会との友好の架け橋となります。一九六六年から一九七六年にはマルクス主義の観点から宗教が権威や伝統を示すものと捉えられたことから厳しい局面をむかえましたが、現在では、寺院での布教活動が認められ、寺院の修復保全活動等が進められています。映画やテレビで僧侶が取り組む武術に焦点が当たると、そうした側面から関心を持つ若者も増えています。米国ＦｒｅｅｄｏｍＨｏｕｓｅの二〇一七年の調査によると、中国における宗教人口は3・5億人とされ、仏教が約70％で最も多いとされます。続いてプロテスタント約20％、イスラム

表１．仏教文化受容の変遷

時代区分	年 代	時 代	活躍した主な訳経僧	状況
古訳時代	紀元前後	漢・三国時代	安世高・支謙・竺法護	流入
旧訳時代	4 世紀〜	南北朝時代	鳩摩羅什・法顕・真諦	開花
新訳時代	7 世紀〜	隋・唐時代	玄奘・実叉難陀・不空	成熟
新訳以降	10世紀〜	五代十国・宋・元以降		浸透

※第15回中国仏教史「青少年のための仏教入門」をもとに筆者作成

約７％、カトリック約３％となっています。

二―三　現代における多様な捉えられ方

現在では仏教は、一つの文化として理解され、人々の心の安定と調和を支えるものの一つとして信仰する人々がいます。ＮＨＫ［2016］によると、「金に目がくらみ、人格が変わった人がどれだけいるでしょう。勉強も頑張りました。親の期待にも応えました。それでも、なぜ楽しくないのでしょうか。どこへ向かえばいいか分かりません。」「急速な成長を求め、競争が激しくなり、人々は落ち着きがなくなりました。私もいつも業績を上げることばかり考えていました。そうした考えを改めなければならないのです。イライラしたときには般若心経を読むと心が静まるのです。」といった考え方もあるとされています。

三 国際文化交流としての日本の仏教文化と日本語教育

三―一 近代日本における本派本願寺の海外布教

近代日本における本派本願寺の海外布教は一八八六年にウラジオストックにて活動を行ったのを発端とし、一八八九年にはハワイで、一八九四年には朝鮮で、一八九五年には台湾で、一八九八年には北アメリカで進められたとされます。清国においては、一八九九年に紫雲玄範《しうんげんはん》が福建省厦門に開教を命じられたのが始まりとされ、一九〇四年には樺太および満州でも活動が行われました（小島［1988］）。

東本願寺が行った一八七六年の布教活動が中国大陸における最初期のものであるとされ、当初は現地日本人のコミュニティとしての役割を果たしました。また、徐々に「中国側は本願寺の渡航者に新教育招来の夢を託したわけである。また、地方によって日本人布教者は教育活動だけをするという条件で、寺院の使用を公に許可された例もあった。」（劉［2000：125］）というように、近代教育を実践することが期待されていきました。

三―二　日本仏教の普及と日本語教育

日本仏教の普及は現地の人々と日本人との国際的な交流の基盤としての役割を果たしました。具体的には、⑴現地の人材を本派本願寺僧侶として養成する機関を設置し、日本語教育を実施する。⑵現地の生活者に日常会話レベルの日本語教育を実施し生活上の便益を与える。⑶現地の生活者のための幼稚園を設立し日本語教育を実施する。⑷現地の生活者の初等教育機関をつくり日本語教育を実施する。⑸現地の生活者の中等教育機関をつくり日本語教育を実施する。という効果があったとされます（小島［1988］）。

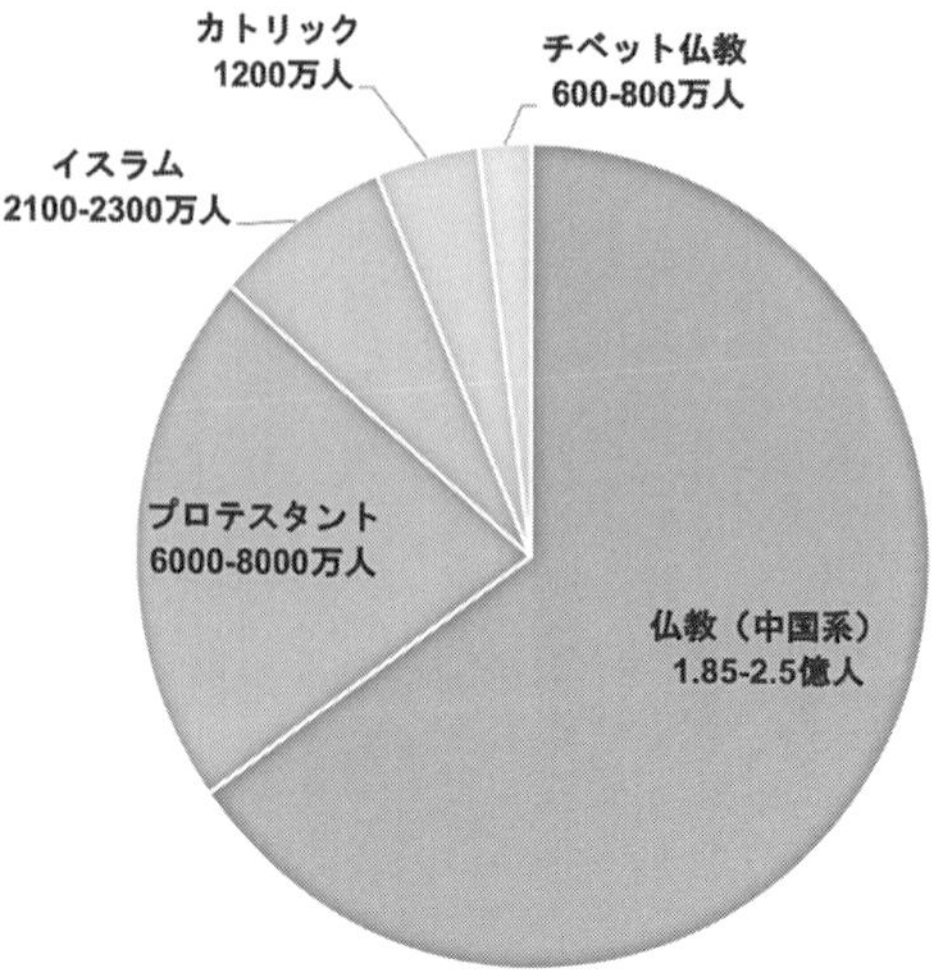

図４．各宗教人口の割合

具体的な教育内容や科目として、一八九九年に東本願寺が開設した杭州日文学堂では日文課と欧文課に分けたコースが展開され、日文課の場合は、日本語、算学、他に倫理・経済・政法・哲学などの科目も設けられていました。同じく一八九九年に開設された金陵東文学堂では、日本言語学と普通学の2コースが設けられ、日本語教育と初等基礎教育の両面から教育が行われました。一八九九年に設置された蘇州の東文学堂では言語学と普通学に分けられ、英文の授業も実践されていました（劉［2000］）。当時、喫緊の課題であった近代科学を学ぶ教育機関としての役割を果たしたと言えるでしょう。

こうした教育が実現した背景として、「日本語教育は、日本軍の『勢力版図』における『宣撫工作《せんぶこうさく》』の一つとして有用であった。現地人は、生命保全のため、あるいは就職機会の拡張のために『日本語』が有用であり、開教使から修得することに、より意味があった。日本軍、現地人、開教使の利害関心の交差点がここにみられる。」（小島［1988：74］）と述べられています。当時の世界情勢や時代背景を考えれば、教育や文化の範疇だけでは議論することができない側面があることは事実ですが、日本の仏教文化と日本語教育への受容が複数の立場から確かに存在し、それらが、人々の交流や生活の支えとして機能したことは見逃してはならないでしょう。

四　得られる示唆と展望

本稿では、国際文化交流を通した日本語教育の歴史について考察することを目的とし、具体的には、中国における国際文化交流としての日本の仏教文化と日本語教育に着目し、中国における仏教文化の歴史と現在を俯瞰しながら、中国における日本の仏教文化の受容について考察しました。

図5．国際文化交流としての日本の仏教文化と日本語教育が果たした役割

中国では、長い歴史の中で仏教文化を受容し、現在では人々の心の安定や調和をもたらすものの一つとなっています。また、日本が中国において行なった仏教文化の普及活動からは、教育機関やコミュニティの中心、国際交流の基盤としての役割も見られました。

以上から、中国における日本の仏教教団の布教活動を考えた時、中国における近代教育の推進や豊かな言葉の教育が展開され、相互理解と交流が実現していたことは事実であり十分に評価されるべきことであると考えられます。とりわけ、教理や日本語のみでなく、現地の状況やニーズに応じて英語や専門を学ぶ環境の提供や、近代科学に関する教育も行われたケースが存在することは刮目に値します。中国における日本の仏教文化が国際交流や近代化に果たした役割は「心の安定や調和」「コミュニティの中心」「教育機関」という側面で確かに存在し、グローバル世界における新たな令和の時代にも多大な示唆を与えてくれるものであると考えられるのです。

〈参考文献〉

ＮＨＫ〔2009〕「僕も学校に行きたい～経済危機 揺れる外国人教育～」『福祉ネットワーク』四月二十二日放送
ＮＨＫ〔2014〕「外国人児童の教育問題」『視点・論点』六月四日放送
ＮＨＫ〔2016〕『クローズアップ現代』四月六日放送
小島勝〔1988〕「第2次世界大戦前の本派本願寺開教使の日本語教育――アジア地域を中心に――」『日本教育社会学会大会発表要旨集録』第四〇回
テレビ愛知〔2019〕「学校にいけない外国ルーツの子どもたち」三月二十九日放送
西原鈴子・小山豊三郎・野山広・加藤早苗・舟橋徹〔2011〕「地域における日本語教育の展望――日本語教育の総合的推進を目指して――」『文化庁月報』五一五
文化審議会国語分科会〔2018〕『日本語教育人材の養成・研修の在り方について（報告）』
法務省入国管理局〔2023〕「在留外国人数について」

法務省［2023］「令和４年末現在における在留外国人数について」
文部科学省［2014］「学校教育法施行規則の一部を改正する省令等の施行について（通知）」
文部科学省［2015］「日本語指導が必要な児童生徒の受入状況等に関する調査（平成26年度）の結果について」
劉健雲［2000］「清末中国における東本願寺の東文」『岡山大学大学院文化科学研究科紀要』一〇（１）、123～143

米国における浄土真宗の受容と伝道上の問題

南條了瑛

はじめに

筆者が大学院時代に留学したアメリカ・カリフォルニア州バークレー市のIBS（米国仏教大学院）は、GTU（神学大学院連合）の加盟校です。カリフォルニア大学バークレー校と連携しているので、大学キャンパス内の図書館が利用でき、講義を受講することもできます。IBSに出入りする学生は、仏教研究者に限りません。キリスト教やイスラム教などの他宗教を研究あるいは信仰する人たちも存在します。互いに他宗教を学びあい、そして実践します。

他宗教を積極的に学ぶ環境は、大学院内だけの話ではありません。これは個人の感想ですが、少なくともバークレー市に住む人々は、それぞれの立場で宗教を重んじる印象があります。他宗教を排斥せず、熱心に学ぼうとする姿勢に、私自身心打たれました。

そしてなによりも、学校内外共通して、仏教を熱心に学ぶキリスト教徒（あるいは研究者）の多さに驚きました。当時の学生から聞いた何気ない一言の一例です。

「柔軟な教えであるはずの Buddhism を“ism”と英訳することに違和感があります」

「仏教徒ではないけど、瞑想はしています。仏教書も読みます」

「仏教のスピリチュアルな雰囲気が好きです」

「多くのセレブリティーが仏教を日常に取り入れています。かっこいいです。」

世界的に宗教離れが進んでいると言われて久しいですが、宗教離れが進んでいるのではなく、現代に沿った新しいかたちで宗教・仏教が伝わり広まっているのではないでしょうか。

アメリカ人は果たして宗教を否定的に捉えているのでしょうか？　なかでも仏教はどのように受容されているのでしょうか？　そして親鸞が顕らかにした浄土真宗という仏教が世界に展開するうえで、どのような問題が生じているのでしょうか？　これらの問いは、いまだ筆者の中で答えが見つかっていませんが、現時点での研究ノートになればという思いで、本稿にて、考えてみます。

一 「not religious, but spiritual」層がキリスト教以外の宗教へ

アメリカにはピューリサーチセンター（Pew Research Center）というワシントンに本部を置く情報調査のシンクタンクがあり、そこでさまざまな世論調査が実施され統計がとられています。

このピューリサーチセンターが、大規模なアメリカ人の宗教意識に関する調査を定期的に実施しています。例えば、「PEW FORUM ON RELIGION AND PUBLIC LIFE」は、現在もインターネット上にＰＤＦとして閲覧できるようになっています。

そのなかに「あなたは宗教を重要に思いますか」という質問がありますが、53％の人が「宗教はとても重要だ（very important）」と回答しています（表1参照）。

また似たような質問として「あなたは神あるいは普遍的精神（a universal spirit）を信じますか」という問いには、驚くことに89％が「信じている」と回答し、63％が「私の信仰は確かである」と回答しています。このa universal spiritの適切な日本語訳は難しいです

ASK ALL:
Q.F2　How important is religion in your life – very important, somewhat important, not too important, or not at all important?

		Very important	Somewhat important	Not too important	Not at all important	Don't know/ Refused (VOL)	Total
Total	**2014**	53	24	11	11	1	100
	2007	56	26	9	7	1	100
Evangelical tradition	**2014**	79	17	2	1	1	100
	2007	79	17	2	1	1	100
Mainline tradition	**2014**	53	34	10	2	1	100
	2007	52	35	9	3	1	100
Historically black Protestant trad.	**2014**	85	12	1	1	*	100
	2007	85	13	1	1	*	100
Catholic	**2014**	58	32	8	2	*	100
	2007	56	34	7	2	1	100
Mormon	**2014**	84	12	3	1	0	100
	2007	83	13	3	1	0	100
Orthodox Christian	**2014**	52	33	12	3	*	100
	2007	56	31	9	4	0	100
Jehovah's Witness	**2014**	90	8	*	*	1	100
	2007	86	10	2	*	1	100
Other Christian	**2014**	56	21	15	5	3	100
	2007	60	22	11	6	1	100
Jewish	**2014**	35	36	20	9	*	100
	2007	31	41	18	9	1	100
Muslim	**2014**	64	24	8	2	1	100
	2007	67	23	6	4	0	100
Buddhist	**2014**	33	39	15	10	2	100
	2007	35	38	18	6	2	100
Hindu	**2014**	26	53	15	6	*	100
	2007	45	40	12	3	1	100
Other faiths	**2014**	28	29	20	22	2	100
	2007	39	30	12	16	3	100
Unaffiliated	**2014**	13	21	26	39	1	100
	2007	16	25	25	33	2	100

（表１）ピューリサーチセンター調査の抜粋（2014年）
https://www.pewresearch.org/wp-content/uploads/sites/7/2015/11/201.11.03_RLS_II_topline.pdf

が、何かしらの宗教的力・はたらきというような意味として理解できましょう。人知を超えた神仏のはたらきについて、アメリカ人の約9割が肯定的に捉えているのです。これは非常に高い数字です。

アメリカ人の宗教意識が高いことは、その人たちが実際におこなう宗教的行為からもわかります。「どのくらいの頻度で教会に出席していますか」という質問に対し、「毎週」と答えた人が36%も存在します。また、回答者全体の6割の人たちが、日常の中で1日1回以上お祈りをしていると答えています。これは、アメリカのギャラップ社という世論調査を行う会社のデータでも同様の傾向がみられ、一九九二年から二〇一二年にいたるまで、ほぼ4割（35～40%）の人が、ここ一週間以内に教会に行っていると答えています（ギャラップ社調査 https://news.gallup.com/poll/1690/religion.aspx）。

これら統計調査からも明らかなように、アメリカ人の宗教意識は非常に高いです。それは信仰の有無だけでなく、礼拝への参加という宗教実践においても非常に熱心な国であることがわかります。

どのような宗教が信仰されているのかといえば、ピューリサーチセンターの同調査によると、二〇二三年時点で、キリスト教徒は60%を占めており、それ以外の宗教は大きく数

Religious affiliation

The latest NPORS estimates are shown below. The Center also provides in-depth analysis of trends in religious affiliation as well as analysis of the size and attitudes of many religious faiths in the U.S.

% of U.S. adults who identify religiously as ...

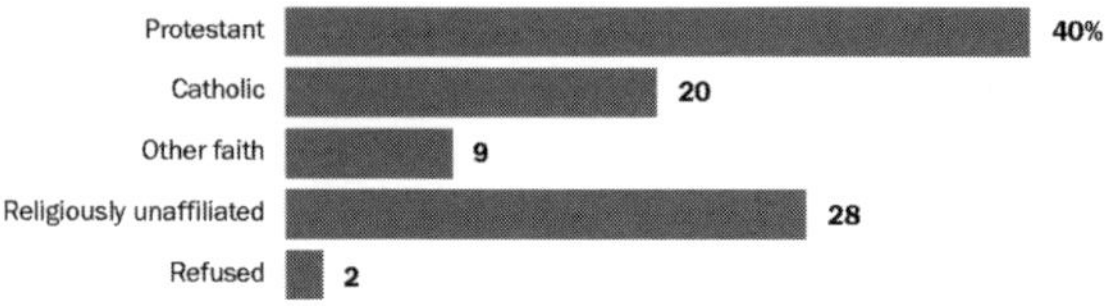

Source: NPORS conducted May 19 to Sept. 5, 2023.
PEW RESEARCH CENTER

値が減り、9％（ユダヤ教徒2％、イスラム教2％、仏教1％、ヒンズー教1％など）となっています。この数字だけ見ると、アメリカ全体の6割がキリスト教徒であり、そのほかの宗教は非常にマイノリティな宗教であることが言えます。

上図の「Religiously unaffiliated」（どの宗教団体にも所属していない人たち）が約3割になっていることは見逃せません。これはアメリカ人の宗教離れの傾向を示すものです。現在アメリカでは、約3割の成人が宗教団体に所属せず、いわゆる無宗教・無所属の人たちが増加しているということです。これについては、「宗教情報リサーチセンター」のYouTubeチャンネルで、その概要がわかりやすく紹介されています。
https://www.youtube.com/watch?v=v56l-8ljrmE)

興味深いことに、無所属の人たちは、決してすべての人たちが宗教を否定しているわけではありません。無所属の人たちは、一九七〇年代で5%であったのが、二〇二〇年は30%に増加しています。その世代は10代の若者が多いというデータが出ています。この減少傾向はユダヤ教徒においても同じことが言えます。これは、一見、アメリカにおいて宗教離れが急速に進んでいるように見えますが、単に宗教離れが進んでいるというよりは、宗教「組織」離れが進んでいることを意味しています。

先述の通り、アメリカ人の宗教に対する思いは強く、宗教を否定的に捉えているわけではないでしょう。あくまで特定の組織や宗派に所属しない「無所属」が増えていることを意味しており、今後の宗教教団の改革や社会情勢の大きな変化がなければ、今後も無所属者が増え続けるということと思われます。

「Not religious, but spiritual」という言葉があります。宗教的ではないがスピリチュアルなものには共感するという意味です。この言葉が表すように、アメリカでは、特定の教団には所属せずとも、いろいろな宗教を学び、心を豊かにしていこうとする傾向がありま す。一概には言えませんが、他の宗教(イスラム教、仏教、ヒンズー教など)の信者は逆に増加傾向にあり、一九七〇年代で1%だったのが二〇二〇年代で6%に増えていることは決して無視できない事実です。

このように、アメリカ人の宗教意識は、キリスト教徒が圧倒的多数を占めていますが、何百万人ものアメリカ人がキリスト教徒から無所属へと変化し、決して多くはないですが、一部の人たちが仏教やイスラム教といったキリスト教以外の宗教に親しみをもっていることがわかります。

二　統計には表れにくい仏教の伸び

ピューリサーチセンターの調査によれば、アメリカの仏教徒は全体の１％未満（０・７％）とされていて、人口の数としては二三〇万人程度になります。他団体（ＡＳＡＲＢ）が宗教団体からの自己申告に基づいて作成した二〇一〇年の統計によれば、もっと少ない一〇〇万人程度（人口の０・３％）という結果も出ています。

しかし、数字だけではわからない仏教の伸びというものがアメリカには存在します。

アメリカ宗教史の研究者トーマス・ツイード氏は、統計に表れる仏教徒以外に、「同調者（sympathizers）」と称すべき第2の層が存在すると説きます。「同調者（sympathizers）」とは、自分のことを仏教徒であるとは認識せず、特定の仏教組織や仏教センターと固定的な関係を持ちません。しかし、仏教の教えや哲学に共感を示し、特定の仏教的な行為（坐禅、読経など）を行います。例えば、仏教の教えを尊重し、週末開催される仏教寺院や仏教センターの集会（リトリート）で瞑想やマインドフルネスなどに参加します。自宅には仏像や絵画など仏教美術の調度品を飾り、夜になるとナイトスタンドで仏教書を積極的に読みます。彼らは、仏教の教えがもたらすメンタルヘルスの向上やストレス解消などの効果に共感を示し、仏教徒の「同調者」となっていくのです。

ツイード氏はこのような人々を、仏教に対する同調者の典型的な例だと述べ、一時的に仏教書や仏像などを自宅のナイトスタンドに置いていることから、「ナイトスタンド仏教徒（Nightstand Buddhist）」と呼びます。このようなナイトスタンド仏教徒は、仏教の教えや瞑想、マインドフルネスなどの実践によって、ストレス解消やメンタルヘルスの向上などの効果を求める人々が多いとされています。例えば、アップル創設者のスティーブ・ジョブズ氏やツイッター創業者のエヴァン・ウィリアムズ氏などがそうです。彼らは、自分は仏教徒とは断言しませんが、仏教の教えを一時的に自分の生活に取り入れることで、仕事に生かし、また精神的な安定や幸福感を得ようとする傾向があります。ナイトスタンド仏教徒とは別の言い方で、一人の人間が異なる二つの信仰を持つことから「クリスチャンブディスト」や「ブディストクリスチャン」という表現もあります。

ただし、一時的な関心や表面的な知識に留まり、実践や深い理解に至らない場合もあるため、ナイトスタンド仏教徒は批判的な意見も存在します。一方で、仏教の教えが広く知られ、多くの人々に関心を持たれるという意味では、仏教の普及や理解につながる可能性も有しています。

アメリカ仏教の研究者としても知られるケネス・タナカ氏によると、この同調者・ナイトスタンド仏教徒は、既存の仏教徒と同じくらいの数である二〇〇〇万人ほどいるといいます。これは、アメリカの宗教社会学者ロバート・ウスノー氏による二〇〇二年から二〇〇三年にかけての調査の結果から推定したものです。

このロバート氏の調査は、アメリカにおける仏教の受容を知る上で非常に興味深い内容となっています。例えば、アメリカ人の14％が「仏教徒と個人的なコンタクトがある」と答え、調査対象の30％が「仏教の基本的な教えについて知っている」と回答しています。さらに、全体の12％の人が、宗教やスピリチュアルなことに関して仏教に「重要な影響」を受けたと回答しています。タナカ氏はこの調査を根拠に、宗教やスピリチュアルなことに関して仏教から影響を受けた人が約二五〇〇万人いるとも推定しています。もしそうであるならば、仏教徒と同調者、そして仏教に影響を受けた人をすべて合わせると、アメリカには三〇〇〇万人程（総人口の約10％）の仏教の共鳴者が存在することになります。タナカ氏はこれを大いにありうる数字として評価しています。

案外知られていないことですが、現在、世界で最も多くの仏教宗派が存在している場所は、アメリカのロサンゼルスです。現在のロサンゼルスは、東南アジア、チベット、中国、ベトナム、韓国、台湾、日本など八十を超える仏教宗派の寺院が集まっていると言われており、いずれも開放的に仏教にふれる機会が充実していると聞きます。多くの仏教文化が存在し、人々が自由なペース、レベルで仏教に触れ味わっていくことのできる環境が整っているのです。

このように、数字だけではわからない仏教の伸びというものがアメリカには確かに存在しているのです。

言い換えれば、キリスト教離れが年々増加しているアメリカ社会において、その多くが「無所属」に変化しているなか、キリスト教離れの受け皿の一つになっているのが、仏教と言えるでしょう。

果たしてこれが「宗教としての仏教」なのか否かは簡単には断定できません。アメリカの歴史を遡ると、そもそも一八三〇～一八四〇年代から、超越主義者たちやその作品を通して、仏教が広く関心を持たれてきました。ただし、それが「宗教としての仏教」であるかは疑問が残ります。キリスト教を価値観の基本とする欧米人にとって、ここでの仏教は宗教というよりも「哲学としての仏教」、すなわち「Buddhism」（主義・主張＝ism）として理解されている側面があるからです。仏教が宗教ではなく哲学として理解されることで、それが誤解・批判材料にもなっていきます。例えば、仏教はニヒリズムであるのか、無神論であるのか、偶像崇拝の宗教なのか、などといった具合です。現在でも誤解されやすいこれらの仏教理解は、仏教がアメリカのキリスト教界において広まりをみせるとともに起こっていきます。

そのような中でも、神智学協会の創設者であるヘンリー・オルコット氏（一八三二―一九〇七）氏やヘレナ・ブラヴァツキー氏（一八三一―一八九一）は、一八八〇年にスリランカで入信式をおこない白人として初めての仏教徒となっていることは、「宗教としての仏教」の広まりという点において大きな出来事と言えます。

三　米国における浄土真宗の受容

そもそも仏教はインドから始まり、アジアへ広まっていくなかで、多くの宗派や学派へ分かれ展開していきました。それは上座部仏教、大乗仏教という大きな区分で括られることや、さらに細かい宗派（日本仏教の場合、天台宗、真言宗、禅宗、浄土宗・浄土真宗など）による区分で語られることもあります。

アメリカにおいてもそのような従来の類型で語られることもありますが、これらはアメリカの独特な事情を反映した仏教類型とはいえず、主流とは言えません。むしろ、アメリカ特有のさまざまな新しい仏教（徒）の類型が生み出されています。例えば、古くから用いられているアメリカの仏教類型に、「移民仏教」と「改心仏教（convert Buddhism）」があります。

ところでこうしたアメリカにおける仏教の受容や類型の研究については、字数の関係上割愛させていただき、参考文献の紹介にとどめます。英語の先行研究が多くを占めますが、日本語で読めるものとして、木村智氏「アメリカ合衆国の仏教の研究動向」（『東京大学宗教学年報』三五号［2018］）に詳しく整理されています。また、アメリカにおける仏教の受容についてよくわかる資料や論文として、ロバート F・ローズ氏「アメリカの宗教、アメリカの仏教」（『仏教学セミナー』一〇二号［2015］）、嵩満也氏「現代アメリカ社会における仏教の動向――アメリカの仏教からアメリカ仏教へ――」（『龍谷大学国際社会文化研究所紀要』十七号〔2015〕）、高瀬顕功氏「アメリカの宗教動向とソーシャルプログラム――ペンシルバニア州フィラデルフィア市を事例として――」（『宗教学年報』二八号〔2013〕）などがあります。また、ケネス・タナカ氏は複数の論文や著書においてアメリカの仏教について書かれています。

さて、アメリカでの浄土真宗は、先述した「移民仏教」の歴史が第一にあります。

アメリカは移民の国で知られている通り、世界中からたくさんの移民がアメリカにやってきて、同時にそれぞれの国・地域の宗教がアメリカに持ち込まれてきます。現在の圧倒的多数を占めるキリスト教も、もともとはヨーロッパからきた移民がキリスト教を持ち込んできたことから歴史が始まります。ただし、ここでいう「移民宗教」は、ヨーロッパ以外からきた宗教を意味します。世界の宗教の中でアメリカに進出していないものはないと言われるほど、ほとんどの世界の宗教がアメリカに存在しているなかで、アジアの宗教もたくさん存在します。それに伴い、仏教もアメリカに入っていることになります。

移民仏教として規模が大きいのが、日系の仏教コミュニティー（浄土真宗、禅宗、真言宗や、新興宗教の創価学会や真如苑など）です。

例えば、アメリカ本土における最初の仏教寺院と言われているのが、一八九九年に西本願寺僧侶によって建てられたサンフランシスコの仏教寺院です。ちなみに、それ以前（明治元年〈一八六八〉）からもハワイには多くの日本人が渡っており、そこで伝統的な日本仏教各宗派の教えを大切に信仰し、アメリカの風土に沿った寺院が建立されていった歴史がありました。その歴史のなかで、お寺の外観が日本風ではなくインド風に変化したり、内観が日本の畳敷きではなくピュー（pew）という教会風の木製ベンチに変わったりしています。

また、浄土真宗系の仏教会では、食についての戒律を厳しくもたないことから、女性仏教徒が中心となって戦前から戦後にかけて食文化やそのコミュニティを支えてきたことが明らかになっています（本多彩「アメリカ仏教会における食文化の変遷」『宗教研究』九〇号［2016］）。

いずれの「移民仏教」も、移民した人たちが、自然とその土地で自国の仏教を大切に信仰してきたわけであり、アメリカの仏教＝自国の伝統的な宗教として認識し、その果たす役割は、宗教的な役割だけではなく、コミュニティーの集会場としての社会的・文化的役割も強くあります。

第二に、この「移民仏教」としての歴史に加え、これに該当しない経路から浄土真宗にであう人々も存在します。その多くは、「移民仏教」に対する「改心仏教」に該当します。彼らは白人の仏教とも言い換えられますが、これは単に肌の色の違いを基準としたものではありません。伝統的なキリスト教やユダヤ教に不満を持ち、仏教に改心した人々の仏教を指す言葉です。彼らにとって、仏教は伝統的な宗教ではなく、新しい代替的な宗教なので、伝統の流れに従うのではなく、個人が自発的に明確な意思をもって入信していきます。彼らの具体的な興味関心は、禅やマインドフルネスなどが多分に含まれます。先ほどの既存の社会的・文化的役割を求める「移民仏教」とは対照的に、アメリカ社会への反発や、従来の宗教（キリスト教）への疑問から生じた個人的なスピリチュアル的ニーズを満たすものとして機能しているとも言われます。

浄土真宗の伝道を考える際に、先ほどの移民仏教の人たちは、浄土真宗を比較的受け入れやすい風土がありますが、改心仏教の人たちからすると、それが自分自身に合う仏教なのかどうかが見極めていくので、より厳密に浄土真宗が他仏教・他宗教とどのように違うのか探求する傾向があります。これは、浄土真宗と縁遠い人たちを相手にいかに伝道するかを考える上で非常に参考となるでしょう。

四　アメリカにおける浄土真宗伝道上の問題

以下、浄土真宗僧侶（開教使）は何に悩み、いかに教えを伝えているのか、筆者が留学中に知りえた本願寺派北米開教区の伝道上の問題について述べていきます。

(1)　翻訳の問題

浄土真宗の教えを翻訳する作業は、一九七三年から西本願寺国際センターで順次進められています。現在は、親鸞の全著作の英文翻訳事業が完結し、海外で翻訳を通して直接親鸞の教えに触れることが容易となっています。

しかし、キリスト教の知識や背景を備えている人たちに、キリスト教の意味合いを多分に含む「英語」という言語で浄土真宗を伝えることはとても難しいことです。例えば、救済を「Salvation」、信心を「Faith」と英訳することが多いですが、これによりキリスト教の救済や信心の構造をベースにお話を理解してしまうため、キリスト教と浄土真宗が混同しやすくなります。こうした言葉・翻訳の問題は、昔から議論され続けていて、いまだに解決していません。

(2) 教学的問題

①阿弥陀や浄土という概念

アメリカで浄土真宗を「クリスチャンブディズム」と表現することがあります。なぜなら、浄土真宗の教えの中心となる「阿弥陀」や「浄土」という概念が、キリスト教の「神」や「天国」と類似するからです。したがって開教使の中では、キリスト教徒から改宗してきた人へ浄土真宗を説く際に阿弥陀や浄土について説くことを避ける人もいるそうです。これには驚きますが、私たちが想像する以上にアメリカ人はキリスト教との類似性に対して敏感です。開教使は正しくキリスト教と浄土真宗の違いを説明できなければいけない状況にあります。

②「罪悪深重《ざいあくじんじゅう》の凡夫《ぼんぶ》」の理解

アメリカの国民性は、（もちろん一括りにすることはできませんが、傾向として）非常にポジティブを好む・促す傾向にあるようです。よって、「罪悪深重の凡夫（自らの力では、苦悩に満ちた迷いの世界を出ることのできない我が身）」という解釈を好まない者が多いと聞きます。浄土真宗の環境のなかで生まれ育ったアメリカ人ならともかく、キリスト教から改宗してきたアメリカ人にとっては、「罪悪深重の凡夫」がネガティブな解釈のみに陥ってしまう人が一定数存在するとのことです。浄土真宗の専門用語である「二種深心《にしゅじんしん》」でいえば、「法の深心（私を救う阿弥陀仏の有り様）」に興味はあっても、「機《き》の深心（救われるはずのない私の有り様）」については聞くことを拒む信徒が多いようです。

③浄土教の伝え方の偏り

アメリカ人のなかには、「仏教はいまの自分にどのようなメリットがあるのか」と考える者も多いです。ある先生は、この点について「Here and Now Buddhism への移行」と表現します。これにより、法話で死後より現世の話に力点を置く傾向があります。しかし、浄土真宗は現当二益《げんとうにやく》（現世に賜る利益と、死後に賜る利益）の教えです。死後を軽視する人々に当来《とうらい》（死後・来世）をどう説いていくか、という課題は大変重要です。

④念仏者でありつつ、キリスト教徒でありえるか否か？

信仰心がそれぞれの宗教で違うなら、衝突せずに複数の宗教を信仰するのは可能ではないか、という意見があります。例えば、キリスト教徒が仏教的瞑想を行うケースです。これは、キリスト教を信仰しながら、禅仏教を信仰する事例です。

これはときに、ストレスリダクション（心理療法的な瞑想）として使われる場合があります。そうなると、仏教が心理学の道具として扱われているという仏教側から批判が生まれます。「宗教としての仏教」なのか、それとも「生活ツールとしての仏教」なのでしょうか。この両者の関係性を考えていかねばなりません。

上記4点の問題を取り上げましたが、いずれもキリスト教の影響を大きく受けていることがわかります。

(3) 寺院運営・僧侶の位置付け

アメリカでの寺院運営は、僧侶よりも門信徒（メンバー）が主体となって運営がおこなわれます。そして、開教使は被雇用者として位置づけられています。

日本の住職は僧侶という顔を持つ一方で、寺院運営のリーダーとして主導権を握っています。しかしアメリカでは、寺院の理事会メンバーが主導権を持っています。僧侶は事務的契約を結んでいる関係、いわゆる「雇われ住職」です。理事会は僧侶をシビアに評価します。ゆえに、能力の低い開教使は生きていけないのです。「お坊さんだから大目に見よう」といったような甘い考えは、理事会にはありません。日本からの開教使は、浄土真宗の教学は勿論のこと、アメリカの文化を知る必要があり、言語も高いレベルが求められています。

おわりに

本稿はじめにアメリカ人の宗教意識について述べました。既出の宗教意識調査によると、何百万人ものキリスト教徒が無所属へと変化し、ごく一部の人たちがキリスト教以外の宗教（仏教やイスラム教）に親しみをもっていることがわかりました。

宗教社会学者ウェイド・ルーフ氏は、従来のアメリカ宗教（キリスト教やユダヤ教を想定して）の特徴を5つのキーワード「神・罪・信仰・懺悔・道徳」で捉え、それとは対照的に、新しいスピリチュアリティのキーワードを「連結性・一体性・平和・調和・落ち着き」として捉えます。

ケネス・タナカ氏は、このルーフ氏の説が、アメリカで広まる仏教（瞑想や社会参加というプラクティスの重視）と親和性が高いことを指摘し、自身も欧米や日本において宗教のパラダイム（宗教形態）が変化していると捉え、それを「信じる宗教」から「目覚める宗教」への変貌と表現します。この「目覚める宗教」形態の中では、行いを通して「個人の聖なる体験」が強く求められ、瞑想や禅という行が魅力的に映るというのです。

これは浄土真宗の伝道においても考えていかねばならない問題です。教義と逸脱しているからといって無視するのではなく、どのように対応していくべきなのかを検討する必要があります。

アメリカで浄土真宗の法話がおこなわれる際、「Oneness」という表現が好まれます。これは、仏と自分とが一体となっているという表現です。「一体」に関する教学的議論は、浄土真宗本願寺派の安心論題に、「仏凡一体」や「機法一体」という論題があり、すでに多くの蓄積があります。これらの成果に基づき、アメリカでの状況を踏まえた上でのさらなる検討が必要でしょう。

また、「ゴールデン・チェーン」という浄土真宗の教章のような文言を唱和する文化があります。この文言は非常に倫理的な内容でありますが、これがアメリカにおいて共感し広まっている事実をどのように考えるべきかが問われているように思います。

近年、仏教は「アメリカの宗教」として受け入れられるようになってはきたものの、いまだにアメリカ仏教徒は人口全体の約１％余りであり、浄土真宗の信徒となるともっと少ないです。そのようなマイノリティの宗教である浄土真宗を、現地の浄土真宗僧侶・開教使）はどのように伝えたらよいのか試行錯誤して一〇〇年以上が経ちます。海外での開教使の活動は、日々西洋化していく日本において浄土真宗を伝える上で大いにフィードバックできる貴重な材料であると考えられます。これについてある先生は、「伝道方法の逆輸入」と表現します。また、方法論だけに留まらず、開教使がどのような問題に悩み、苦しんで伝道しているかという開教使の「スピリット」は、これからの日本の浄土真宗にも共通する要素でありましょう。

エジプトの現代宗教と古代宗教および親鸞

――エジプト赴任日記から――

今井雅晴

はじめに

筆者は二〇一〇年十月から十二月にかけて、国際交流基金の派遣でエジプトのアインシャムス大学外国語学部日本語学科に客員教授として赴任しました。日本研究の助手・学生・大学院生に日本文化史を教えるためです。そののち二〇一一年は二回にわたって、さらに二〇一二年にも赴任しました。また二〇一四年には、こんどはカイロ大学文学部の招きで、同じ目的でエジプトに赴任しました。

アインシャムス大学は日本ではほとんど知られていませんが、エジプトのカイロにあり、文化系ではカイロ大学を超えるレベルにあると現地では評価されています。

エジプトは宗教的にはイスラーム（イスラム）教で知られています。ただ、「イスラーム」という言葉には「〜教」という意味が入っています。それで「イスラーム教」と言いたい場合には「イスラーム」とするのが正しいのです。エジプトの人口約一億人の九割がイスラーム教徒です。そしてイスラーム教徒のことはムスリムといいます。

ところで筆者はアインシャムス大学赴任の時に日記をつけました。その一部を筆者の編著で刊行した『エジプト　アインシャムス大学に赴任して――二〇一〇年十月〜十二月――』（自照社出版［2011］）に掲載しました。本稿は、その中からさらに現代エジプト宗教のイスラーム（特に日常生活におけるあり方）や、古代エジプト宗教に焦点を当てた内容に絞り、最後に親鸞の思想をエジプトの学生がどのように感じたかを述べて掲載するものです。

一　カイロに到着する――現代のイスラーム――

十月四日（月曜）

午後、私は妻と一緒に成田からエジプト・カイロ行きの飛行機に乗り込みました。日本とエジプトの時差は七時間、カイロまでの飛行時間は十三時間あまり、夜九時前にカイロ空港に到着しました。赴任中はアパートを借りますが、しばらくはホテル暮らしです。お迎えの方と一緒に到着したホテルは、カイロ市内を流れるナイル川の中洲にありました。そのホテルの名はフラメンコ・ホテルでした。いきなり楽しい感じになりました。もっとも、五回の赴任でフラメンコを見たのは一回だけでした。それもダンサーの女性が、レストランのあまり大きくないテーブルの上で踊ったのには驚きました。

十月五日（火曜）

明け方、二回にわたって外から拡声器のアザーンの大きな声が聞こえてきました。アザーンというのは、イスラームの教会であるモスクから祈りを促す声です。このアザーンについて、十月十九日に学生たちに話を聞きました。学生たちとはもうずいぶん親しくなっていました。学生は一般的にとても朗らか、友好的です。

アザーンは、一日五回あります。朝のアザーンには「朝のお祈りの時間です」「睡眠よりお祈りが大切です」「まじめに祈りなさい」など五項目が入っているといいます。ゆっくりしたメロディの呼びかけです。声が大きくて寝られないという外国人もいるそうですが、私は嫌いではありません。早寝早起き型の私は、頭がすっきりします。

二　ギザに行く──古代の宗教──

十月十三日（水曜）

この日、国際交流基金の佐藤幸治氏に案内してもらって、ギザ県にあるピラミッド（紀元前二五〇〇年ころの築造）を見に行きました。ギザ県はカイロ県の南西に接しています。ピラミッドは、よく写真で見るように、確かに砂漠の中にあります。しかし後ろを振り向くと、たくさんの人家が建っていました。地理的には砂漠地帯なのですけれど、人家がピラミッドを目指してどんどんせり出してきたのです。

十月とはいえ、ギラギラと照りつける太陽のもと、三角形のピラミッドが天を指してそびえ立っていました。現在ではピラミッドを構成するたくさんの石が露出していますが、もとは全部白いきれいな化粧石で覆われていたのだそうです。それが一部分残っています。それ以外はこの何千年かの間に剥がされて持ち去られてしまったのです。残っている白い半透明の石はとてもきれいでした。ピラミッドができたころは、太陽の光に照らされて白く輝いていたことでしょう。

それにしてもこのような石造物を造ろうという意思と行動力とはすごいものです。重い石を遠くで切り出して、ナイル川まで運び、大きな筏に乗せて川を下り、もよりの所で下ろして、目的地まで運びます。エジプト全土には九十余りのピラミッドがあり、中には練習用らしいピラミッドや、建設途中で崩れてしまったピラミッドもあるそうです。ギザのピラミッドは崩れないように、石一つ一つの上面が中央に向かって少し傾斜しているのだそうです。また中の王の遺体を安置する玄室の上部は、崩れ落ちないように石がせり上がっていくように工夫されているといいます。

そのような工夫のもとに、遠くから見るピラミッドは、三角形の頂点があたかも天を指して進んでいくようで圧倒的でした。青い空と黄土色一色の砂漠。かつてエジプトに遠征したナポレオンが、「兵士諸君、このピラミッドの上から、四千年の歴史が君たち見下ろしている」（ツエーラム著・村田数之亮訳『神・墓・学者』中央公論社［1962］）と兵士を鼓舞したのも、なるほどと思わせました。

ピラミッドの中にはトンネルがあり、玄室に入ることができます。入場料を払って、狭いトンネルをくぐります。上に向かって傾斜した階段を屈みながら歩きます。とても暑いです。到着した玄室は広かったですが、何もありませんでした。でも、今はピラミッドの中にいるんだという感動がありました。

ピラミッドは、完成までに三十年もかかるのがありました。そして三十、四十年前までは、大勢の奴隷が鞭や棒で叩かれつつ造りあげたとされていました。そのような映画も見たことがあります(アメリカ映画『ピラミッド』[1955])。しかしその後研究が進み、きちんとした技術者や労働者が近くに数百軒の家を建てて住みついて働いたのだそうです。その食料は地面の中から発掘された遺品によって、興味深いことがここ十数年の間に判明しました。遠く離れた農村から小麦を買ってはいるのですが、あと二種類、重要な食品がありました。それは栗と鹿です。労働者たちは家族と一緒に住んで、周囲にたくさんの栗の木を植え、また近くに多くいた鹿を捕らえてその肉を食べていたのです。

三　エジプトのコプト正教――キリスト教――

十月十六日(土曜)

この日、カイロ旧市街のラムセス駅近くにあるコプト正教会の聖マルコ大聖堂を見物に行きました。コプト正教会はキリスト教の一派で、古代キリスト教の歴史と伝統を忠実に受け継いでいるとしており、イスラムがエジプトに入ってくる前に大きな勢力を持っていた宗派です。コプト教という言い方もあります。現在の信者数は、エジプト国民の一割程度といいます。

聖マルコ大聖堂は、幼児のモーゼが流れ着いた所に建てられたという由緒を持っています。日本人はあまり来ませんが、ロシアや東ヨーロッパからの観光客は必ず観光コースに入れるといいます。その観光客の多くはロシア正教のキリスト教徒だそうです。確かに彼らはあつい信仰を持っている気配で、教会の中の壁に額《ひたい》を当ててしきりに祈り、カーテンにキスをして祈っている人もいました。

教会の中に描かれているマリアは、はっきりと目を見開き、意志の強さを思わせていました。以前にトルコ・イスタンブールのモスク（イスラムの礼拝堂）で見た、皇后と女官が横一列にずらっと並ぶ壁画の、彼女たちの目を思い出させました。

四　聖なる甲虫スカラべ――創造・再生のシンボル――

十月二十五日（月曜）

明け方、星がきれいでした。オリオンの三ツ星がよく見えました。昼間、知人にカイロ旧市街を案内していただき、土産物店街であるハン・ハリーリを歩きました。ある店のウインドーにとても上品そうなスカラベのペンダントが飾ってありました。

「スカラベ」とは日本名でフンコロガシ、タマオシコガネ、バフンコロガシなどといいます。コガネムシの仲間の甲虫類です。動物の糞を丸めて後ろ足で蹴り上げるように転がしていき、土中に埋めて食料にします。さらにそこに卵を産み付け、幼虫の食料にもします。ファーブル著の『昆虫記』でフランス農村のスカラベが紹介されて有名になりました。

エジプトでは四千年の昔から、スカラベの卵は糞から自生すると考えられていて、スカラベは創造・再生のシンボルとされ、聖なる昆虫として崇敬されました。「聖甲虫」と日本語訳されることもあります。スカラベは、丸めた糞を転がしながら進むことから、太陽を暗闇（夜）から明るさ（昼）に回転させる役割を持つとされました。夕方、暗闇に沈んだ太陽を、その暗闇から朝日として押し上げると思われたのです。

五　古代都市と神々の信仰

十一月十四日（日曜）

明日から古代都市ルクソールその他へ行きます。古代エジプトの宗教施設見学です。ナイル川をさかのぼる「ナイル川クルーズ」五日間の旅に参加するのです。

カイロ空港→（飛行機で南に向かう）→ルクソール→（ルクソールでバスに乗り、諸遺跡見学）→ナイル川の港へ→（「ナイル川クルーズ」の船で南に向かう）→アスワン港へ→（アスワンでバスに乗り、諸遺跡見学）→アスワン港に帰る→アスワン空港→（飛行機で北に向かう）→カイロ空港。

というコースです。ルクソールやその周辺の地域、アスワンとその周辺の地域はいずれも古代エジプトの遺跡が多く残る所です。

原始王朝時代＝ナイル川流域に諸王国が展開していました。今から五千年以上前です。それからいろいろな王朝が展開しました。

古代エジプトは多神教の世界です。それも、いくつかの神が合わさって崇拝されたり、ある地方の神が少し名を変えて他の地方でも崇拝されたり、全国的な崇拝を得たりしています。

❶アメン神：頭の上に二枚の鳥の羽をつけた王冠をかぶっています。エジプト中王国時代の首都テーベ（現在のルクソール）の主神です。太陽神ラーと一つになってアメン・ラー神となりました。ツタンカーメン（ツト・アンク・アメン）やアメンヘテプというフ

アラオ（王）たちの名に「アメン」が入っているのは、アメン神に由来しています。

❷ラー神：頭の上に両脇に蛇のついた太陽を載せ、ハヤブサの頭をしています。太陽の船に乗り、昼には天空を、夜は地下を航行するとされていました。宇宙神として世界の秩序の主とされました。王たちはラーの息子とみなされました。

❸オシリス神：両手に王笏（ネケク）と穀竿（ヘカア）を持ち胸の前で交差させています。この二つは王権の象徴で、オシリスは冥界の支配者、再生と復活を司るとされており、植物の色の緑色で顔が塗られています。王たちは死ぬとオシリスになるとされました。

❹イシス女神：頭の上に椅子（王座）を乗せています。オシリス神の妹で妻です。ホルス神の母です。

❺ホーラス神：ハヤブサの頭を持つ、オシリス神とイシス神の息子です。両目が太陽と月で、天空の神でもあります。またホーラスはエジプト航空のマークともなっています。

❻ハトホル神：「ハトホル」は「ホルス（ホーラス）の妻」という意味で、牛の角と耳を持っています。二本の角の間に太陽を挟んだ被り物を乗せています。牛の姿で描かれることもあります。

❼アルビル神：犬またはジャッカルの頭を持っています。ミイラ作りの神で、西方（死者

の国）の支配者です。墓地の守護神でもあります。

❽トト神：嘴《くちばし》が細長い朱鷺《とき》の頭をしています。神々の書記として、学問・知識・記録の神であり、文学の発明者ともされています。

❾コンス神：満月と三日月とを上に乗せたハヤブサの頭を持っています。医療の神です。

❿ケプリ（ヘプリ）神：頭の上にスカラベを戴いている、スカラベを神格化した神です。太陽の昼と夜の回転を司ります。太陽神ラーと一緒になって、昇る太陽とみなされました。

十一月十五日（月曜）

カイロ空港からルクソールへ飛行機で行き、ルクソール神殿を見物しました。その第一塔門の前に高さ二五メートルのオベリスクがあります。本来は二つあったのですが、現在では向かって左側だけが残っています。右側はフランス・パリのコンコルド広場に持っていかれてしまいました。

オベリスクの下にはラムセス２世像の巨大な頭部が置かれています。像が崩れたのをそのままにしてあるのです。また塔門の前にも、二体の強大なラムセス２世像があります。

第一塔門・オベリスク・三体のラムセス像はすべてラムセス2世の築造です。

十一月十六日（火曜）

⑴ メムノンの巨像見物

王家の谷へ行く途中の道路脇に、アメンヘテプ3世（新王国絶頂期の王で、第十八王朝九代目、在位紀元前一三八八年～一三六一年）の巨像が二体並んでいます。いずれもアメンヘテプ3世が作らせたもので、二、三メートルの台座の上に一五、六メートルの巨像が座っています。「メムノン」とはこの二つの像の呼び名で、ギリシャ語です。

⑵ 王家の谷

「王家の谷」とは、いくつも連なる岩山の谷にある岩窟の複数の墓のことです。ここは新王国時代のトトメス2世（新王国時代第十八王朝第四代国王。在位紀元前一五一八年～一五〇四年）がそれまでの千七百年の伝統を破って墓と葬祭殿とを分け、遺体を葬祭殿の中ではない秘密の場所に埋葬しようとしたことに始まる、とされています。葬祭殿とは古代エジプト王の葬儀や礼拝のために建てられた建物です。

王家の谷で発見されている墓は、新王国時代の王たちの墓が二十四、王族その他墓四十です。しかし谷の大部分はまだ発掘されていないので、いずれ墓の数はさらに増えるでしょう。

(3) ツタンカーメンの墓とミイラ見学

日本で有名なツタンカーメン（新王国時代第十八王朝の王、在位紀元前一三三三年ころ〜紀元前一三二三年ころ）の墓は、ある洞窟の中にあり、ガラスの窓越しに見えました。豪華な副葬品はカイロの考古学博物館へ送られていて、一体のミイラが安置してあるだけでした。あとで聞いたところによりますと、「あのミイラは、墓泥棒が出られなくなってミイラ化したものだよ」ということだそうです。たしかにあの有名なツタンカーメン王にしては簡素な所に置いてあるし、「このミイラはツタンカーメンです」という表示は一切なかったです。

夜、エドフに向けて船で出発。翌朝に到着。さらにこの夕方、船でアスワン着。

十一月十八日（木曜）

(1) アブ・シンベル大神殿見学

この日午前、アスワンからアブ・シンベル大神殿に向けてバスで出発しました。銃を携帯した武装警官が乗り込んできて、他の団体のバスとともに集団で進みました。二八〇キロ、三時間の行程でした。幸い、この日は襲われることはありませんでした。

大神殿の正面に、ラムセス2世（新王国第十九王朝の王。在位紀元前一二七九年ころ〜紀元前一二一三年ころ）の高さ二一メートルの巨像四体があります。向かって左から二つ目は上半身がかなり崩れていますが、全体として圧巻です。学生のころから教科書や新聞・雑誌等の写真で見てきた姿が眼前にあり、自分がそこにいるということが何か不思議でした。うしろを振り向けば、広大なナセル湖が広がっていました。

アブ・シンベル大神殿は、アスワンハイダム建設によって水没の危機に瀕しました。そこでユネスコが国際的なキャンペーンを張り、それに応じた研究者・技術者が一九六四年から一九六八年にかけて工事をして救ったのです。その工事は、神殿や諸像を多数のブロックに切断し、その岩山のもとの位置より六〇メートル上に移動させたものでした。

そして岩山の中に大きなドームを作り、もとの姿のように神殿を収めたのです。神殿の中には通路や複数の部屋もあり、ラムセス2世の活躍を描いた壁画もあります。妻ネフェルタリの姿もあります。オシリス神の姿をしたラムセス2世像もあります。

これらの移築を成功させた意欲と技術にはほんとうに敬意を表します。その上で、二つの点が気になりました。第一は、神殿や諸像にはブロックに切り分けた時の切断・再接着の痕が目立つことです。気にしなければ何でもないでしょうが、いったん気がつくと何とかならなかったものかという感を強くします。移築は時間がなくて突貫工事だったそうであり、また技術も不足の部分があったでしょう。しかし現在では接着の痕は消せる技術があるのではないでしょうか。何とかしたいものです。

第二は神殿を入れた山についてです。現在のこの山には人工的な部分もあるそうです。外に出て、山のうしろに回ると、ちょうど山の上部が中華鍋のように丸く露出していました。見たところどうも違和感があります。技術を見せるためにわざとそうしたのか、どうか。険しい山の様子に作っておいてくれた方がよかったです。次の見学地であるアブ・シンベル小神殿見学後、出口に向かう時にはこの鍋底を見ながら歩くようなコースになっているので、見たくもない物を見たと思いながら遺跡を後にすることになりました。

(2) アブ・シンベル小神殿（ハトホル神殿）

この神殿は、ラムセス2世の妻ネフェルタリのための神殿です。大神殿の右方にあります。小神殿の正面に高さ一〇メートルに及ぶネフェルタリの像が立ち、その右に小さな入り口、その右にこれまた高さ一〇メートルのラムセス2世像が立っています。さらにその右に同じく一〇メートルの二体のネフェルタリ像が立っているのです。足元には彼らの子どもの像が小さく立っています。

夕方、アスワンにバスで帰りました。翌日夕方バスでアスワン空港へ行き、飛行機でカイロ空港へ、そしてアパートへ帰りました。

十一月三十日（火曜）

この日、大学に出勤するときに乗ったタクシーの運転手は、ムスッとしていて愛想が悪い人でした。ところが途中、交通の激しい道路脇にいつもいる、物乞いに近い貧しげなおばあさんが見えてくると、お金の入った金箱をちゃらちゃらいわせていました。何だろうと思っていたら、車をすっとおばあさんに近寄らせて、そっとお金を渡したのです。

私はあっと思い、運転手に見えるようにバックミラーに敬意を表する合図を送りました。またタクシーを降りる時に料金とともにチップを多めに渡したら、「アラーの御心のままに」と言ってくれました。「アラー」はイスラムの神であり、「アラーの心のままに」は、日本人だったら「どうも、どうも」といった穏やか、かつ親しげな挨拶の言葉です。普通、外国人に言うなら「サンキュー」とかせいぜい「ショクラン（ありがとう）」です。

運転手は私を仲間として認めてくれたのです。

私はアパートから大学への往復には毎回タクシーに乗りました。その他でも何度か乗りました。その中で、このような運転手には二回出会いました。運転手全体から見れば、このような行動をする人はとても多い数でしょう。また運転手だけではないでしょう。言ってみれば社会全体としての助け合い。その根底にイスラームがある。ふだん時々考えている宗教について、また考えざるを得ませんでした。

十二月一日（水曜）

この日には大学で講演をしました。講演題目は「日本の仏教」です。しかしもうずいぶん前のことになりますが、「国際交流における話題として、政治と宗教を持ち出してはいけません。なぜなら、この二つの話題はそれぞれが自分の方が正しいと信じ込んでいるものですから、話し合いにはならず、争いになってしまいますから」ということを知らされ、以後話題として使ったことはありませんでした。

でもエジプトの学生諸君が日本の文化について知ろうと思ったら、仏教についても理解しなければならないのは当然のことでしょう。彼らとも親しくなったし、そろそろ話してもいいか、と思って私的な場ではなく公の場として講演の形で仏教の話をしたい、と講演会を開いてもらいました。

まず仏教思想の基本的考え方として幾つか述べた中で、「因果《いんが》」がありました。「物事にはすべて原因があり、その原因に基づいて結果があります。例えば、皆さんが存在しているのは、お父さんとお母さんという原因があるからです。その結果として皆さんが存在しているのです。そのお父さんとお母さんも、それぞれのお父さんやお母さんがいて、その結果として存在しています」。

このように言って、「質問などありますか」と尋ねましたら、ある男子学生が「はい」と手を高く挙げました。「何ですか」と言いましたら、「先生、そんな話はおかしいです。『因果』などあるはずはありません」と流暢な日本語で、にこやかに、しかし強く言い切るのです。私は、「『おかしい』と言っても、仏教徒はそのように考えるのです」ということをさらに例をあげて説明しました。するとその学生は、また「はい」と手を挙げて「先生、おかしいです。『因果』などあるはずはありません」と友好的に発言するのです。これを三回繰り返したところで、私は「この話は今日はこれで勘弁してくれ」と打ち切って先に進みました。宗教の話題はやはり難しかったということです。

翌日に日本文化の授業がありましたので、やはり仏教について話してみようと思いました。今度は視点を変え、仏教の根本的な思想ではなく、仏教がいかに日本人の生活に密着しているかという観点から話すことにしたのです。そこで鎌倉時代に親鸞という人がいて、信心と報謝の念仏を説いたこと。その「信心」は阿弥陀仏に対する気持ちですが、周囲の人を信頼して生きるということで現代日本人の生活の中で生きていること。また「報謝」も同じく阿弥陀仏に対する気持ちですが、やはり周囲の人たちに対する感謝の気持ちとして生活の中に深く根付いていること。むろん、信頼と感謝は親鸞のおかげだけではありませんが、状況を少し強調して説明しました。

するとと驚いたことに、授業に出席していた男女の学生たちが、「それはすばらしい」と拍手をしたのです。驚きました。

そうか。思想・理論よりも、生活の具体的な状況の中で説明すれば仏教は理解してもらえる、特に親鸞の教えは世界に展開できるというのがその時に得た実感です。

十二月十七日（金曜）

夕方、カイロ空港発成田行きの飛行機に妻と一緒に乗り、エジプトとお別れしました。

あとがき

東国真宗研究所が設立され、今年で十年目となります。二〇一四年（平成二十六年）は親鸞が越後より東国・関東に入って八〇〇年目という節目の年でした。その後、二〇一九年に恵信尼七五〇回忌を迎え、この二〇二四年に立教開宗八〇〇年という記念すべき年を迎えることができました。

まずはこれまで当研究所の活動にご理解、ご支援をいただきました皆さまに心より御礼申し上げます。

当研究所ならびに本書の執筆者は、主に関東エリアにて活躍されている、または出身の方々で構成されています。研究者は単に文献上だけではなく、各々が住んでいる場所の土を踏み締めて、研究を進めているはずです。もちろんそれは東国だけでなく、全国各地・世界中どこにでも起こりうることです。『東国にいる親鸞』は、この書籍を手に取って下さった「皆さまの元にいる親鸞」となっていく、そのようなことを思い描いています。

執筆の準備として「立教開宗研究部会」を発足し、二年以上に渡ってオンラインでの研究会を今日まで続けています。新型コロナウイルスによる活動制限がある中でも、継続して研究を行えたことは大きな希望となりました。

引き続き当研究所では次の目標に向けて、歩みを進めています。書籍の刊行はもちろんのこと、ネット上での動画・音声コンテンツ等、この数年間で培った技術・方法論は人文学の分野でも大いに役立てることができるでしょう。二千五百年もの間、仏教そのものが各時代における新しい媒体で伝えられてきたように、伝統の上で常に時代を見据えた活動を探究し続けたいと考えています。

また本書の編さん方針として、学術論文的である註釈は省くようにしています。論文集となると、かたく難しいと思われる方が多いのではないでしょうか。研究者ではない方々にも楽しみながら読んで欲しい、という想いから本書のような形式を取りました。

これは東国真宗研究所が年二回、発刊している機関紙『東国真宗』やその他の活動すべてに当てはまることです。学術の世界でも通用し、しかし一般の方々に親しんでいただけるものを発信し続ける。このことを研究者の社会還元といった責務として、常に念頭に置いています。

そうした当研究所の活動に興味を持っていただけるならば、ぜひ会員となって一緒に親鸞・仏教学の世界に親しんで欲しいと願っています。今井所長や様々な研究者による講座で、皆さまとお会いできる日を楽しみにしています。

東国真宗研究所事務局長
橋本順正

東国真宗研究所 入会フォーム

・会費　年会費：三千円

・内容　年２回機関誌『東国真宗』送付
　　　　講座への参加など

東国真宗研究所 Facebook ページ

https://www.facebook.com/shinran800

執筆者一覧

今井雅晴（いまい・まさはる）
筑波大学名誉教授・東国真宗研究所所長
主な研究業績：『エジプト　アインシャムス大学に赴任して【続々】』編著（自照社出版）[2013]、『親鸞と東国』（吉川弘文館）[2013]、『わが心の歎異抄』（東本願寺出版）[2019]、『鎌倉時代の和歌に託した心・続々』（自照社）[2023]、『親鸞聖人の一生』（築地本願寺・自照社）[2023]。

橋本順正（はしもと・じゅんしょう）
東国真宗研究所事務局長・武蔵野大学仏教文化研究所客員研究員
主な研究業績：「相模国の親鸞：一切経校合を中心に（1）」『親鸞の水脈』十八号（真宗文化センター）[2015]、「親鸞と上野国（1）三部経千部読誦の研究」『浄土真宗総合研究』十一号（教学伝道研究センター）[2017]、「日光山輪王寺蔵『常行堂聲明譜』による「例時作法」・「衆集」の検討─親鸞伝中の「堂僧」に関する研究として─」『仏教文化研究所紀要』三十七号（武蔵野大学仏教文化研究所）[2021]。

山田雄司（やまだ・ゆうじ）
三重大学人文学部教授
主な研究業績：『崇徳院怨霊の研究』（思文閣出版）[2001]、『怨霊・怪異・伊勢神宮』（思文閣出版）[2014]、『忍者の歴史』（KADOKAWA）[2016]。

飛田英世（とびた・ひでよ）

茨城県立歴史館 資料調査専門員

『親鸞―茨城滞在二〇年の軌跡―』茨城県立歴史館特別展図録［2010］、「真宗三尊考」今井雅晴先生古稀記念論文集編集委員会・編『中世文化と浄土真宗』（思文閣出版）［2012］、「鎌倉後期北下総を中心とする真宗の展開―親鸞没後の門徒の動向を探って―」『茨城県立歴史館報』第三十八号［2011］。

高山秀嗣（たかやま・ひでつぐ）

武蔵野大学仏教文化研究所客員研究員・国立音楽大学非常勤講師

主な研究業績：『中世浄土教者の伝道とその特質―真宗伝道史研究・序説―』（永田文昌堂）［2007］、「本願寺歴代宗主の伝道―善如期から存如期を中心にして―」今井雅晴先生古稀記念論文集編集委員会・編『中世文化と浄土真宗』（思文閣出版）［2012］、「布教を支える集団」長谷部八朗・監修『人のつながりの歴史・民俗・宗教―「講」の文化論―』（八千代出版）［2022］。

前田壽雄（まえだ・ひさお）

武蔵野大学通信教育部教授

主な研究業績：『「ただ念仏」の教え―法然聖人から親鸞聖人へ―』（探究社）［2018］、『仏事Q＆A 浄土真宗本願寺派』（国書刊行会）［2014］、『書いて味わう讃仏偈 重誓偈』（本願寺出版社）［2009］。

御手洗隆明（みたらい・たかあき）

真宗大谷派教学研究所研究員・二〇二三年京都国立博物館「親鸞展」企画委員

主な研究業績：『キリシタンが見た真宗』共著（東本願寺出版部）［1998］、「真宗史における善鸞伝私考」『中世文化と浄土真宗』［2012］、「聖徳太子和讃とその背景」『教化研究』第一六六

号（真宗大谷派教学研究所）［2020］。

小山聡子（こやま・さとこ）
二松学舎大学文学部教授
主な研究業績：『親鸞の信仰と呪術―病気治療と臨終行儀』（吉川弘文館）［2013］、『浄土真宗とは何か―親鸞の教えとその系譜』（中央公論新社）［2017］、『もののけの日本史―死霊、幽霊、妖怪の1000年』（中央公論新社）［2020］。

楠正亮（くすのき・しょうりょう）
真宗興正派興泉寺住職
主な研究業績：「仏光寺発展の意義」今井雅晴先生古稀記念論文集編集委員会・編『中世文化と浄土真宗』（思文閣出版）［2012］、「佛光寺の源流、荒木門徒」『東国真宗』第七号（東国真宗研究所）［2018］、「興正寺および佛光寺の成立について」『東国真宗』第九号（東国真宗研究所）［2019］。

植野英夫（うえの・ひでお）
公益財団法人千葉県教育振興財団理事長
主な研究業績：「千葉県銚子市・常燈寺薬師如来坐像の像内銘に関する考察」佐藤博信編『中世東国論7 中世東国の社会と文化』（岩田書院）［2016］、「上総国に伝わる親鸞聖人像について―鹿野山神野寺の事例―」『東国真宗』第一四号（東国真宗研究所）［2022］、「成田市・龍正院における仁王造像銘札について」『千葉文華』第四六号（千葉県文化財保護協会）［2022］。

南條了瑛（なんじょう・りょうえい）
武蔵野大学仏教文化研究所客員研究員・京都女子大学非常勤講師・東京仏教学院講師
主な研究業績：「真宗伝道の実践的研究：日本における真宗伝道の具体的展開」学位請求論文（龍谷大学）［2020］。

黒田義道（くろだ・よしみち）

京都女子大学発達教育学部教授

主な研究業績：「初期真宗の衆生論」『日本佛教学会年報』八十六（日本仏教学会西部事務所）[2022]、「中世真宗談義本検討の視点について」『親鸞の水脈』特別号（真宗文化センター）[2017]。

ブライアン・ルパート（Brian Ruppert）

神奈川大学国際日本学部国際文化交流学科教授

主な研究業績：『灰の中の宝珠―日本中世前期の仏舎利と権力』英字：Jewel in the Ashes: Buddha Relic and Power in Early Medieval Japan（ハーバード大学出版会）[2000]、「日本中世のネットワーク僧と唱導聖教の伝播」『東アジアの宗教文化―越境と変容―』松尾恒一・編（岩田書院）[2014]、「舎利信仰と贈与・集積・情報の日本中世史」今井雅晴・編『中世仏教の展開とその基盤』（大蔵出版）[2002]。

田中祐輔（たなか・ゆうすけ）

筑波大学人文社会系教授（二〇二四年四月より）

主な研究業績：「中国における日本の仏教文化と国際交流―日本語教育の視点から―」『親鸞の水脈』特別号（真宗文化センター）[2017]、『現代中国の日本語教育史―大学専攻教育と教科書をめぐって―』（国書刊行会）[2015]。

東国にいる親鸞
～800年目の浄土真宗文化～
2024年３月20日　第１刷発行

編　者　今 井 雅 晴・橋 本 順 正
企　画　東国真宗研究所
発行者　鹿 苑 誓 史
発行所　合同会社 自照社
〒520-0112 滋賀県大津市日吉台4-3-7
tel：077-507-8209 fax：077-507-9926
hp：https://jishosha.shop-pro.jp
印　刷　亜細亜印刷株式会社

ISBN978-4-910494-31-9